Hermann Diebel-Fischer, Nicole Kunkel,
Julian Zeyher-Quattlender (Hg.)

Mensch und Maschine
im Zeitalter „Künstlicher Intelligenz"

LLG
Leiten. Lenken. Gestalten

Theologie und Ökonomie

gegründet und bis 2015 herausgegeben von

Prof. Dr. Dr. h.c. Alfred Jäger (†)

herausgegeben von

Prof. Dr. Johannes Degen (Überlingen)
Dr. h.c. Jürgen Gohde (Berlin)
Prof. Dr. Hendrik Höver (Hamburg)
Prof. Dr. Udo Krolzik (Bielefeld/Bethel)
Prof. Dr. Dierk Starnitzke (Bad Oeynhausen)

Band 45

LIT

Hermann Diebel-Fischer, Nicole Kunkel,
Julian Zeyher-Quattlender (Hg.)

Mensch und Maschine
im Zeitalter „Künstlicher Intelligenz"

Theologisch-ethische Herausforderungen

LIT

Gefördert durch die Hanns-Lilje-Stiftung und die Stiftung Alfred Jäger für Diakonie.

Gedruckt auf alterungsbeständigem Werkdruckpapier entsprechend ANSI Z3948 DIN ISO 9706

Bibliografische Information der Deutschen Nationalbibliothek
Die Deutsche Nationalbibliothek verzeichnet diese Publikation in der Deutschen Nationalbibliografie; detaillierte bibliografische Daten sind im Internet über http://dnb.dnb.de abrufbar.

ISBN 978-3-643-15147-6 (br.)
ISBN 978-3-643-35147-0 (PDF)

© LIT VERLAG Dr. W. Hopf Berlin 2023
Verlagskontakt:
Fresnostr. 2   D-48159 Münster
Tel. +49 (0) 2 51-62 03 20
E-Mail: lit@lit-verlag.de   https://www.lit-verlag.de

Auslieferung:
Deutschland: LIT Verlag, Fresnostr. 2, D-48159 Münster
Tel. +49 (0) 2 51-620 32 22, E-Mail: vertrieb@lit-verlag.de

Inhalt

Mensch und Maschine im Zeitalter „Künstlicher Intelligenz". Theologisch-ethische Herausforderungen. Eine Einleitung

Julian Zeyher-Quattlender

Der japanisch-britische Literaturnobelpreisträger Kazuo Ishiguro hat im Jahr 2021 einen bemerkenswerten, dystopischen Roman mit dem Titel *Klara und die Sonne*[1] veröffentlicht. Er erzählt die Geschichte des Robotermädchens Klara, einer sog. „Künstlichen Freundin" (KF), die dazu konstruiert wurde Jugendliche und Kinder ins Erwachsenwerden zu begleiten. Als Gesprächspartnerin, Helferin und Motivatorin.

Gekauft wird Klara von einer Mutter als Geschenk für ihre 13-jährige Tochter Josie. Von da an lebt Klara in deren Haushalt, als Josies alltägliches Gegenüber gegen Einsamkeit, Isolation und Selbstzweifel, wie sie zum Leben eines pubertierenden Mädchens dazugehören. Gibt es Konflikte mit ihren Eltern, mit der Haushälterin Melania oder ihrem Freund Rick, so findet Josie bei Klara immer ein interessiertes, offenes Ohr.

Durch präzise Analyse von Mimik, Gestik und Stimmenklängen, gepaart mit einem fotographischen Gedächtnis entwickelt Klara schnell eine feinfühlige Sensorik für soziale Interaktionen. Und so erscheint der Roboter, obwohl er „[…] als Ich-Erzähler über die gesamte Buchlänge hinweg eindeutig als Roboter erkennbar bleibt, in seinem Denken und Handeln am Ende fast menschlicher als seine Gegenüber aus Fleisch und Blut"[2].

Im Verlauf des Buches wird Josie schwer krank, todkrank und die verzweifelte Mutter entwirft gemeinsam mit dem Ingenieur Dr. Capaldi den Plan, Josie im Falle ihres Todes von ihrer künstlichen Freundin, die mühelos in der Lage wäre, sie in allen Lebensvollzügen nachzuahmen, weiterleben zu lassen.

---

[1] Ishiguro, Kazuo: Klara und die Sonne, München 2021.

[2] Kubes, Tanja: Maschinen wie wir. Rezension zu „Künstliche Intelligenz und Empathie. Vom Leben mit Emotionserkennung, Sexrobotern & Co" von Catrin Misselhorn, https://www.soziopolis.de/maschinen-wie-wir.html (Zugriff am 01.07.2022).

Doch dazu kommt es nicht. Denn in einer bemerkenswerten Wendung ist es das Robotermädchen Klara selbst, das sich nach einem langen Lernprozess auf der Grundlage ihrer „künstlichen Intelligenz" gegen diesen Versuch ausspricht. Im Schlussdialog kommt Klara im Rückblick zu der nüchternen Einschätzung:

> „[I]ch habe getan, was ich konnte, um Josie zu lernen, und wäre es notwendig geworden, hätte ich alles, alles daran gesetzt sie fortzusetzen. Aber ich glaube, es hätte nicht so gut funktioniert. Nicht, weil ich keine Genauigkeit erreicht hätte. Aber wie sehr ich mich auch bemüht hätte, wäre doch etwas geblieben das außerhalb meiner Möglichkeiten war; das glaube ich heute. Die Mutter, Rick, Melania Haushälterin und der Vater, das, was **sie im Herzen für Josie empfanden**, hätte ich nie erreicht. Heute weiß ich das, [...] Mr. Capaldi glaubte, es gebe nichts Besonderes in Josies Innerem, das sich nicht fortsetzen ließe. Gegenüber der Mutter sagte er, er habe gesucht und gesucht und nichts dergleichen gefunden. Aber ich glaube jetzt er hat am falschen Ort gesucht. Es gab nämlich sehr wohl etwas Besonderes aber nicht **in** Josie. Es war in **denen, die sie geliebt haben,** deshalb denke ich heute Mr. Capaldi hatte Unrecht und es wäre nicht gelungen [, dass ich Josie fortsetze; J.ZQ.]. Daher bin ich froh über meine Entscheidung."[3]

Indem Klara in Ishiguros Roman die Grenzen künstlich-intelligenter Imitationsfähigkeiten darin sieht, dass das, was ein Menschenleben letztlich ausmacht, nicht aus dem Individuum selbst, sondern durch **dessen Beziehungen zu anderen, durch Zuschreibungen anderer Menschen**, wesentlich repräsentiert wird, wirft er die Frage nach dem ontologischen Fundament des Menschseins in einer Weise auf, wie sie sich auch in der christlich-theologischen Anthropologie findet.

Einer Anthropologie, die Leben immer als Zusammenleben beschreibt (Eberhard Jüngel) und damit einen relationalen Lebensbegriff von einem rein biologistischen Verständnis von Leben radikal abgrenzt. Die Thematik von Mensch und Maschine im Zeitalter „Künstlicher Intelligenz", das zeigt der Roman „Klara und die Sonne", hat also in hohem Maße auch theologische Relevanz.

Reflexionsbedarf auf die gegenwärtigen gesellschaftspolitischen und soziotechnischen Herausforderungen ist daher auch aus theologisch-ethischer Perspektive angezeigt: Wie können Regeln für einen angemessenen Umgang mit „intelligenten" Maschinen definiert werden? Wie ist mit den sozialen und moralischen Herausforderungen umzugehen, die entstehen, wenn künstliche Entitäten empathisch agieren, ja Menschen und deren Entscheidungen gar ersetzen sollen?

Der vorliegende Band soll einen Baustein innerhalb eines solchen technikethischen Reflexionsprozesses bilden. Die Stimmen, die darin zu Wort kommen werden, repräsentieren dabei ganz unterschiedliche Perspektiven auf dieses weitläufige und komplexe Themenfeld. Damit soll die eigene Verortung und Urteilsbildung vor einem möglichst breiten Horizont angeregt werden. Die Annäherung

---

[3] Ishiguro: Klara und die Sonne, 348. Herv. von J.ZQ.

erfolgt dabei in drei Teilen: Im grundlegenden ersten Teil des Bandes sollen zunächst zentrale Begrifflichkeiten geklärt und grundsätzliche ethische Verortungen vorgenommen werden. Im zweiten Teil fokussiert sich die ethische Reflexion dann auf einzelne praktische Anwendungsfelder, um die Relevanz der Thematik zugeschnitten auf die Rahmenbedingungen und Herausforderungen spezifischer Kontexte konkreter sichtbar zu machen. Damit soll auch die praktische Anschlussfähigkeit der wissenschaftlichen Reflexion befördert werden. Der dritte Teil schließlich nimmt nochmals die spezifisch religiöse Dimension des „Mensch-Maschine-Verhältnisses" in den Blick. Zu den Beiträgen im Einzelnen:

Anna Puzio setzt sich in ihrem Beitrag „*Zeig mir deine Technik und ich sag dir, wer du bist? Was Technikanthropologie ist und warum wir sie dringend brauchen*" in grundlegender Weise mit dem Verhältnis von Mensch und Technik auseinander und verbindet dies mit einem Plädoyer für eine Technikanthropologie. Sie zeigt, wie beide, Mensch und Technik, im Verhältnis zueinander neu ausgehandelt werden und führt aus, wie Technik auch das Menschen- und Körperverständnis verändert. Mit Rekurs auf Haraway und Latour zeigt sie neue Wege für eine Technikanthropologie auf und entwickelt Perspektiven für eine theologische Technikanthropologie.

In ihrem Beitrag „*Alles Technik, oder was?" Ethische Perspektiven auf das Verhältnis von Mensch und Maschine im Kontext einer imaginationssensiblen Technikethik* analysiert **Frederike van Oorschot** anschießend am Beispiel der Maschinenethik Catrin Misselhorns die Imaginationen Künstlicher Intelligenz in der wissenschaftlichen Ethik. Diese prägen den ethischen Diskurs zum Teil stärker als materiale technische Fragestellungen, so ihre Beobachtung. Van Oorschot entwickelt daher ein Modell imaginationssensibler Technikethik zur Bearbeitung von Fragen der KI-Ethik.

Unter der Fragestellung *Technisch realisierte Ethik? Anthropologische Perspektiven auf das Verhältnis von Technik und Ethik* diskutiert schließlich **Hermann Diebel-Fischer** die Frage nach dem Zusammenhang von KI und Ethik. Ausgehend von einer Bestandsaufnahme gängiger Vorschläge, Ethik in eine KI zu implementieren, unterzieht er unter Verweis auf die strukturellen Schwierigkeiten einer Überführung menschlicher ethischer Erwägungen in eine algorithmische Struktur, jene Vorschläge einer Kritik und verweist dabei auf eine nicht ohne Weiteres überbrückbare Lücke zwischen Mensch und Maschine, die eine mögliche maschinelle Abbildung menschlicher Ethik in einer Maschine erschwert.

Den zweiten Teil des Bandes eröffnet **Kathrin Burghardt** mit ihrem Beitrag *Der Unterschied zwischen Synthetisierung und Selbstverfügung. Eine phänomenologische Analyse des Selbstbewusstseins unter der Herausforderung künstlichintelligenter Systeme*. Der Beitrag beleuchtet das posthumanistische Postulat einer selbstbewussten Künstlichen Intelligenz, begründet, durch eine transparente

Verfügung über das eigene System im Sinne eines Zugriffs auf alle Daten zur Berechnung. Zur Überprüfung der Möglichkeit selbstbewusster KI werden kategoriale Differenzen zum menschlichen Selbstbewusstsein aufgezeigt. Unterschieden wird dabei zwischen einer Selbstverfügung auf informationeller Ebene und dem Phänomen des Bewusstseins des eigenen Selbst als synthetisiertes Konstrukt zeitlich Erfahrenem. Daraus gewinnt sie eine signifikante Unterscheidungskategorie zwischen Menschen und Maschinen, mit der sich zeigen lässt, dass Menschen sowohl weniger als auch mehr Zugriff auf sich selbst aufweisen als es bei Maschinen der Fall ist.

Auf welche Weise sich auch Künstlerinnen und Künstler mit den Möglichkeiten der Technik, und damit auch mit Künstlicher „Intelligenz" auseinandersetzen, zeigt **Manuela Lenzen** in ihrem interdisziplinären Beitrag Computational Creativity. Künstliche Intelligenz in Kunst und Musik. Sie zeigt dabei zunächst auf, dass die KI-Verfahren die menschliche schöpferische Arbeit nicht ersetzen sollen. Vielmehr bedienen Menschen sich der Technik als Hilfsmittel, um neue Ausdrucksformen zu finden, um mit ihr, etwa in der Musik zu interagieren oder um bestehende Gewohnheiten durch die KI infrage stellen zu lassen. In einzelnen Bereichen, so das Urteil von Manuela Lenzen, wird es immer schwieriger Kunstwerke von Menschen von solchen zu unterschieden, die mithilfe von KI entstanden sind. Bewerten und genießen kann diese Produkte aber nur der Mensch.

Wie ethische und theologische Herausforderungen von Künstlicher „Intelligenz" Parallelen zu denen von Climate-Engineering-Verfahren aufweisen, zeigt schließlich **Maximilian von Seckendorff** in seinem Beitrag Climate Engineering und Künstliche Intelligenz. Ethische Herausforderungen und theologische Neuansätze zur Deutung von Technik als Faktor von Schöpfung im Anthropozän auf. Dazu werden zentrale technikethische Herausforderungen des 21. Jahrhunderts identifiziert, sowie Funktionsweise, Nutzen und Risiken unterschiedlicher Climate Engineering-Verfahren erörtert, mit denen der Mensch dem Klimawandel gezielt entgegenwirken könnte. Nach einem Vergleich der ethischen Herausforderungen von Climate Engineering mit denen von Künstlicher Intelligenz stellt von Seckendorff mehrere Ansätze vor, wie im Anthropozän die Rolle des Menschen in der Welt und der Technik als Mittel zur Fortgestaltung von Schöpfung theologisch neu interpretiert werden kann.

Mit ihrem Artikel Am Grab meines Roboters. Roboter als moralische Akteure und religiöse Subjekte? eröffnet **Nicole Kunkel** den dritten Teil des Bandes, der den spezifisch religiösen Dimensionen der Thematik besondere Aufmerksamkeit widmet. Ihr Artikel befasst sich mit der Frage, ob und inwiefern artifizielle Entitäten, beispielsweise verkörpert in Robotern, moralische und religiöse Ansprache verdienen. Während dies im ethischen Bereich ihr durchaus möglich scheint, vor allem an Stellen, an denen die Grenze zwischen Mensch und Maschine nicht mehr klar zu ziehen ist, bleibt sie in Bezug auf religiöse Vollzüge skeptisch.

Den Abschluss des Bandes bildet schließlich **Martin Kutz** mit seinem Beitrag *Mit Robotern beten? – (Zukunfts-)Fragen zum Verhältnis von Mensch und Künstlicher Intelligenz.* Ausgehend von der Frage, ob Menschen mit Robotern beten können, wird zunächst in einem geschichtlichen Aufriss der Entwicklungsstand von Robotern aufgezeigt. Dabei zeigt Martin Kutz wie und wo soziale Roboter dem Menschen besonders nahekommen und in sensible private Bereiche vordringen. Anhand einiger Beispiele wird aufgezeigt, dass Roboter bereits in religiösen Kontexten eingesetzt werden. Damit macht er deutlich, dass das Verhältnis von Mensch und Künstlicher „Intelligenz", wie sie im Roboter eine menschlich zugängliche Form findet, vor dem Hintergrund dieser Art der Interaktion neu bestimmt werden muss.

Hervorgegangen ist der Band aus der Jahrestagung des Arbeitskreises für theologische Wirtschafts- und Technikethik e.V. (ATWT), die gefördert durch die Hanns-Lilje-Stiftung vom 29.-30. Oktober 2021 in Mariaspring bei Göttingen zum Thema *Mensch und Maschine im Zeitalter „Künstlicher Intelligenz". Theologisch-ethische Herausforderungen* durchgeführt wurde. In interdisziplinärer Perspektive wurde dabei die Thematik durch Fachvorträge aus den Bereichen Theologie, Naturwissenschaft und Kunst ausgeleuchtet und diskutiert, ehe im Abschlusspodium der Versuch einer theologischen Zusammenführung der aufgeworfenen ethischen Perspektiven unternommen wurde.

Dabei wurde deutlich, dass anthropomorphe Vorstellungen von Technik im Grunde vor allem menschlichen Projektionen und Unterstellungen folgen. Keineswegs, so der Tenor, könne von „intelligenter" Technik in einem (theologisch-) anthropologischen Sinne gesprochen werden. Prägnant brachte dies die von Simeon Reusch, Astrophysiker und Philosoph am Deutschen Elektronen-Synchrotron (DESY), Berlin, in seinem Vortrag eingebrachte Leitunterscheidung zwischen „Weltwissen" und „Rechenwissen" auf den Punkt. Technisch generiertes „Rechenwissen", so Reusch, könne nie den noetischen Status von „Weltwissen" erreichen.

Es ist daher auch, aus theologisch-ethischer Perspektive, unbedingt geboten, an der Differenz innerhalb der unterschiedlichen kognitiven Fähigkeiten von Mensch und Maschine festzuhalten. Für die Theologie verbindet sich damit vor allem die Aufgabe, anthropologische Aussagen vor dem Hintergrund der technikethischen Herausforderungen des 21. Jahrhunderts nochmals neu zu schärfen. Ein Element einer solchen Schärfung stellt, im Anschluss an die Ergebnisse der Tagung, der vorliegende Band dar, für dessen Gelingen wir vielen Personen und Institutionen zu danken haben. Zuallererst möchten wir den Teilnehmenden und Vortragenden der Tagung danken, die mit ihren Beiträgen, ihrer Diskussionsbereitschaft und mit ihren interessierten, kritischen Rückfragen den Impuls für eine Vertiefung der Thematik gegeben haben. Ebenso gilt unser Dank allen Autor*innen. Danken möchten wir auch Prof. Dr. Johannes Degen, Dr. h.c. Jürgen Gohde, Prof. Dr. Hendrik Höver, Prof. Dr. Udo Krolzik und Prof. Dr. Dierk Starnitzke, die den Band mit Wohlwollen in ihre Publikationsreihe LLG (Leiten. Lenken. Gestalten. Theologie und Ökonomie) aufzunehmen bereit waren und Herrn Dr. Michael J. Rainer vom LIT Verlag für die kompetente Begleitung des Publikationsverfahrens. Auch für die finanziellen Zuschüsse der „Stiftung Alfred Jäger für Diakonie" und der Hanns-Lilje-Stiftung möchten wir herzlich danken. Ohne diese großzügige Unterstützung wäre die Publikation des vorliegenden Bandes nicht möglich gewesen. Ein letzter Dank geht an Frau Rebekka Ursula Schwend, die gewissenhaft und verlässlich die Korrekturarbeiten übernommen hat.

I. Mensch und Maschine – Begriffsklärungen und ethische Grundfragen

Zeig mir deine Technik und ich sag dir, wer du bist? – Was Technikanthropologie ist und warum wir sie dringend brauchen

Anna Puzio

Mit der zunehmenden Technologisierung gewinnt die anthropologische Frage, die Frage nach dem Menschen, an Bedeutung. Durch die Fortschritte in Künstlicher Intelligenz (KI), humanoider Robotik oder technologischen Körpereingriffen (z. B. Genome Editing) scheint das Bedürfnis nach einem Schutz des Menschen vor Technologien aufzukommen. Das Verhältnis zur Maschine wird mit Kampf-, Gewalt- und Machtbildern illustriert: Es ist von einer „Invasion" durch Technologien, einer „Eroberung" und „Kolonialisierung des Körpers"[1], von einer bevor stehenden „Ablösung des Menschen" und einer nötigen „Verteidigung des Menschen"[2] die Rede. Technik „nimmt" den Menschen „die Arbeit weg" oder werde ihn vielleicht sogar auslöschen. Dieser „Kampf" zwischen Mensch und Technik ist im Grunde ein anthropologischer, ein Abgrenzungsversuch von der Technik. Im Zuge der Technologisierung kommt ein großes anthropologisches Bedürfnis auf: Was unterscheidet den Menschen (noch) von der Technik? Was kann der Mensch, was die Technik nicht können wird? Auch jenseits dieser Abgrenzungsversuche fordern die immer weiter entwickelten Technologien das menschliche Selbstverständnis heraus, sodass im Spiegel der Technik das Verständnis von Mensch, Körper, Sozialverhalten, Emotionen und moralischen Handlungen neu verhandelt wird.

Der Beitrag untersucht das vielschichtige Verhältnis von Mensch und Technik und plädiert für eine Technikanthropologie. Wie schon Gernot Böhme für die Technikphilosophie diagnostiziert hat, gibt es die Technikanthropologie „faktisch

---

[1] Virilio, Paul: Die Eroberung des Körpers. Vom Übermenschen zum überreizten Menschen. Übers. v. Bernd Wilczeck (Edition Akzente), München 1994, Titel, 108f.; Böhme, Gernot: Invasive Technisierung. Technikphilosophie und Technikkritik (Die graue Reihe 50), Kusterdingen 2008, Titel.

[2] Fuchs, Thomas: Verteidigung des Menschen. Grundfragen einer verkörperten Anthropologie, Berlin 2020, Titel.

[…] nämlich mit einschlägigen Publikationen, Curricula und Lehrstühlen" und doch scheint es „kein überzeugendes Paradigma" der Technikanthropologie und keine Technikanthropologie als voll entwickelte Disziplin oder Denkrichtung zu geben.[3] Der Beitrag trägt zur Profilierung der Technikanthropologie bei. Es werden Aufgaben der Technikanthropologie herausgestellt, neue Ansätze vorgestellt und wegweisende Perspektiven für eine theologische Technikanthropologie entwickelt. Im ersten Schritt wird in Abschnitt 1 in die Technikanthropologie eingeführt. Es erfolgen die Einordnung technikanthropologischer Konzepte und die Erklärung wichtiger Begriffe. Anschließend wird in Abschnitt 2 das Verhältnis von Mensch und Maschine/Technik reflektiert und verdeutlicht, wie beide im Verhältnis zueinander neu ausgehandelt werden. Es wird gegen ein vorgängiges Verständnis sowohl des Menschen als auch der Maschine/Technik plädiert und auf die jahrhundertelangen Einschreibungen in die Vorstellungen von beiden hingewiesen. Zeig mir deine Technik und ich sag dir, wer du bist? Abschnitt 3 führt aus, wie Technik Mensch und Körper verändert und mitbestimmt, was Mensch und Körper bedeuten. In diesem Kontext wird bereits die Notwendigkeit einer Neukonzeption von Technikanthropologie deutlich. Abschnitt 4 zeigt anhand zweier Ansätze neue Wege der Technikanthropologie auf: einen radikalen Neuentwurf des Menschen durch Donna Haraway und des Sozialen durch Bruno Latour. Schließlich werden in Abschnitt 5 Perspektiven für eine konkrete theologische Technikanthropologie entwickelt. Gerade der anthropologische Zugang zur Technik wird sich als wichtiger Zugang der Theologie zum Technikdiskurs erweisen.

1. Das Aufkommen einer neuen Disziplin? Über die Technikanthropologie

Was ist Technikanthropologie? Der Begriff der Technikanthropologie schleicht sich zunehmend in die wissenschaftliche Auseinandersetzung mit Technik ein, was jedoch konkret darunter verstanden wird, wird nicht definiert. Schon das Aufkommen des Begriffs zeigt, dass die anthropologische Reflexion im Kontext der neuen Technologien ein wichtiges Desiderat der Forschung darstellt.[4] In diesem Beitrag wird Technikanthropologie nicht als eine festgelegte, systematische Lehre

---

3   Böhme: Invasive Technisierung, 23.29f.
4   Z. B. Heßler, Martina / Liggieri, Kevin (Hrsg.): Technikanthropologie. Handbuch für Wissenschaft und Studium, Baden-Baden 2020, DOI: 10.5771/9783845287959; Sektion „B) Theologisch-anthropologische Erkundungen" in: Beck, Wolfgang / Nord, Ilona / Valentin, Joachim (Hrsg.): Theologie und Digitalität. Ein Kompendium, Freiburg i. Br. 2021; Puzio, Anna: Über-Menschen. Philosophische Auseinandersetzung mit der Anthropologie des Transhumanismus. Zugl.: München, Diss., 2021 (Edition Moderne Postmoderne). Bielefeld 2022. DOI: 10.14361/9783839463055.

oder Theorie über den Menschen aufgefasst, sondern umfasst vielmehr die vielfältigen Reflexionen über den Menschen im Kontext von Technologien. Technik
bezeichnet hier verschiedene Technologien im umfassenden Sinne, sowohl länger etablierte Hilfsmittel wie die Brille als auch innovative Technik wie moderne
Medizintechnologien oder Robotik, meint aber nicht „Techniken" im Sinne von
Künsten, Tätigkeiten oder Methoden (wie Atem- und Meditationstechniken oder
Werkzeuggebrauch). Eine klare Grenze ist hier jedoch schwierig oder unmöglich
zu ziehen. Heute sind in Gesellschaft, Politik, Unternehmen oder Technologieentwicklung verschiedene Technikbegriffe präsent und es sollte nicht das Ziel einer
Technikanthropologie sein, sich auf nur eine der Technikdefinitionen festzulegen.

Neben dem Begriff der Technikanthropologie kommt es v. a. im englischspra-
chigen Raum zu vielen verwandten Begriffen wie „Techno-Anthropology", „Digital Anthropology" und „Cyberanthropology". In Abgrenzung zu letzteren beiden
bezieht sich die Technikanthropologie jedoch nicht nur auf den digitalen Raum,
das Internet und den Cyberspace, sondern ebenfalls auf Biotechnologien, Maschinen, Robotik und die Mensch-Maschine-Interaktion. Verbreitet ist auch der Begriff der „Medienanthropologie", die häufig sehr weit gefasst und unterschiedlich
verstanden wird. Wie nachfolgend deutlich werden wird, betreibt Technikanthropologie heute anthropologische Reflexionen im Kontext der Technik, ohne dabei
jedoch auf eine menschliche Wesensbestimmung oder systematische Lehre vom
Menschen zu zielen.

Wo lassen sich die Anfänge der Technikanthropologie verorten? Im Grunde
beschäftigten anthropologische Reflexionen schon die Denker*innen der Antike
und gewannen dann besonders bei Immanuel Kant („Anthropologie in pragma-
tischer Hinsicht", 1798) und in der „Philosophischen Anthropologie" von Max
Scheler, Helmuth Plessner und Arnold Gehlen Anfang des 20. Jahrhunderts an
Bedeutung. Auch mechanische Weltvorstellungen lassen sich bereits in der antiken Philosophie ausfindig machen.[5] Eine explizite Übertragung des Maschinen-
diskurses auf den menschlichen Körper (sowie auf Tiere) findet sich dann in der
Neuzeit bei René Descartes (z. B. „Discours de la méthode", 1637). Rund hundert
Jahre später weitet Julien Offray de La Mettrie in „L'homme machine" (1747) das
Maschinenparadigma vom menschlichen Körper auf den Menschen als Ganzen
aus und parallelisiert so Mensch und Maschine. Im Handbuch „Technikanthropologie" (hg. v. Martina Heßler, Kevin Liggieri, 2020) werden die Ansätze von 16
Denker*innen der Sektion „Technikanthropologien" zugeordnet. Dabei setzt das
Handbuch im 17. und 18. Jahrhundert bei Descartes und La Mettrie an. Für das
19. und 20. Jahrhundert werden u. a. die Ansätze von Ernst Kapp, Arnold Gehlen,

---

[5]   Vgl. Basile, Giovanni P.: Die Entstehung der modernen Weltmaschinemetapher, in: Gregoria-
      num 100/2 (2019), 343–363; Zu den maschinengeschichtlichen Ausführungen vgl. auch Puzio:
      Über-Menschen, Kap. 4.2, DOI: 10.14361/9783839463055–006.

Helmuth Plessner, Ernst Cassirer, Martin Heidegger, Günther Anders und Marshall McLuhan als „Technikanthropologien" aufgefasst.[6]

Vor allem bei den älteren Ansätzen bleibt fragwürdig, inwiefern von technikphilosophischen oder technikanthropologischen Theorien gesprochen werden kann. So gibt auch Ulrich Richtmeyer, der Verfasser des Handbuchartikels zu Descartes, an, dass dieser nicht als Technikphilosoph im genuinen Sinne angesehen werden kann.[7] Descartes ist, so Richtmeyer, nicht „ein philosophischer Denker, der unter dem Eindruck einer bereits durchgehend technisierten Kultur steht und über diese nachzudenken beginnt. Seine Prägungen sind die empirischen Erkenntniszuwächse der Anatomie und die technikgeschichtlichen Leistungen der Mechanik".[8] Bei Descartes und La Mettrie fehlen konkrete anthropologische Überlegungen über die Bestimmung des Menschen in Interaktion mit der Maschine oder die Auswirkungen der Technik auf das menschliche Dasein und sie stellen ihre Reflexionen vor einem anderen Entwicklungsstand der Technik an. Auf die meisten heutigen Herausforderungen der Technologisierung vermögen sie keine Antwort zu geben. Die Funktion des Maschinenparadigmas bei Descartes und La Mettrie ist in der Forschung umstritten. Es wird meist davon ausgegangen, dass es mehr als nur metaphorische Funktion erfüllt, aber auch keine vollständige Entsprechung von Mensch und Maschine bezeichnet.[9] Vermutlich dient es als „Erklärungs- und Funktionsmodell"[10]. Es sind vielmehr deren erste ausgearbeitete Parallelisierungen von Mensch und Maschine, die zu ihrer Rezeption in der technikanthropologischen Forschung veranlassen.

Im Fokus dieses Aufsatzes sollen die gegenwärtigen technikanthropologischen Ausführungen des 21. Jahrhunderts stehen. Die großen technologischen Entwicklungen z. B. in der KI und Robotik der vergangenen Jahre lassen bereits vermuten, dass sich die technikanthropologische Reflexion wesentlich gewandelt hat. Tatsächlich zeichnen sich in den neueren technikanthropologischen Entwürfen viele Herangehensweisen ab, die sich von den älteren Ansätzen des 17.–20. Jahrhunderts sehr unterscheiden. Das Handbuch zur „Technikanthropologie" erwähnt drei zeitgenössische „Technikanthropologien": die Entwürfe von

---

[6]   Heßler / Liggieri: Technikanthropologie, 95–221.

[7]   Vgl. Richtmeyer, Ulrich: René Descartes (1596–1650), in: Heßler, Martina / Liggieri, Kevin (Hrsg.): Technikanthropologie. Handbuch für Wissenschaft und Studium, 2020, 97–106, hier 99, DOI: 10.5771/9783845287959–95.

[8]   Ebd.

[9]   Vgl. Westermann, Bianca: Anthropomorphe Maschinen. Grenzgänge zwischen Biologie und Technik seit dem 18. Jahrhundert. Zugl.: Bochum, Univ., Diss., 2010. München 2012, 40f.47f., DOI: 10.30965/9783846752197; Vgl. Jank, Marlen: Der homme machine des 21. Jahrhunderts. Von lebendigen Maschinen im 18. Jahrhundert zur humanoiden Robotik der Gegenwart (Laboratorium Aufklärung 22), Paderborn 2014, 24.57–60.313f.

[10]   Westermann: Anthropomorphe Maschinen, 48.

Bruno Latour, Donna Haraway und Lucy Suchman. Bevor die gegenwärtigen Ansätze beleuchtet werden können und Perspektiven für eine Technikanthropologie aufgezeigt werden können, muss zunächst das besondere Verhältnis von Mensch und Technik ergründet werden. In Abschnitt 2 erfolgt dies zunächst am Beispiel der Maschine.

2. Menschsein im Spiegelbild der Maschine – oder: Mensch und Maschine zur Neuverhandlung offen

Maschinenimaginationen sind bereits seit der Antike in der ganzen Geistesgeschichte präsent. Von Maschinen geht eine besondere Faszination aus: Maschinen schüren Ängste, wecken Lust und provozieren. Schon in der antiken Mythologie erschuf Hephaistos zwei Androidinnen. In der Romantik gewinnen Automaten, Maschinen und monströse Technikgestalten in Werken wie Mary Shelleys „Frankenstein", E. T. A. Hoffmanns „Die Automate" und „Der Sandmann" an Bedeutung. Auch in Filmen wie „Metropolis" und heutigen Science-Fiction Filmen wie „Iron Man", „The Avengers"[11], „Terminator" und „Ex Machina" nehmen Technik(wesen), Maschinen und Roboter eine wichtige Stellung neben den Menschen ein. In Abgrenzung zur Maschine wird dargestellt, was Menschen können, das Maschinen nicht können (werden) und umgekehrt, es wird auf Gefahren durch und Potenziale von Maschinen hingewiesen und es werden Szenarien durchgetestet, welche Beziehungen Menschen zu Maschinen haben könnten. In zeitgenössischen Filmen wie „Westworld" oder „Blade Runner" werden Mensch und Maschine kaum noch unterscheidbar: Jede*r scheint eine Maschine sein zu können. Solche Maschinen in Literatur, Film oder Kunst sind mehr als nur Projektionsflächen für Fantasien. In den Maschinenimaginationen werden Menschenverständnisse transportiert. Sie dienen der menschlichen Selbstreflexion und dem Nachdenken über das Verhältnis von Mensch und Maschine.[12]

Hinzu kommt, dass Technik und Maschinen als Denkmodelle und Metaphern verwendet werden, um menschliche Phänomene zu veranschaulichen oder zu erklären. Die technologischen Erfindungen der jeweiligen Zeit wirken sich so auf das menschliche Selbstverständnis aus. Zunächst wurde der Organismus des Men-

---

[11] Weiterführend zur technikphilosophischen Auseinandersetzung mit „Iron Man" und „The Avengers": Puzio, Anna: Die Helden und Monster in uns. Ein technikphilosophischer Blick auf „Iron Man" und die „Avengers", https://zemdg.de/2019/04/23/die-helden-und-monster-in-uns/ (Zugriff am 20.04.21).

[12] Vgl. Müller, Oliver / Liggieri, Kevin: Mensch-Maschine-Interaktion seit der Antike: Imaginationsräume, Narrationen und Selbstverständnisdiskurse, in: Liggieri, Kevin / Müller, Oliver (Hrsg.): Mensch-Maschine-Interaktion. Handbuch zu Geschichte – Kultur – Ethik, Stuttgart 2019, 3–14, DOI: 10.1007/978–3–476–05604–7_1; Puzio: Über-Menschen, Kap. 1, Kap. 4.2, Kap. 9, Kap. 10; Puzio: Helden und Monster.

schen mit einer Uhr verglichen (z. B. bei Descartes), später wurden menschliche Phänomene mit der Dampfmaschine parallelisiert (z. B. bei Sigmund Freud).[13] Heute ist der Vergleich des Menschen mit einem Uhrwerk nur noch randständig präsent, beispielsweise wenn jemand auf eine bestimmte Weise „tickt"[14]. Vielmehr sind es gegenwärtig Computer- und Programmmetaphern[15], die im Alltag weit verbreitet sind, z. B. wenn man etwas im Kopf „abspeichert", schon „abgeschaltet" hat oder „herunterfährt".[16] Ebenfalls wurden in der Philosophie Computermodelle des Geistes entworfen.[17] Im Anblick und in Interaktion mit der Maschine wird reflektiert, was Menschsein bedeutet.

Heute sind es nun nicht so sehr die Uhr, das Teleskop oder die Dampfmaschine, sondern vielmehr KI, humanoide Robotik, soziale Roboter, Informationstechnologien, Chip-Technologien und Human Machine Interfaces, die das menschliche Selbstverständnis herausfordern und den Menschen in seinen Vorstellungen von sich selbst prägen. Roboter und Technik haben bis in den Haushalt, die Pflege und in die soziale Interaktion Eingang gefunden, wodurch es zu einer neuen Intimität von Mensch und Technik kommt. Gleichzeitig erreichen die technologischen Entwicklungen in kurzer Zeit sehr große Fortschritte, sodass immer wieder die Frage auftritt, was technisch möglich sein wird. Maschinen nähern sich vielen menschlichen Fähigkeiten an. Werden Maschinen den Menschen überholen? Im Blick auf KI sind beispielsweise „Intelligenz" und „Bewusstsein" brisante Themen. Das Menschsein wird neu in Frage gestellt, es entsteht ein Orientierungsbedürfnis, ein Bedürfnis nach einer neuen Vergewisserung für den Menschen, was der Mensch ist.

Die Ausführungen machen bereits deutlich, dass Menschsein nicht etwas vorgängig Vorhandenes ist, sondern in verschiedenen kulturellen, zeitlichen und ört-

---

[13] Vgl. Müller / Liggieri: Mensch-Maschine-Interaktion seit der Antike, 7f.13; Westermann: Anthropomorphe Maschinen, 149.167; Vgl. Hampe, Michael / Strassberg, Daniel: Von der Regelung und Steuerung zur Kybernetik, in: Liggieri, Kevin / Müller, Oliver (Hrsg.): Mensch-Maschine-Interaktion. Handbuch zu Geschichte – Kultur – Ethik, Stuttgart 2019, 114–121, hier 120, DOI: 10.1007/978–3–476–05604–7_15.

[14] Vgl. Art. „ticken", in: Kluge, Friedrich / Seebold, Elmar (Hrsg.): Etymologisches Wörterbuch der deutschen Sprache. Berlin/Boston 1989, 729; Art. „ticken", in: Dudenredaktion (Hrsg.): Munzinger Online / Duden – Das Herkunftswörterbuch. Berlin [6]2020, https://www.munzinger. de (Zugriff am 04.04.2022).

[15] Vgl. Puzio: Über-Menschen, Kap. 4.2–4.5; Vgl. Borck, Cornelius: Eine kurze Geschichte der Maschinenmodelle des Denkens, in: Liggieri, Kevin / Müller, Oliver (Hrsg.): Mensch-Maschine-Interaktion. Handbuch zu Geschichte – Kultur – Ethik, Stuttgart 2019, 15–17, DOI: 10.1007/978–3–476–05604–7_2.

[16] Vgl. Salaschek, Ulrich: Der Mensch als neuronale Maschine? Hirnbilder, Menschenbilder, Bildungsperspektiven. Zum Einfluss bildgebender Verfahren der Hirnforschung auf erziehungswissenschaftliche Diskurse (Science Studies), Bielefeld 2014 (2012), 53.

[17] Vgl. Borck: Maschinenmodelle.

lichen Kontexten neu verhandelt wird. Somit ist die Rede von einer „Natur des Menschen", die eine eindeutige, überzeitliche, „natürliche" Wesensbestimmung des Menschen anstrebt, hinfällig. An anderer Stelle[18] habe ich bereits untersucht, wie Entwürfe einer „Natur des Menschen" als Spezies oder als menschliche Lebensform scheitern. Es lassen sich keine Bestimmungen des Menschen, z. B. im Sinne eines biologischen Clusterbegriffs, ausmachen, die ausschließlich für den Menschen und bei jedem Menschen ausfindig gemacht werden können. Ebenfalls inkludiert die Einordnung einer Lebensform als „typisch" menschlich immer normative Wertsetzungen und ist zeitlich und kulturell abhängig.[19] Auffällig ist, dass neben der „Natur des Menschen" auch der Naturdiskurs (in Abgrenzung zur Technik) in den Technikdebatten wieder an Bedeutung gewinnt. Im zuvor erwähnten Handbuch zur „Technikanthropologie" steht „Natur" in der Sektion der „[z]entrale[n] Konzepte einer Technikanthropologie"[20] und hat einen eigenen Eintrag.[21] Durch die technologischen Entwicklungen werden „Natur" (in Abgrenzung zu „Kultur" und „Technik") und „Natürlichkeit" (in Abgrenzung zur „Künstlichkeit" der Technik) neu in den Vordergrund gerückt, aber diese Kategorisierungen und Grenzziehungen auch weiter unterspült. Werden den nächsten Generationen nicht ältere Technik bereits als „Natur" erscheinen[22], so wie heute bereits der Hammer oder die (Stein)Schleuder nicht mehr als Technik im genuinen Sinne angesehen werden?

Doch genauso wie das Menschsein verhandelt wird, wird auch das, was Technik oder Maschine ist, im Laufe der Jahrhunderte neu verhandelt. Gerade der Maschinenbegriff suggeriert eine eindeutige Definition und klare Festlegbarkeit. Dabei hat sich das, was unter Maschine verstanden wird, über die Jahrhunderte stets gewandelt. Das griechische „μηχανή" umfasste allerdings ein größeres Bedeutungsspektrum als die neuzeitliche „Maschine", es konnte zwar schon einen Gegenstand (als Mittel oder technisches Werkzeug) bezeichnen, war aber v.a. – häufig negativ konnotiert – mit List, Machination, Wunder, also etwas Außergewöhnlichem verbunden. Erst in der Renaissance bezeichnete die lateinische „ma-

---

[18] Puzio: Über-Menschen, Kap. 4.1.
[19] Vgl. Roughley, Neil: Was heißt „menschliche Natur"? Begriffliche Differenzierungen und normative Ansatzpunkte, in: Bayertz, Kurt (Hrsg.): Die menschliche Natur. Welchen und wieviel Wert hat sie? (Ethica 10), Paderborn 2005, 133–156; Vgl. Birnbacher, Dieter: Natürlichkeit. Berlin / New York 2006, Kap. 7, DOI: 10.1515/9783110193695; Vgl. Heilinger, Jan-Christoph: Anthropologie und Ethik des Enhancements (Humanprojekt 7), Berlin 2010, DOI: 10.1515/9783110223705.
[20] Heßler/Liggieri: Technikanthropologie, Sektionstitel, 223.
[21] Vgl. Heine, Eike-Christian / Kehrt, Christian: Natur, in: Heßler, Martina / Liggieri, Kevin (Hrsg.): Technikanthropologie. Handbuch für Wissenschaft und Studium. 2020, 244–248, DOI: 10.5771/9783845287959-244.
[22] Vgl. Böhme: Invasive Technisierung, 34.

china" automatische Übertragungsmechanismen.[23] Bei Descartes und La Mettrie wird die Maschine nicht als starre und leblose betrachtet, sondern als belebte. Denn für sie manifestiert sich Belebung in Bewegung und diese gilt für sie als Eigenschaft der Materie.[24]

Für das heutige Maschinen- und Technikverständnis ist die Kybernetik prägend gewesen, die eine große Wirkmacht entfaltete und verschiedene Disziplinen beeinflusste.[25] Die Kybernetik beschäftigt sich mit selbstregulierenden Systemen, die sie auf Rückkopplungsmechanismen zurückführt. Es werden in der Welt universale Funktionsprinzipien wie Rückkopplung, Selbstorganisation und Information angenommen, die sich in Technik, Natur und Kultur ausfindig machen lassen. Konzepte der Mathematik und Ingenieurswissenschaften werden auf biologische und soziale Vorgänge angewendet.[26] In Verbindung mit der Informationstheorie rückt der Informationsgehalt in den Mittelpunkt. Lebensvorgänge im Organismus werden als Informationsverarbeitung gedeutet.[27] Tatsächlich spielen in der heutigen technologisierten Gesellschaft Informationstechnologien eine größere Rolle als humanoide Roboter. Daten und das problematische Verständnis von „Information" scheinen gegenwärtig die heimlichen Hauptakteure zu sein.[28] Wie deutlich wird, hat das Maschinenverständnis im Laufe der Zeit grundlegende Veränderungen in der Deutung von Materie, Bewegung, Leben und Regulation erfahren. Mit der Frage nach dem Menschenbild geht also auch die Frage nach dem Maschinenbild einher.

3. Technik verändert Mensch und Körper

Was ergibt sich aus diesen Überlegungen für die Technikanthropologie? Technikanthropologie muss sich von *dem* Menschen und *der* Technik verabschieden. Zu ihrer Aufgabe wird die verantwortungsvolle Neuaushandlung von Mensch

---

[23] Vgl. Basile: Weltmaschinemetapher.

[24] Vgl. Westermann: Anthropomorphe Maschinen, 49f.

[25] Vgl. Hagner, Michael / Hörl, Erich (Hrsg.): Die Transformation des Humanen. Beiträge zur Kulturgeschichte der Kybernetik (Suhrkamp-Taschenbuch Wissenschaft 1848), Frankfurt a. M. 2008.

[26] Vgl. Müggenburg, Jan: Kybernetik. In: Liggieri, Kevin / Müller, Oliver (Hrsg.): Mensch-Maschine-Interaktion. Handbuch zu Geschichte – Kultur – Ethik, Stuttgart 2019, 280–282, hier 280.

[27] Vgl. weiterführend Kay, Lily E.: Das Buch des Lebens. Wer schrieb den genetischen Code? Orig.: Who Wrote the Book of Life? (2000) Übers. v. Gustav Roßler (Suhrkamp Taschenbuch Wissenschaft 1746), Frankfurt a. M. 2005.

[28] Vgl. Puzio, Anna / Filipović, Alexander: Personen als Informationsbündel? Informationsethische Perspektiven auf den Gesundheitsbereich, in: Fritz, Alexis et al. (Hrsg.): Digitalisierung im Gesundheitswesen. Anthropologische und ethische Herausforderungen der Mensch-Maschine-Interaktion (Jahrbuch für Moraltheologie 5), Freiburg i. Br. 2021, 89–113.

und Technik sowie deren Verhältnis zueinander. Sie entwirft nicht mehr essentialistisch einen festen Eigenschaftskatalog des Menschen und vermeidet starre anthropologische Kategorisierungen, sondern wagt eine neue Herangehensweise. Die Pluralität der Menschen, Kulturen, Körper und Geschlechter verwehrt es, bestimmte menschliche Eigenschaften über die anderen zu erheben. Ein verantwortungsvolles Menschenverständnis muss diese Pluralität einschließen können. Zugleich wird es durch die Vermeidung eines solchen festen Eigenschaftskatalogs möglich, der Veränderungsfähigkeit des Menschen gerecht zu werden.[29] Gerade im Zuge des technologischen Fortschritts ist es plausibel, dass der Mensch durch Technik in der Zukunft verändert sein wird.

Zur Aufgabe einer Technikanthropologie gehört es auch, Menschenverständnisse, wie sie z. B. in der Science-Fiction, der Technologieentwicklung und Technikbewegungen wie dem Transhumanismus und Posthumanismus implizit sind, kritisch herauszustellen. Welches Menschen- und Körperverständnis vertritt der Transhumanismus in seinen Visionen vom Transhumanen bzw. Posthumanen? Welche normativen Implikationen werden gemacht und welche Ziele angestrebt?[30] So können reduktionistische Menschen- und Körperverständnisse, ideologische Elemente, diskriminierende, sexistische und rassistische Annahmen herausgestellt werden. Dazu gehört auch die kritische Untersuchung, nach welchem Menschenverständnis Technologien entworfen werden. Welche gesellschaftlichen Gruppen werden in der Technikentwicklung unzureichend berücksichtigt?[31] Es zeigt sich ein enger Zusammenhang von Anthropologie und Ethik, der weiterer Ausleuchtung und womöglich der Neuausrichtung bedarf.

Böhme beleuchtet die älteren technikphilosophischen Ansätze und identifiziert dabei vier „Paradigmen der Technikphilosophie": die „ontologische Technikphilosophie" (Aristoteles, Heidegger), das „anthropologische Paradigma (Protagoras im Dialog Platons), die „geschichtsphilosophische[...] Technikphilosophie[...] (Kapp) und „das epistemologische Paradigma der Technikphilosophie" (Aristoteles, Heidegger).[32] Anschließend kommt er zu folgendem Ergebnis:

> „Wenn man noch einmal diese vier Paradigmen der Technikphilosophie Revue passieren lässt, dann fragt man sich, warum man angesichts dieser großartigen Ansätze

---

[29] Vgl. Filipović, Alexander: Das Personalitätsprinzip: Zum Zusammenhang von Anthropologie und christlicher Sozialethik, in: Arbeitsgemeinschaft katholisch-sozialer Bildungswerke in der Bundesrepublik Deutschland (Hrsg.): Position beziehen im 21. Jahrhundert (AKSB-Jahrbuch 2011/2012), Schwalbach/Ts. 2011, 24–55, hier 47f.

[30] Vgl. weiterführend zur Anthropologie und Ethik des Transhumanismus: Puzio: Über-Menschen.

[31] Vgl. Graham, Elaine L.: Representations of the Post/Human. Monsters, Aliens, and Others in Popular Culture, New Brunswick, NJ 2002, 61.111.123.

[32] Böhme: Invasive Technisierung, 23–32 [Herv. getilgt].

gleichwohl den Eindruck hat, dass es eigentlich noch gar keine richtige Technikphilosophie gibt. Dieses Unbehagen kann nur daher rühren, dass diese Technikphilosophien uns in Bezug auf die Probleme, die wir mit der Technik haben, keine hinreichende Hilfe sind. Allgemein kann man wohl sagen, dass sie alle die Technik als eine Sache für sich betrachten, zu der der Mensch wohl eine wesentliche Beziehung haben mag, die aber ihm letzten Endes äußerlich bleibt.“[33]

Für Böhme ist nicht die Wesensbestimmung der Technik das entscheidende Thema einer Technikphilosophie, vielmehr rekurriert er auf Technik als Prozess, als „Technisierung“, also als etwas, das dem Menschen nicht äußerlich bleibt, sondern das Menschsein grundlegend prägt.[34] Die von Böhme untersuchten Technikphilosophien beinhalten bereits wichtige Reflexionen für die heutige Rezeption – auch werden schon Bezüge zu einem menschlichen Selbstverständnis und zu einem relationalen Technikverständnis deutlich. Eine gegenwärtige Technikphilosophie und -anthropologie kann jedoch dabei nicht stehen bleiben.

Technik ist dem Menschen nicht äußerlich, sondern bestimmt und verändert, was Mensch und Körper bedeuten. So wird beispielsweise sinnliche Wahrnehmung durch Technologien nicht bloß nachgeahmt und erweitert, sondern transformiert. Durch Hörgeräte, Mikrofon, Kamera, Brillen und Kontaktlinsen wird anders gesehen und gehört.[35] Genauso verändert sich das Menschen- und Körperverständnis mittels Wearables wie Smart Watches, Informationstechnologien, Social Media wie Instagram oder medizinischen Visualisierungstechnologien (z. B. EEG). Ultramikroskop, Endoskopie, Ultraschall und Röntgen haben den Blick in den Körper erst eröffnet[36] und machen so Teile und Prozesse des Körpers sichtbar, die dem „bloßen Auge“ nicht zugänglich sind. Doch sie geben keinen Einblick in einen vorgängig vorhandenen Körper, sondern basieren auf Konstrukten und Mittelwerten, werfen damit eine ganz bestimmte Perspektive auf den Körper und entwerfen diesen Körper mit. Erst mit dem Ultraschallbild entstand der naturwissenschaftlich fassbare Fötus und wurde zu einem Jemand mit Ansprüchen und Rechten. Die Selbstwahrnehmung der Mutter wurde verändert, die Wahrnehmung des Kindes und das, was in der Gesellschaft Schwangerschaft und vorgeburtliches Leben bedeuten.[37] Dies ist möglich, weil der Körper, wie er z. B. von den Naturwissenschaften erfasst wird, kein vorgängig vorhandener ist. Körperliche

---

[33] Ebd., 29f.
[34] Ebd., 30.
[35] Vgl. ebd., 228.
[36] Vgl. ebd., 239.
[37] Vgl. ebd., 240–242.

Phänomene werden nicht einfach „entdeckt", sondern sind „gemacht".[38] Technologien, (Natur-)Wissenschaft, Kultur und Gesellschaft, kommerzielle Strategien, Metaphern (z. B. die Maschinen- und Computermetapher) und Narrationen – sie alle bringen gemeinsam den Körper hervor und bestimmen, was Körper ist.[39]

Eine Technikanthropologie muss diesen engen Zusammenhang von Technik und Menschen- und Körperverständnis ausleuchten. Kann Technik beispielsweise auch als Teil des Körpers gedeutet werden?[40] Eine wichtige Rolle spielt ebenfalls die Relationalität zur Technik. Durch z. B. Smartphones, die ständig am Körper getragen und mit ins Bett oder ins Badezimmer genommen werden und durch Medizintechnologien, die den Körper öffnen oder in ihn eingebaut werden, kommt es zu einer neuen Intimität von Mensch und Technik. Mittels Pflegerobotern oder sozialen Robotern entstehen neue Formen der Mensch-Maschine-Interaktion. Diese Relationalität zu und Interaktion mit Technik gilt es in der gegenwärtigen Technikanthropologie zu reflektieren, wie sie in den Konzeptionen von Descartes oder La Mettrie noch nicht zum Ausdruck kommt: In welcher Beziehung steht der Mensch zur Technik? Welche Beziehungen kann der Mensch zur Technik aufbauen? Und wie beeinflusst Technik die zwischenmenschlichen Beziehungen?

Es wird schnell deutlich, dass vor dem Hintergrund der neuen technologischen Entwicklungen neue technikanthropologische Reflexion nötig wird. Denker wie Descartes, Plessner oder Heidegger kennen und reflektieren noch nicht: das Internet, Human-Machine-Interfaces, Big Data, Blockchain, Virtual und Augmented Reality. In diesen Phänomenen wird noch deutlicher als bei den älteren Technologien, dass es sich bei Technik nicht um bloße Werkzeuge, Instrumente und Mittel handelt, sondern um Formen des In-der-Welt-Seins[41], dass hier menschliche Interaktionen stattfinden, sich Beziehungen ereignen und Technik Weltzugänge eröffnet. In der Forschung gibt es bereits Versuche, z. B. die Anthropologie Plessners auf die heutigen technologischen Herausforderungen zu übertragen.[42]

---

[38] Vgl. Hammer, Carmen / Stieß, Immanuel: Einleitung, in: Hammer, Carmen / Stieß, Immanuel (Hrsg.): Haraway: Die Neuerfindung der Natur. Primaten, Cyborgs und Frauen, Frankfurt a. M. / New York 1995, 9–31, hier 19; Vgl. Haraway, Donna J.: Die Biopolitik postmoderner Körper. Konstitutionen des Selbst im Diskurs des Immunsystems (1984), in: Hammer, Carmen / Stieß, Immanuel (Hrsg.): Haraway: Die Neuerfindung der Natur. Primaten, Cyborgs und Frauen. Frankfurt a. M. / New York 1995, 160–199, hier 170.

[39] Vgl. Haraway: Biopolitik, 171.

[40] Vgl. weiterführend Puzio: Über-Menschen, Kap. 8.3, Kap. 9.3, DOI: 10.14361/9783839463055-011, DOI: 10.14361/9783839463055-012.

[41] Vgl. Capurro, Rafael: Homo Digitalis. Beiträge zur Ontologie, Anthropologie und Ethik der digitalen Technik (Anthropologie – Technikphilosophie – Gesellschaft), Wiesbaden 2017, 96.

[42] Mul, Jos de (Hrsg.): Plessner's Philosophical Anthropology. Perspectives and prospects, Amsterdam 2014, DOI: 10.26530/OAPEN_626454; Baedke, Jan / Brandt, Christina / Lessing, Hans-Ulrich (Hrsg.): Anthropologie 2.0? Neuere Ansätze einer philosophischen Anthropologie im Zeitalter der Biowissenschaften (Philosophie – Sprache – Literatur 1), Berlin 2015.

Aus der „exzentrischen Positionalität" werden dann „meta-eccentricity"[43] oder „poly(ec)centricity"[44] und im „Gesetz der natürlichen Künstlichkeit" wird „artificial by nature" zu „natural by artifice"[45]. Mit dem Verweis auf Haraway und Latour plädiere ich für Neuentwicklungen der anthropologischen Denkstrukturen und Konzepte:

4. Technikanthropologie: Neue Wege – Haraway und Latour

Vor dem Hintergrund dieser technologischen und philosophischen Entwicklungen beschreitet die Technikanthropologie also neue Wege. Dazu sollen zwei Konzepte kurz skizziert werden, diejenigen von Donna Haraway und Bruno Latour, die zwar keine explizite Technikanthropologie entwickeln, aber für die gegenwärtigen technikanthropologischen Reflexionen eine wichtige Rolle spielen.

Haraway zeichnet sich besonders durch ihren interdisziplinären Zugang als Biologin, (Wissenschafts-)Philosophin, Literaturwissenschaftlerin und Technikforscherin aus, der in ihren Texten gut zur Geltung kommt. In ihrer Forschung verbindet sie verschiedene Methoden und Textsorten (z. B. Narrationen).

> „Sie bezirzt ihre Leser*innen eher durch (Selbst-)Ironie, imaginative Metaphern [...] sowie durch anspruchsvolle nicht-lineare Erzählstrategien. Letztere ermöglichen u. a. ein Navigieren zwischen Science und Fiction sowie Versuche eines Dialogs mit anderen ‚Anderen' inklusive nicht-menschlicher Entitäten wie Hunden [...] oder Mikroben [...], denn Wissen entsteht für Haraway in der Spannung zwischen Fakt und Fiktion. Das Ziel sei es letztlich, die überzeugenderen Geschichten zu erzählen ‚in einer Welt, in der ‚Macht davon handelt, *wessen* Metapher Welten zusammenführt'. Es geht darum zu lernen, uns daran zu erinnern, daß wir anders hätten sein können und tatsächlich, körperlich, immer noch anders werden können' (Haraway 1997, S. 364f)."[46]

---

[43] Verbeek, Peter-Paul: Plessner and Technology. Philosophical Anthropology Meets the Posthuman, in: Mul, Jos de (Hrsg.): Plessner's Philosophical Anthropology, Perspectives and prospects, Amsterdam 2014, 443–456, hier 453 [Herv. getilgt].

[44] Mul, Jos de: Philosophical Anthropology 2.0. Reading Plessner in the Age of Converging Technologies, in: Mul, Jos de (Hrsg.): Plessner's Philosophical Anthropology. Perspectives and prospects, Amsterdam 2014, 457–475, hier 464.

[45] Ebd., 471.

[46] Weber, Jutta: Donna Haraway (geb. 1944), in: Heßler, Martina / Liggieri, Kevin (Hrsg.): Technikanthropologie. Handbuch für Wissenschaft und Studium, Baden-Baden 2020, 207–214, hier 211 [Herv. im Orig.], DOI: 10.5771/9783845287959-207; Weber zit.: Haraway, Donna: Anspruchsloser Zeuge @ Zweites Jahrtausend. FrauMann©trifft OncoMouse™. Leviathan und die vier Jots: Die Tatsachen verdrehen, in: Scheich, Elvira (Hrsg.): Vermittelte Weiblichkeit: Feministische Wissenschafts- und Gesellschaftstheorie, Hamburg 1996, 347–389, hier 364f.

Haraway richtet sich gegen die Sonderstellung des Menschen und gegen Speziesismus. Sie übt Anthropozentrismuskritik und entwickelt relationale Ansätze, indem sie die Verbundenheit mit Nicht-Menschlichem wie (Labor-)Tieren, Viren und Bakterien, Technik und anderen Gegenständen betont.[47] Daneben argumentiert sie feministisch und wendet sich gegen Rassismus.

Bezeichnend für ihr anthropologisches Denken sind das Hinterfragen von Grenzziehungen, Dualismen und anthropologischen Kategorien. Sie zeigt auf, wie Ende des 20. Jahrhunderts die Grenzen zwischen Mensch und Tier, lebendigem Organismus und Maschine, Physikalischem und Nicht-Physikalischem brüchig geworden sind und kritisiert Dichotomien wie Selbst und Andere, Mann und Frau, Geist und Körper, Realität und Erscheinung, Natur und Kultur.[48] Sie zeigt u. a. historisch auf, wie diese Dualismen „systematischer Bestandteil der Logiken und Praktiken der Herrschaft über Frauen, farbige Menschen, Natur, ArbeiterInnen, Tiere [waren] – kurz, der Herrschaft über all jene, die als *Andere* konstituiert werden [...]."[49]

Diese vielfältigen Grenzverschwimmungen kommen in der Figur der Cyborg zum Ausdruck, die sie in ihrem „Cyborg Manifesto" (1985) geprägt hat. „Cyborgs sind kybernetische Organismen, Hybride aus Maschine und Organismus, ebenso Geschöpfe der gesellschaftlichen Wirklichkeit wie der Fiktion."[50] Die Cyborg stellt eine epistemologische und ontologische Position dar, ist eine „politische Akteurin"[51] und ethische Figur.[52] Die Hybridität der Cyborg verweigert eine festgelegte, eindeutige Identität[53] und wendet sich gegen Essentialismen und Universalismen.[54] Stattdessen ist ihre Identität „fragmentiert[], partial[] und unabgeschlossen[]"[55]. Die Offenheit der Cyborg eignet sich gut, um eine „radikale[] Unbestimmtheit" des Menschen starkzumachen. Die Cyborg kann „subversives Potential besitzen", indem sie dazu auffordert, „jeder Reontologisierung des

---

[47] Vgl. Hammer / Stieß: Einleitung, 20; Vgl. Haraway, Donna J.: A Manifesto for Cyborgs: Science, Technology, and Social Feminism in the 1980s, in: Haraway, Donna (Hrsg.): The Haraway Reader, New York 2004, 7–45.

[48] Vgl. Haraway, Donna J.: Ein Manifest für Cyborgs. Feminismus im Streit mit den Technowissenschaften. Übers. v. Fred Wolf, in: Hammer, Carmen / Stieß, Immanuel (Hrsg.): Haraway: Die Neuerfindung der Natur. Primaten, Cyborgs und Frauen, Frankfurt a. M. / New York 1995, 33–72, hier 36–39.67.

[49] Ebd., 67 [Herv. im Orig.].

[50] Ebd., 33.

[51] Westermann: Anthropomorphe Maschinen, 242.

[52] Vgl. Thweatt-Bates, Jeanine: Cyborg Selves. A Theological Anthropology of the Posthuman (Ashgate Science and Religion Series), London 2016 (2012), 37.40, DOI: 10.4324/9781315575728.

[53] Vgl. Graham: Representations of the Post/Human, 205.

[54] Vgl. Thweatt-Bates: Cyborg Selves, 37.

[55] Hammer / Stieß: Einleitung, 30.

Menschen zu widerstehen".[56] Im gleichen Zuge stehen die Cyborg und ihr Körper, die sich nicht universalisieren lassen, für eine Pluralität der Menschen- und
Körperverständnisse. Die Figur der Cyborg greift so die „multiple possibilities of
embodiment"[57] auf und weitet den Blick für viele Geschlechter, für queere Körper, verschiedene Hautfarben oder Menschen mit Behinderungen.[58] Dies vermag
wertvolle Perspektiven besonders für ein zeitgenössisches Menschenverständnis
zu eröffnen, in einer Zeit, in der diese Themen im gesellschaftlichen und öffentlichen Diskurs an Bedeutung gewonnen haben.

Latour widmet sich als Philosoph und Soziologe vielmehr techniksoziologi-
schen Betrachtungen und geht dabei ebenfalls von einer engen Verbindung von
Mensch und Technik, von menschlichen und nicht-menschlichen Entitäten aus. In
seiner „symmetrischen Anthropologie"[59] sind Menschen und Nicht-Menschliches,
Kultur und Natur beide handelnde Akteure und werden gleichberechtigt als Teile
eines Netzes betrachtet.[60]

> „Um symmetrisch zu werden, muß die Anthropologie vollständig überholt und über-
> arbeitet werden, so daß beide Trennungen gleichzeitig überwunden werden können
> und es weder nötig ist, an eine radikale Unterscheidung zwischen Menschen und
> nicht-menschlichen Wesen bei uns zu glauben, noch an eine totale Überlagerung von
> Wissen und Gesellschaft bei den anderen."[61]

Auch er vermeidet essentialistische Differenzierungen von Mensch und Nicht-
Menschlichem.[62]

Als bekannter Vertreter der Akteur-Netzwerk-Theorie (ANT) denkt er die Gesellschaft bzw. Welt als ein Netzwerk und betont darin die Handlungsfähigkeit der
Dinge, die ebenfalls Akteure im Netzwerk sind.[63] Dies geht mit einer Neubestimmung des Sozialen einher. Die Dinge sind bei ihm „konstitutiv für das Soziale".

---

[56]   Ruf, Simon: Über-Menschen. Elemente einer Genealogie des Cyborgs, in: Keck, Annette / Pe-
        thes, Nicolas (Hrsg.): Mediale Anatomien. Menschenbilder als Medienprojektionen (Kultur-
        und Medientheorie), Bielefeld 2001, 267–286, hier 285f.
[57]   Thweatt-Bates: Cyborg Selves, 80f.
[58]   Vgl. ebd., 133.
[59]   Latour, Bruno: Wir sind nie modern gewesen. Versuch einer symmetrischen Anthropologie.
        Berlin 1995.
[60]   Vgl. Riedl, Anna M.: „Biopolitik als Anthropopolitik". Theologische Ethik vor der Herausfor-
        derung des Transhumanismus, in: Bogner, Daniel / Schüßler, Michael / Bauer, Christian (Hrsg.):
        Gott, Gaia und eine neue Gesellschaft. Theologie anders denken mit Bruno Latour (Religions-
        wissenschaft 28), Bielefeld 2021, 219–239, hier 225, DOI: 10.14361/9783839458693–009; Vgl.
        Dekker, Arne: Online-Sex. Körperliche Subjektivierungsformen in virtuellen Räumen (Materia-
        litäten 18), Bielefeld 2012, 192, DOI: 10.1515/transcript.9783839418543.
[61]   Latour: Wir sind nie modern gewesen, 136.
[62]   Vgl. Janicka, Iwona: Nichtmenschen und Politik. Was bedeutet das? Wie funktioniert es?, in:
        fiph Journal 29 (2017), 21–26, hier 25; Auch zit. v. Riedl: Biopolitik, 227.
[63]   Vgl. ebd., 226.

Er kritiert an den „traditionellen Sozialtheorien", dass sie Gesellschaft nur auf Interaktion und Kommunikation der Menschen zurückführen – dabei sind seines Erachtens die Dinge wie „Bücher, Archive, Werkzeuge, Gebäude etc." genauso relevant für die Konstitution des Sozialen.[64] „Latour zufolge sind es nicht mehr Werte und Traditionen, sondern vielmehr die Dinge, die Maschinen und die Technologien, die soziale Ordnung konstituieren. [...] Erst die Netzwerke aus menschlichen und nicht-menschlichen Akteuren [...] erzeugen Gesellschaft."[65] Spreen verdeutlicht dies an Beispielen wie dem Schlüsselanhänger oder Computer:

> „Der beschwerte Schlüsselanhänger, der die Hotelgäste daran erinnert, beim Verlassen des Hotels den Schlüssel an der Rezeption abzugeben, der Berliner Schlüssel, dessen technische Konstruktion die Mieter zwingt, das Haus beim Verlassen oder Betreten wieder zu verschließen, der ‚schlafende Polizist‘, der Kraft seiner Materialität die Autofahrer dazu nötigt, die Geschwindigkeitsbegrenzung einzuhalten, der Personalcomputer, dessen ‚nervös‘ blinkender Curser sanft aber penetrant an die Pflicht zur Arbeit mahnt, oder die Eieruhr, die in der Küche ein strenges Zeitregime errichtet – alles Technologien, denen eine normierende Funktion zukommt."[66]

„Latour geht sogar noch weiter und behauptet, dass erst die Dinge Menschen zu Menschen werden lassen".[67]

Haraway und Latour konnten hier nur als zwei prominente Beispiele von inzwischen vielen Möglichkeiten, neue Wege in der Technikanthropologie zu gehen, besprochen werden. Es könnten hier ebenfalls Denkrichtungen wie Kritischer Posthumanismus, Neuer Materialismus oder die verschiedenen Formen des Technikfeminismus und der Animal-Studies eingereiht werden. Auffällig ist bei den Aushandlungen des Menschen, des „Humanen", besonders die Spannung von Humanismus und Posthumanismus (sowohl im Sinne von „post" Mensch[68] als auch „post" Humanismus). Der Kritische Posthumanismus[69] übt Kritik am Humanismus, am Anthropozentrismus und Speziesismus, an den Wissenskulturen, den Grenzen der wissenschaftlichen Disziplinen sowie der Erzeugung von Wissen und

---

[64] Dekker: Online-Sex, 192.

[65] Spreen, Dierk: Upgrade-Kultur. Der Körper in der Enhancement-Gesellschaft (X-Texte), Bielefeld 2015, 125.

[66] Ebd., 125f.

[67] Riedl: Biopolitik, 227.

[68] Dies kann sowohl eine Überwindung von *dem* Menschen, im Sinne des Menschenverständnisses, als auch die technologische Überwindung des Menschen im technologischen Posthumanismus bezeichnen.

[69] Vgl. weiterführend zum Kritischen Posthumanismus: Puzio: Über-Menschen, Kap. 9; Loh, Janina: Trans- und Posthumanismus zur Einführung (Zur Einführung), Hamburg 2018; Herbrechter, Stefan: Posthumanismus. Eine kritische Einführung, Darmstadt 2009; Herbrechter, Stefan et al. (Hrsg.): Palgrave Handbook of Critical Posthumanism, Cham 2022, DOI: 10.1007/978-3-030-42681-1.

zeichnet sich besonders durch seine ethischen und gesellschaftspolitischen Reflexionen aus.[70] Haraway und Latour stehen diesem Denken nahe, auch wenn sie sich dem Kritischen Posthumanismus nicht zuordnen.[71] Bisweilen werden Zweifel in der Forschung geäußert, inwieweit es sich hierbei noch um Anthropologien handeln kann, wie z. B. im „Handbuch Technikanthropologie": „Posthumanistische Ansätze können nicht mehr als Technikanthropologien eingeordnet werden, weil sie mit jeglicher anthropologischen Perspektive abgerechnet haben."[72] Sind diese kritisch-posthumanistischen Entwürfe tatsächlich Verabschiedungen von der Anthropologie oder markieren sie vielmehr eine Zäsur im anthropologischen Denken, als eine neue Form der Anthropologie? Denn wie eingangs deutlich wurde, nimmt die Anthropologie vor dem Hintergrund der technologischen Debatten gerade an Bedeutung zu und die Bedeutung des Verhältnisses von Mensch und Technik konnte herausgestellt werden.

5. Ausblick: Theologische Anthropologie

Im letzten Schritt sollen die Ergebnisse für eine theologische Anthropologie fruchtbar gemacht werden. Welche Perspektiven ergeben sich daraus für eine zukünftige theologische (Technik-)Anthropologie? Es gibt in der Forschung bereits einige Versuche, die Konzepte von Haraway, Latour oder des Kritischen Posthumanismus in die Theologie zu übertragen.[73] Die Autor*innen des theologischen Sammelbandes „Gott, Gaia und eine neue Gesellschaft" (hg. v. Daniel Bogner, Michael Schüßler, Christian Bauer, 2021) sehen es sogar als eine zentrale Aufgabe der Theologie an, auf Latours Anfragen theologisch einzugehen.[74]

---

[70]   Vgl. Loh: Trans- und Posthumanismus, 137–162.

[71]   Vgl. ebd., 146.

[72]   Heßler, Martina / Liggieri, Kevin: Einleitung: Technikanthropologie im digitalen Zeitalter, in: Heßler, Martina / Liggieri, Kevin (Hrsg.): Technikanthropologie. Handbuch für Wissenschaft und Studium, Baden-Baden 2020, 11–29, hier 16; Vgl. auch Loh: Trans- und Posthumanismus, 150.

[73]   Z. B. Bogner, Daniel / Schüßler, Michael / Bauer, Christian (Hrsg.): Gott, Gaia und eine neue Gesellschaft. Theologie anders denken mit Bruno Latour (Religionswissenschaft 28), Bielefeld 2021, DOI: 10.14361/9783839458693; Puzio, Anna: Digital and Technological Identities – In Whose Image? A philosophical-theological approach to identity construction in social media and technology, in: Cursor (2021), https://cursor.pubpub.org/pub/y2bcesx4; Thweatt-Bates: Cyborg Selves.

[74]   Vgl. Bogner, Daniel: Die Universalität liegt nicht hinter uns, sie steht uns bevor. Christliche Theologie im Dialog mit Latour, in: Bogner, Daniel / Schüßler, Michael / Bauer, Christian (Hrsg.): Gott, Gaia und eine neue Gesellschaft. Theologie anders denken mit Bruno Latour (Religionswissenschaft 28), Bielefeld 2021, 73–112, hier 74, 10.14361/9783839458693–005.

Es gibt auch Ansätze, die Figur der Cyborg theologisch zu behandeln.[75] Stephen Garner weist darauf hin, dass gerade die theologischen Konzepte (wie die Cyborg) sehr von Hybridität geprägt sind und so die Cyborg-Figur gut anschlussfähig an theologische Vorstellungen ist. Diese Hybridität stellt er z. B. in der Trinität, in der eschatologischen Verknüpfung des Irdischen und Himmlischen sowie in der Verbindung der göttlichen und menschlichen Natur in Jesus Christus fest.[76] Häufig wird diese Cyborg-Rezeption mit einem spezifisch theologischen Konzept verbunden, und zwar mit einer Neuinterpretation von Imago Dei. Mit dem Cyborg erfolgt eine Abgrenzung von einem essentialistischen Verständnis einer vermeintlichen „Natur des Menschen". Imago Dei wird nicht essentialistisch an bestimmte Eigenschaften des Menschen gebunden, sondern performativ verstanden. Es ist etwas, das sich in der Praxis verwirklicht und eher ein Verb als ein Nomen ist:

> „The primary task of theological anthropology is not to give an account of universal human nature, nor to provide supposedly universal definitions of the image of God. Its task is not to *define* the image of God but to *image* God […]. This makes the image more like a verb than it is a noun; more dynamic than it is static; more performative and indicative."[77]

Gottesebenbildlichkeit wird nicht als essentialistische Wesensbestimmung des Menschen gedeutet, vielmehr wird ein ethisches Verständnis der Gottesebenbildlichkeit vertreten, das in konkreten Handlungen zum Ausdruck kommt:

> „The image of God is not a universal human nature, but a vocation we are called to fulfil. The image of God is ‚something we embody through our ethical actions, a challenge we must meet in order to reflect our intended nature. We are called to image God through our actions and relationship with one another'."[78]

Für Karen O'Donnell bedeutet dieses Umdenken in der Anthropologie – „[a] shift in theological anthropology from definitive and taxonomic to performative

---

[75] Z. B. Thweatt-Bates: Cyborg Selves; Midson, Scott A.: Cyborg Theology. Humans, Technology and God, London/New York 2018, DOI: 10.5040/9781350985995; Garner, Stephen: The Hopeful Cyborg, in: Cole-Turner, Ronald (Hrsg.): Transhumanism and Transcendence. Christian Hope in an Age of Technological Enhancement, Washington 2011, 87–100; O'Donnell, Karen: Performing the *imago Dei*: human enhancement, artificial intelligence and optative image-bearing, in: International Journal for the Study of the Christian Church 18/1 (2018), DOI: 10.1080/1474225X.2018.1448674, 4–15; Puzio: Digital and Technological Identities.

[76] Vgl. Garner: Hopeful Cyborg, 92–96.

[77] McFadyen, Alistair: Redeeming the image, in: International Journal for the Study of the Christian Church 16/2 (2016), 108–125, hier: 120, DOI:10.1080/1474225X.2016.1196539 [Herv. im Orig.]; Auch zit. v. O'Donnell: Performing the *imago Dei*, 5.

[78] O'Donnell: Performing the *imago Dei*, 6. O'Donnell zit. hier: Gonzalez, Michelle A.: Created in God's Image: An Introduction to Feminist Theological Anthropology, Maryknoll, NY 2007, 120.

and optative"[79] – auch, dass Imago Dei nicht mehr auf Spezieszugehörigkeit oder DNA basiert und deswegen ebenfalls für technologisch enhancte Menschen und sogar für KI in Anspruch genommen werden kann. KI wird bei ihr zum „Bildträger" („image-bearer"[80]):

> „If being in the image does not depend upon human DNA but rather on performing the image and seeking the image in the other in concrete situations, then human enhancement does not make us any less the bearer of the *imago Dei*. In fact, such an interpretation of the image opens up interesting possibilities for a holistic perspective on the image that could allow for Artificial Intelligence to be, potentially, image-bearing."[81]

Nun ungeachtet der Frage, ob KI tatsächlich Trägerin von Imago Dei sein kann, ist die zentrale Frage, die sich hier für die Theologie stellt, wie in der Entwicklung und im Gebrauch der Technologien Imago Dei verwirklicht werden kann. Wie bereits in Abschnitt 3 ausgeführt, ist es dafür von großer Bedeutung, kritisch zu prüfen, „nach welchem Bilde" Technologien entwickelt werden, an wem sie ausgerichtet sind und wer in technologischen Prozessen unterrepräsentiert bleibt: „To ask ‚in whose image' […] is […] also to consider what – and who – is denied a place in these projects."[82] „What kind of agenda is at work? What kind of representations of being post/human are favoured, and whose voices and experiences are muted?"[83]

Auf diese Weise können normative Implikationen, z. B. sexistische, speziesistische oder rassistische Annahmen aufgezeigt werden.

Die Theologie kann sehr gut an die Hybridität und Unbestimmtheit der Cyborg anknüpfen und vor dem Hintergrund der technologischen Entwicklungen für ein dynamisches, offenes Menschenverständnis eintreten. Wenn durch Technik Menschen- und Körperverständnisse geprägt werden, ist es eine Aufgabe der Theologie, sich für ein inklusives Menschen- und Körperverständnis, für Diversity einzusetzen und darauf aufmerksam zu machen, wer in den Technologieprozessen vernachlässigt und unterrepräsentiert wird. Wird im Zuge der Technologien, das Menschenverständnis neu verhandelt, kann dies eine Chance für die Theologie sein, ihr eigenes Verständnis von Mensch und Körper neu zu hinterfragen. Technologien können als Chance gesehen werden, das Verständnis vom Menschen und Körper sowie die Grenzen zwischen Mensch/Körper und Technik neu zu reflektieren. Wie bereits erwähnt, vermag die Hybridität der Cyborg schließlich den

---

[79]   O'Donnell: Performing the *imago Dei*, 13.
[80]   Ebd., 4.
[81]   Ebd., 11 [Herv. im Orig.].
[82]   Graham: Representations of the Post/Human, 61.
[83]   Ebd., 111 [Herv. getilgt.]

Blick für die Pluralität der Menschen und Körper, für viele Geschlechter, queere Körper, verschiedene Hautfarben oder Menschen mit verschiedenen Beeinträchtigungen zu öffnen.[84] Einen weiteren theologischen Zugang zu Identität bildet das Konzept der „fragmentarischen Identität" von Henning Luther,[85] das ich an anderer Stelle für den Technikdiskurs fruchtbar gemacht habe.[86] Hier wird ebenfalls ein offenes, relationales, nicht festgelegtes Menschenverständnis stark gemacht, das sich der Annahme einer „perfekten Identität" in den Weg stellt.[87] Da Anthropologie im Kontext der Technologisierung an Bedeutung gewinnt, ist die Theologie, die für ihr Menschenbild bekannt ist und damit gesellschaftlich Einfluss übt, gerade diejenige, die besonders zum Gespräch herausgefordert wird und etwas beizutragen hat. Aspekte wie Würde, Relationalität, Autonomie und Freiheit, Vulnerabilität und Kontingenz sowie das Verhältnis zur Schöpfung gewinnen im Technikdiskurs neue Bedeutung und müssen neu beleuchtet werden. Im Hinblick auch die theologische Schöpfungslehre vermag die Anthropozentrismuskritik auf für die theologische Umweltethik bereichernd zu sein.

Die Methoden der oben skizzierten neuen Denkrichtungen der Technikanthropologie sind sehr vielfältig: Sie sind inter- und multidisziplinär, sie experimentieren mit verschiedenen Stilmitteln und wagen neue Formen der anthropologischen Reflexionen. Beispielsweise verwendet Haraway die Ironie, bildreiche Sprache, den Mythos und weitere Formen der Narration. Es ist unverkennbar, dass gerade die Theologie mit ihren Narrationen und der Bildsprache der Bibel gut an diese neuen Wege der Technikanthropologie anknüpfen kann. Es sind die biblischen Geschichten der Religion, die trotz Glaubwürdigkeitsverlust der Kirche immer noch eine außerordentliche Wirkmacht entfalten. Eine Aufgabe der theologischen Technikanthropologie ist es dementsprechend, neue Geschichten zu erzählen. Genauso können auch andere Methoden angewendet werden, schließlich weist die Theologie als Disziplin in ihren Subdisziplinen eine große methodische Vielfalt auf (von den exegetischen und historischen, über die systematisch-theologischen und philosophischen Fächer hin zu den verschiedenen praktischen Fächern). Darüber hinaus prägt die Theologie Leitbilder und vermag so auf gesellschaftlich-technologische Entwicklungen Einfluss zu nehmen.[88] Bei den verschiedenen Wegen, die die Theologie in der Technikanthropologie beschreiten mag, wird es eine

---

84 Vgl. Thweatt-Bates: Cyborg Selves, 133.
85 Luther, Henning: Religion und Alltag. Bausteine zu einer Praktischen Theologie des Subjekts (Radius-Bücher), Stuttgart 2014 (1992), z. B. Kap. „Identität und Fragment", 160–182.
86 Puzio/Filipović: Personen als Informationsbündel?; Puzio: Digital and Technological Identities.
87 Luther: Religion und Alltag, 178.
88 Vgl. ausführlicher Puzio, Anna: Mensch, gut siehst du aus! – Ethische Betrachtung der heutigen Optimierung des Körpers, in: Kistler, Sebastian, Puzio, Anna M., Riedl, Anna, Veith, Werner (Hrsg.): Digitale Transformationen der Gesellschaft (Forum Sozialethik 23), Münster 2023. Im Erscheinen.

wesentliche Voraussetzung sein, dass sie an konkrete empirische Erkenntnisse aus der Praxis, den Umgang mit Technologien, anknüpft.

Inhaltlich stellen sich im Technikdiskurs verschiedene anthropologische und ethische Fragen, die Aufgabe der Technikanthropologie (und Technikethik) sind. Diese betreffen z. B. das Personsein im Internet oder von Robotern, den moralischen Status von Robotern (moral agents, moral patients), die Veränderung der zwischenmenschlichen Relationalität durch Technik und die Relationalität zu Technik sowie Fragen der Autonomie, Freiheit, Gerechtigkeit und Verantwortung. Die Technologien sollten dabei nicht nur als Herausforderung für die Theologie gesehen werden, die diese zu meistern hat, sondern können vielmehr positiv als Chance für die Theologie wahrgenommen werden, ihre eigenen Konzepte zu hinterfragen. Die verschiedenen Technologien und Mensch-Maschine-Hybride oder Maschinenimaginationen ermöglichen, Menschen- und Körperverständnisse, Anthropozentrismus und das Verhältnis zum Nicht-Menschlichen zu überdenken. Die Beziehungen zur Technik sind eine Gelegenheit, die Relationalität neu zu reflektieren. Die Auseinandersetzung mit dem moralischen Status von Robotern stellt ethische Konzepte wie „moral agents" und „moral patients" auf die Probe.

Theologische Technikanthropologie wird also nicht nur alte Konzepte auf neue Kontexte übertragen können, sondern sie wird auch neue Konzeptionen entwickeln und neue Wege beschreiten müssen. Leitend mag dabei Haraways Motto „Staying with the trouble"[89] sein, d. h. „unruhig zu bleiben", sich jederzeit neu auf die sich ständig verändernde Wirklichkeit einzulassen und „Unruhe zu stiften"[90], also immer wieder technologische Praktiken kritisch zu prüfen, Einengungen und Totalisierungen z. B. im Blick auf das Menschen- und Körperverständnis zu widerstehen und im anthropologischen Denken zu experimentieren und stets neu aufzubrechen.

---

[89] Haraway, Donna J.: Staying with the Trouble. Making Kin in the Chthulucene, Durham/London 2016.
[90] Haraway, Donna J.: Unruhig bleiben. Die Verwandtschaft der Arten im Chthuluzän, Übers. v. Karin Harrasser. Frankfurt/Main 2018, 9.

„Alles Technik, oder was?" Ethische Perspektiven auf das Verhältnis von Mensch und Maschine im Kontext einer imaginationssensiblen Technikethik

Frederike van Oorschot

„Ich muss mal runterfahren".

„Ich will einfach nur abschalten."

„Du solltest dringend mal deinen Akku aufladen!"

Bilder aus der Technik haben an vielen Stellen Eingang in unsere Alltagssprache gehalten. Dass wir uns unser Verhalten und damit uns selbst synonym zu technischen Prozessen beschreiben, fällt im alltagssprachlichen Gebrauch kaum mehr auf. Das zeigt, wie sehr die technischen Beschreibungen in unseren Alltagspraktiken – und damit auch in unserer Alltagssprache angekommen sind. Dieses Phänomen ist weder neu noch auf den Bereich digitaler Technologien beschränkt – richtig „Gas geben" oder „die Zügel schleifen lassen" – sprachliche Bilder zur Selbstbeschreibung des Menschen speisen sich auch aus älteren Technologien. Alltagspraktiken prägen nicht nur unser Weltverständnis, sondern auch unser Selbstverständnis.[1]

1. Einführung

„Alles Technik, oder was?" Der Titel legt nahe, den Einfluss von technologischen Entwicklungen auf das Selbstbild und Selbstverständnis der Menschen in den Vordergrund zu stellen. Ich möchte im Folgenden das Verhältnis von Technik und Anthropologie in ethischer Perspektive als ein Wechselverhältnis beschreiben: Unsere Selbstbeschreibungen als Menschen verändern sich im Zusammenspiel

---

[1] Vgl. Charbonnier, Ralph: Wahrnehmen, Entscheiden, Handeln – Werden digitale Maschinen menschlich? Datenverarbeitung im Digitalisierungsdiskurs aus theologischer Sicht, in: Görder, Björn / Zeyher-Quattlender, Julian (Hrsg.): Daten als Rohstoff. Die Nutzung von Daten in Wirtschaft, Diakonie und Kirche aus ethischer Perspektive (Leiten, Lenken, Gestalten, Band 40), Berlin/Münster 2019, 61–82: 80.

mit technologischen Mitteln – und zugleich ist unser Verständnis von Technik an vielen Stellen von anthropologischen Kategorien geprägt. Dass unsere Selbstbeschreibungen als Menschen sich im Zusammenspiel mit Technologien sog. Künstlicher Intelligenz verändern, ist eingangs deutlich geworden. Zugleich ist aber auch das Verständnis der ethischen Implikationen Künstlicher Intelligenz an vielen Stellen von anthropologischen Kategorien geprägt. Man könnte sogar sagen: Das Verständnis der ethischen Implikationen Künstlicher Intelligenz in der Technikethik und -philosophie ist zumindest in Teilen – und vielleicht stellenweise stärker – von der semantischen Konstruktion durch anthropologische Kategorien als von technologischen Entwicklungen geprägt. Dies ist die Ausgangsthese meiner Überlegungen zu einer imaginationssensiblen Technikethik.

Wie wir uns medial und gesellschaftlich über das verständigen, was in dem großen Containerbegriff „Künstliche Intelligenz" gehandelt wird, ist sprachlich sehr stark von Beschreibungen gekennzeichnet, die vorher der Beschreibung des Menschen vorbehalten waren.

Zu nennen sei zunächst die namensgebende Größe der Intelligenz. Intelligenz ist bestimmt als eine kognitive Fähigkeit von Menschen und Tieren. Zahlreiche anthropologische Beschreibungen erklären gerade die Intelligenz zu *dem* Konstitutivem des Menschen. Die Beschreibung technologischer Entwicklungen als „künstlicher Intelligenz" führen notwendigerweise zu einem Abgleich der Intelligenz als menschlichem Vermögen mit der technischen Entwicklung: Welche Formen artifizieller Kognition wird natürliche Kognition noch erdenken/kontrollieren/reflektieren können? Welche Formen der Rationalität begegnet uns in den Maschinen?

Dazu gehört auch der Begriff der „Handlung". Eine Handlung beschreibt in der Anthropologie eine selbstgesteuerte Verhaltensentscheidung, die der Bewertung und Reflexion von Verhaltensoptionen erwächst. Die zunehmende Kognitivierung der vernetzten Entitäten („Dinge") ermöglicht diesen eine Auswahl aus Verhaltensoptionen. Wird diese – wie in der technikethischen Debatte häufig getan – mit dem Begriff der Handlung beschrieben, so führt diese sprachliche Parallelisierung zu zahlreichen Anschlussfragen: Haben Maschinen eigene Handlungsweisen und damit eine eigene Handlungsmacht, verbunden mit Strategien, Kommunikationsforen und großer Autonomie?

Gerade diese Frage nach der Autonomie von Maschinen hat in der Technikethik eine große Debatte ausgelöst: Besteht bei der KI ein Lernfortschritt mit eigenen Lösungen, die Programmierer nicht nachvollziehen können? Und wenn ja, wie ist damit nicht nur ethisch, sondern auch rechtlich umzugehen? Denn die Rechtsprechung bestimmt denjenigen als ein justiziables Subjekt, der oder die eine Handlung autonom wählen und ausführen kann. Kann eine KI in diesem

Sinn eine Rechtperson werden? Und kommt der KI eine eigene Würde, eine eigene Rechtspersönlichkeit zu, wie der Informationstechniker Haun vorschlägt?

Oder liegt die Krux für die Unterscheidung von Mensch und Maschine nicht doch an anderer Stelle? Ist es die Körperlichkeit des Menschen, die sein Spezifikum, seine Würde ausmachen? Und wie hängen Körperlichkeit und Kognition zusammen?

Diese Beschreibungen evozieren auf der sprachlichen Ebene eine Frage, die ethisch von herausragender Bedeutung ist: Die Frage nach der Unterscheidbarkeit von Mensch und Maschine und daran anschließend die Frage, welche Ethik für eine KI (Akteuransatz) oder im Zusammenspiel von Mensch und KI (Netzwerkansatz) zu entwickeln ist. In den gegenwärtigen technikethischen und technikphilosophischen Beschreibungen nehmen diese Kategorien und die Abgrenzung dieser zwischen Mensch und Maschine breiten Raum ein, wie etwa ein Blick in die Entwürfe von Catrin Misselhorn oder Janina Loh zeigen.

Die Breite und Ausweitung dieser Debatte führt auf der einen Seite zur Kritik an der Rede von „Künstlicher Intelligenz" als einem Hype oder einem Mythos, der auf einem grundlegenden Kategorienfehler in der Rede von „Intelligenz" beruhe[2]. Für die schweizerische Informatikerin Pooyan ist der Begriff zumindest irreführend, während Nida-Rümelin vor der Gefahr eines Animismus des Digitalen warnt, der durch die Simulation menschlicher Fähigkeiten in und mit Maschinen entsteht.[3]

Diese Debatten beruhen, so die eingangs formulierte These, auf einer semantischen Konstruktion dieser Technologien in Analogie zu menschlichen Akteuren. Grundlage meiner These ist eine kulturtheoretische Grundeinsicht: Metaphern und Narrative prägen unsere Weltwahrnehmung und -deutung. Mit dem Begriff des „Social imaginary" beschreibt Charles Taylor „the ways people imagine their social existence".[4] Er spricht von Imaginationen – von Bildern, Metaphern, Geschichten – statt von sozialen Theorien – denn wie wir unsere Welt erleben und uns in ihr bewegen ist seiner Meinung nach viel weniger von theoretischen Begriffen geprägt, „but is carried in images, stories, and legends".[5] Diese bilden den Rahmen individueller und gesellschaftlicher Kommunikationsprozes-

---

[2] Sechs Thesen zur Künstlichen Intelligenz, https://www.zukunftsinstitut.de/artikel/digitalisierun g/6-thesen-zur-kuenstlichen-intelligenz/ (Zugriff am 16.03.2022).

[3] Bonin, Gabriele: Künstliche Intelligenz gibt es eigentlich nicht, https://hub.hslu.ch/informatik /kunstliche-intelligenz-gibt-es-nicht-wichtig-ist-digitale-ethik/ (Zugriff am 16.03.2022); Nida-Rümelin, Julian: Digitaler Humanismus, in: Hauck-Thum, Uta / Noller, Jörg (Hrsg.): Was ist Digitalität. Philosophische und pädagogische Perspektiven (Digitalitätsforschung / Digitality Research 1), Berlin 2021, 35–38: 36.

[4] Taylor, Charles: Modern social imaginaries, Durham [4]2007, 23.

[5] Ebd.

se und ermöglichen gemeinsames Handeln. Soziale Imaginationen ermöglichen nach Taylor „common practices and a widely shared sense of legitimacy".[6] Die sozialen Imaginationen sind nach Taylor komplex strukturiert: Sie bestehen aus einem „sense of the normal expectations", umfassen einen Sinn für den Zusammenhang der Dinge.[7] Dabei sind sie nach Taylor zugleich faktisch vorfindlich und normativ: „that is, we have a sense of how things usually go, but this is underwoven with an idea of how they ought to go, of what missteps would invalidate the practice".[8]

Dies gilt gerade für nicht sensuell erfassbare Welten wie das Psychische oder auch das Virtuelle: Neue Entwicklungen im Digitalen verlangen nach neuen Beschreibungen und Metaphern und prägen zugleich unser Verständnis dieser Technologien.[9] So stellt sich für eine ethische Reflexion des diffusen Themenkomplexes „Künstlicher Intelligenz" sehr grundlegend die Frage der Identifikation nicht nur der damit gemeinten Technologien, sondern auch der daraus eigentlich erwachsenden ethischen Themenstellungen: Die Frage ist hier nicht, ob es „KI" eigentlich „gibt", wie in den Debatten um einen KI-Hype zum Teil formuliert – die unter dieser Überschrift entwickelten Technologien gibt es unzweifelhaft. Die Frage ist vielmehr, ob die durch die sprachliche Konstruktion dieser Technologien auf die damit verbundenen ethischen Fragestellungen verweist – oder ob andere ethische Fragen im Zentrum der entwickelten Technologien stehen. Handlung, Intelligenz, Autonomie Würde, Körper – diese anthropologischen Begriffe evozieren in ihrer sprachlichen Konstruktion andere ethische Herausforderungen als die Rede von deep-learning-mechanismen oder neuronalen Netzen – auch wenn in der Sache dasselbe gemeint sein kann.

---

6   Ebd.
7   A. a. O., 24.
8   Ebd.
9   Vgl. van Oorschot, Frederike: Fazit, in: van Oorschot, Frederike / Fucker, Selina (Hrsg.): Framing KI. Heidelberg 2022 [im Druck]. Untersucht wurde diese semantische Dimension des Diskurses über KI bislang nur exemplarisch im Blick auf politische und mediale Diskurse (vgl. insbesondere die Beiträge in van Oorschot/Fucker 2022). Erste ethische Analysen bieten Höhne, Florian: Darf ich vorstellen: Digitalisierung. Anmerkungen zu Narrativen und Imaginationen digitaler Kulturpraktiken in theologisch-ethischer Perspektive, in: Bedford-Strohm, Jonas / Höhne, Florian / Zeyher-Quattlender, Julian (Hrsg.): Digitaler Strukturwandel der Öffentlichkeit. Ethik und politische Partizipation in interdisziplinärer Perspektive (Kommunikations- und Medienethik Bd. 10), Baden-Baden 2019, 25–46; Meireis, Torsten: „O daß ich tausend Zungen hätte". Chancen und Gefahren der digitalen Transformation politischer Öffentlichkeit – die Perspektive evangelischer Theologie, in: Bedford-Strohm, Jonas / Höhne, Florian / Zeyher-Quattlender, Julian (Hrsg.): Digitaler Strukturwandel der Öffentlichkeit. Ethik und politische Partizipation in interdisziplinärer Perspektive (Kommunikations- und Medienethik Bd. 10), Baden-Baden 2019, 47–62.

Die Frage der sprachlichen Konstruktion und Vermittlung ist für eine Ethik der Künstlichen Intelligenz entscheidend: Über „Technik" können wir nicht so nachdenken als wäre sie einfach so da. Denn was Technik ist, wie eine Maschine beschrieben wird, ist Teil einer gesellschaftlichen Konstruktion, in der technische Entwicklung, sprachlicher Bericht dieser Entwicklung und die mediale Reflexion darauf ineinandergreifen und sich gegenseitig beeinflussen.

Für einen Ansatz imaginationssensibler Ethik, wie er im Folgenden entfaltet werden soll, stellt sich daraus eine doppelte Aufgabe: Zum einen müssen die semantischen Strukturen der Technikimaginationen möglichst präzise beschrieben werden. Zum anderen gilt es, diese mit den konkreten ethischen Herausforderungen der technischen Entwicklungen ins Verhältnis zu setzen. Dies soll im Folgenden exemplarisch anhand des technikethischen Entwurfs von Catrin Misselhorn nachgezeichnet werden und dann programmatisch vertieft werden.

2. Die imitative Imagination Künstlicher Intelligenz

2.1. Die Maschinenethik Cathrin Misselhorns

Misselhorns Maschinenethik greift zentrale Herausforderungen der Maschinenethik in philosophischer Perspektive heraus. Beobachtbar ist im Blick auf Identifikation der ethischen Herausforderungen Künstlicher Intelligenz eine Spannung, die ihren Band für die hier untersuchte Fragestellung besonders interessant macht: Während Misselhorn in der Reflexion der ethischen Theorie viel über den Handlungsbegriff, den Begriff der Autonomie und der Verantwortung spricht, stehen in der Diskussion der Anwendungsfälle in der Maschinenethik ganz andere Fragen in den Vordergrund (Datenschutz, Privatsphäre, informationelle Selbstbestimmung).

Dass diese Spannung in der sprachlichen Repräsentation der Technologien gründet, legt ein Blick auf die Problemexposition in der Einleitung eines ihrer zentralen Texte bereits nahe. Diese wird von Misselhorn – und auch anderen Technikphilosophinnen – unter Verweis auf literarische oder filmische Vorlagen eingeführt: Ausgangspunkt ist die Geschichte des Begriffes „Roboter", der aus dem Theater stammt. „Robota" meinte in dem tschechischen Theaterstück ein geschaffenes technisches Wesen, das dann die Kontrolle über sein Handeln übernimmt.[10] Von dieser Beschreibung her entfaltet Misselhorn die Frage, wie mit der zunehmenden „Intelligenz" und „Autonomie" von Maschinen umgegangen werden soll.

---

[10] Misselhorn, Catrin: Grundfragen der Maschinenethik. Stuttgart 2018, 7.

So wird in der Problemexposition zur Identifikation des ethischen Problems zunächst die künstlerische Tradition aufgerufen.[11]

Die zentralen Fragen der Maschinenethik liegen für Misselhorn in der Reflexion des Begriffes von Denken und Intelligenz, der Frage nach Bewusstsein, dem Handlungsbegriff und der Frage nach Moralität von Maschinen.

Erstens: Können Maschinen denken? In Diskussion des Turing-tests von Alan Turing und dem Gedankenexperiment des chinesischen Zimmers von John Searle kommt Misselhorn zu der These, dass die von Searle beschriebene Form der Zeicheninterpretation als eine Form des Denkens zu werten sei, da diese Bedeutung haben und auf sinnvolle Art und Weise miteinander verknüpft werden.[12]

Zweitens stellt Misselhorn die Frage, ob Maschinen Bewusstsein haben.[13] Misselhorn unterscheidet zwischen Zugangsbewusstsein und phänomenalem Bewusstsein. Letzteres bezeichnet das subjektive Erleben. Zugangsbewusstsein hingegen bezieht sich auf die kognitive Seite des Bewusstseins: Ein Zustand ist zugangsbewusst, wenn er in rationalen Überlegungen und zur rationalen Kontrolle von Handlungen verwendet werden kann. Da in der Anthropologie bisher nicht geklärt ist, wie phänomenales Bewusstsein beim Menschen entsteht, spricht sich Misselhorn dafür aus, sich in der Maschinenethik auf die Erforschung der einfachen Probleme des Bewusstseins zu beziehen.

Zur dritten Frage äußert sich Misselhorn am ausführlichsten: Können Maschinen moralisch handeln?[14] Misselhorn verhandelt zunächst die Frage nach der Handlungsfähigkeit, wobei sie zwei Dimensionen unterscheidet: erstens die „Fähigkeit, sich im eigenen Verhalten an Gründen zu orientieren" und zweitens die

---

[11] Dieser Zugang ist sicherlich auch der Anknüpfungsfähigkeit für die Lesenden geschuldet – was gerade angesichts des Publikationsortes, also mit dem Fokus auf ein breites nicht fachliches Publikum zu bedenken ist. Ein Vergleich mit anderen Entwürfen von Maschinenethik zeigt jedoch, dass diese Bezüge auf die künstlerische Tradition und insbesondere auf die Science-Fiction-Tradition sehr gängig sind, gerade in den Einführungen und Problembeschreibungen. Dies zeigt etwa auch die bleibende Rezeption der laws of robbotic von Issak Asimov. Sehr selten – und daher auffallend im Vergleich zu anderen Feldern der angewandten Ethik – beginnt die ethische Reflexion mit der Darstellung des materialen technischen Zusammenhangs. Dies erlaubt zumindest die Schlussfolgerung, dass die imaginativen Welten der künstlerischen Traditionen beteiligt sind an der Beschreibung der im Zusammenhang mit KI zu verhandelnden ethischen Herausforderungen. Vor dem Hintergrund der teils populärwissenschaftlichen Studien zum Zusammenhang von KI-Forschung und Science Fiction wäre dieser These vertieft nachzugehen. Vgl. Böhnke et al: Künstliche Intelligenz im Spannungsfeld gesellschaftlicher Diskurse. Filmische Science-Fiction und alltagsweltliche Online-Diskussionen, in: van Oorschot, Frederike / Fucker, Selina (Hrsg.): Framing KI. Heidelberg 2022 [im Druck].

[12] Misselhorn, Catrin: Maschinenethik und Philosophie, in: Bendel, Michael (Hrsg.): Handbuch Maschinenethik, Wiesbaden 2020, 1–23: 7.

[13] A. a. O., 8.

[14] A. a. O., 9–11.

„Fähigkeit, als selbstursprüngliche Quelle des eigenen Tuns zu fungieren".[15] Beide Fähigkeiten ordnet sie graduell zueinander, d. h. sie kommen verschiedenen Arten von Akteuren in unterschiedlichem Maß zu. Orientierung an Gründen ist nach Misselhorn eng verbunden mit der Möglichkeit der Informationsverarbeitung, sodass hier eine funktionale Äquivalenz zur Verhaltensökonomie einiger Maschinen vorliegt.[16] Im Hinblick auf die zweite Dimension spricht Misselhorn einigen künstlichen Systemen Selbstursprünglichkeit in einem gewissen Umfang zu: „Zum einen verfügen sie über die Fähigkeit, auf Stimuli mit einer Zustandsänderung zu reagieren (Interaktivität), zum anderen können sie unter bestimmten Umständen einen inneren Zustand ohne äußeren Reiz ändern (basale Autonomie); und schließlich sind sie sogar in der Lage, die Art und Weise zu verändern, wie auf einen Reiz reagiert wird (Adaptivität)".[17] Misselhorn kommt daher zu dem Schluss, dass zumindest einigen künstlichen Systemen im definierten Sinn Handlungsfähigkeit zukommt. Offen ist damit die Frage, ob sie auch zu moralischem Handeln in der Lage sind. Nach Misselhorn liegt moralische Handlungsfähigkeit in ihrer basalen Form dann vor, wenn die Gründe, nach denen ein System handelt, moralischer Natur sind – was Misselhorn zu folge schon dann gegeben ist, wenn ein System über Repräsentationen moralischer Werte verfügt.

Vor diesem Hintergrund befasst sich Misselhorn mit der Unterscheidung des moralischen Handelns bei Mensch und Maschine.[18] Im Anschluss an Wendell Wallach und Colin Allen schlägt sie eine Unterscheidung verschiedener Ebenen moralischer Handlungsfähigkeit als Funktion entlang zweier Achsen vor: Autonomie und ethische Sensibilität. Die beiden Dimensionen können unterschiedlich stark ausgeprägt sein, sodass Misselhorn im Anschluss an Wallach und Allen zwischen „operationaler Moralität" und „funktionaler Moralität" unterscheidet. Sie kommt daher zu dem Schluss, dass künstliche Systeme, die über die beschriebenen funktionalen Fähigkeiten verfügen, als moralische Akteure in einem basalen Sinn zu begreifen sind auch wenn sie (noch) nicht über vollumfängliche moralische Handlungsfähigkeit verfügen.

Diese ausgeführten Überlegungen technikphilosophischer Art spitzt Misselhorn am Ende noch einmal ethisch zu: Willensfreiheit und Bewusstsein sind, nach Misselhorn, kein Ziel einer Maschinenethik, da diese die Optionen für unmoralisches Verhalten eröffne, das für die Anwendungsfelder künstlicher Systeme nicht

---

[15] A. a. O., 9.
[16] Misselhorn betont jedoch, dass diese weit unterhalb der Komplexität menschlichen Verhaltens liegt. In ihren Worten: „Sie ist in etwa vergleichbar mit einem Kindersegelboot im Verhältnis zu einem Hightech-Schiff. Beide sind funktional äquivalent im Hinblick auf die Fähigkeit, zu segeln, aber mit sehr unterschiedlichen Graden an Perfektion, Ausgereiftheit und technischer Raffinesse." A. a. O., 10.
[17] Ebd.
[18] A. a. O., 12f.

erwünscht ist.[19] Im Anschluss entfaltet sie ein Programm der Maschinenethik zwischen Philosophie und Informatik.

Dass die Anthropologie eine leitende Orientierungsdisziplin für die KI-Entwicklung darstellt, stellt Misselhorn selbst heraus. Veränderungen in der Anthropologie sind nach Misselhorn ähnlich in KI-Diskursen zu beobachten: Ihren Ausgang nahm sie beim Symbolverarbeitungsansatz, entwickelte dann Formen des Konnektionismus und nach der Kritik an der fehlenden Abbildbarkeit von Produktivität und Systematizität steht nun die Entwicklung einer *embodied AI* im Fokus.[20]

Im Band „Grundfragen der Maschinenethik" (2018) diskutiert Misselhorn über diese programmatischen Erwägungen hinaus Anwendungsfälle der KI-Ethik in drei Bereichen und spezifiziert die damit verbundenen ethischen Herausforderungen. Im Blick auf den Einsatz von KI in der Pflege[21] hebt sie vor allem Probleme beim Datenschutz und dem Schutz der Privatsphäre heraus. Damit verbunden diskutiert sie ethische Argumentationsmodelle für den Einsatz von KI in der Pflege und votiert dafür, Pflege als inhärente moralische Praxis zu verstehen und KI daher nur für zielorientierte Handlungen und nicht für praxisorientierte Handlungen einzusetzen. Als zweites Anwendungsfeld diskutiert Misselhorn den Einsatz von KI in Waffen:[22] Hier kommt sie auf das Problem der Verantwortungslücke zu sprechen und verweist auf den konstitutiven Zusammenhang von Moralität und Mitmenschlichkeit. Auch die im Hintergrund stehenden ökonomischen Interessen können nach Misselhorn zu ethischen Problemen führen. Autonomes Fahren bildet das dritte Anwendungsfeld:[23] Hier führt Misselhorn das ethische Kriterium der Schadensminderung ein und diskutiert das Verhältnis von rationalen Entscheidungen versus Intuition. Zentrale ethische Herausforderungen sieht sie in der informationellen Selbstbestimmung, dem Schutz der Privatsphäre, sowie den mit den Entwicklungen verbundenen ökonomischen Interessen.

Vergleicht man diese Darstellung Misselhorns der – ihrer Zusammenfassung folgend – zentralen ethischen Fragen der Maschinenethik mit der Diskussion der Anwendungsfälle künstlicher Intelligenz und ihrer ethischen Dimensionen, so zeigt sich die eingangs genannte Diskrepanz sehr deutlich: Während Misselhorn in der Reflexion der ethischen Theorie viel über den Handlungsbegriff, den Begriff der Autonomie und der Verantwortung spricht, stehen in der Diskussion der Anwendungsfälle in der Maschinenethik ganz andere Fragen in den Vorder-

---

[19] A. a. O., 13.
[20] A. a. O., 22–27.
[21] Misselhorn 2018, 139–154.
[22] A. a. O., 167–175.
[23] A. a. O., 193–200.

grund. Entscheidende ethische Herausforderungen der technischen Implementierung Künstlicher Intelligenz liegen nach Misselhorn in Fragen des Datenschutzes, des Schutzes der Privatsphäre, sowie der informationellen Selbstbestimmung.

Die technikphilosophisch relevanten Fragen nach dem Denken, Bewusstsein und moralischer Handlung Künstlicher Intelligenz haben hier kaum Niederschlag gefunden.[24] Zum Handlungsbegriff lässt sich aus den Überlegungen zum autonomen Fahren und KI-gestützter Waffensysteme erkennen, dass Misselhorn auf das Zusammenspiel von Menschen und Maschinen abzielt, was den oben skizzierten Überlegungen zur Handlungsfähigkeit von KI-Systemen folgt. Die ethischen Fragen nach der Zurechenbarkeit und Verantwortbarkeit haben in den konkreten Fällen jedoch kaum Relevanz.

2.2. Die imitative Imagination Künstlicher Intelligenz

Misselhorn folgt in ihrer Erörterung dem, was ich eine *imitative Imagination* von KI nenne: Sie entfaltet ihr Programm konsequent entlang eines Abgleiches mit menschlichen Akteuren mit Hilfe von Leitbegriffen aus der Anthropologie. Die Argumentation dient in weiten Teilen dem Nachweis, ob, wie und wie weit Maschinen Attribute und Fähigkeiten zugeschrieben werden sollen, die bislang Menschen vorbehalten waren. Diese Vergleichbarkeit markiert Misselhorn in der Einleitung explizit als Ausgangspunkt ihrer Ethik.[25]

Diese imitative Imagination gründet in der Wissenschaftsgeschichte der KI-Forschung – dient sie doch dem Ziel Maschinen zu entwickeln, die sich verhalten, als verfügten sie über Intelligenz. Diese Anbindung wird sowohl in den Technikwissenschaften als auch in den gegenwärtigen KI-Ethiken iteriert: „Artificial Intelligence is the study of how to make computers do things at which, at the moment, people are better."[26] Dass diese Zielsetzung von Elaine Rich aus dem Jahr 1985 weiterhin Geltung hat, bestätigen nicht nur die gegenwärtig verbreiteten Einführung in das Feld,[27] sondern auch das vorgestellte Konzept von Misselhorn. Die Bedeutung dieser Imagination und damit die Anbindung der KI-Forschung an die Anthropologie ist jedoch bisher kaum aufgearbeitet.

---

[24] Im Hintergrund steht auch ein spannungsvolles Verhältnis von Technikphilosophie und Technikethik. Misselhorn nutzt beide Begriffe äquivalent: Sie spricht von philosophischen Grundlagen der Maschinenethik – und erörtert dann auch die gerade skizzierten philosophisch-anthropologischen Fragen unter der Überschrift einer Maschinenethik. Die von ihr als ethische Fragen explizierten Aspekte lassen sich jedoch nicht einfach als Konkretionen der technikphilosophisch-anthropologischen Grundbestimmungen lesen, wie gerade dargestellt.

[25] Misselhorn 2018, 7.

[26] Elaine Rich: Artificial Intelligence and the Humanities, 117–122, in: Computer and the Humanities 19, 2 (1985), 117–122: 117.

[27] Vgl. Ertel, Wolfgang: Grundkurs Künstliche Intelligenz. Eine praxisorientierte Einführung, Wiesbaden [4]2016, 2.

Mit der imitativen Imagination kommt es zum einen zu begrifflichen Unschärfen. Zum anderen entfernt sich die imitative Beschreibung von den materialen Herausforderungen der ethischen Urteilsbildung und damit verbunden oft auch von den ethischen Debatten, die in der Technikethik verortet sind. Beide Probleme wollen im Folgenden skizziert werden.

2.3. Zum Begriff der künstlichen Intelligenz in den Technikwissenschaften

Übereinstimmend beginnen Einführungen zum Thema Künstliche Intelligenz in den Technikwissenschaften mit der Feststellung, dass der Begriff sehr vage und schwer zu füllen ist.[28] Die Analogie zur menschlichen Intelligenz wird eher kritisch aufgegriffen unter Hinweis auf die Begriffsprägung bei McCarthy. Ertel beginnt explizit mit dem Hinweis, dass der Begriff vor allem Emotionen wecke: die Faszination für das Funktionieren eines Gehirns ebenso wie die Furcht vor etwas Künstlichem.[29] Die über den Begriff „Intelligenz" angezeigte Verbindung in die Anthropologie macht Ertel auch für die KI-Forschung fruchtbar: Explizit benennt er die Hirnforschung als Bezugsdisziplin der KI-Forschung.[30]

Nach diesen grundlegenden Begriffsklärungen fällt auf, dass die Bezeichnung „Künstliche Intelligenz" im weiteren Verlauf kaum mehr Verwendung findet. Stattdessen finden sich Beschreibungen der jeweiligen maschinellen Systeme, die Einzelaspekte hervorheben bzw. auf deren Funktionen abzielen. Leitbegriff bei Ertel ist „intelligenter Agent": „Als Agent bezeichnen wir ganz allgemein ein System, welches Information verarbeitet und aus einer Eingabe eine Ausgabe produziert."[31] In der Robotik werden Hardware-Agenten als „autonome Roboter" bezeichnet, die über Sensoren (zur Wahrnehmung) und Aktuatoren (zur Veränderung der Umgebung) verfügen.[32] Ertel unterscheidet grundlegend zwischen Reflexagenten (reagieren auf Eingabe) und Agenten mit Gedächtnis (können bei Entscheidungen die Vergangenheit mit einbeziehen) und führt verschiedene Arten von Agenten ein.[33] Zum Lösen komplexer Aufgaben benötigen Agenten nach Ertel „wissensbasierte Systeme": Durch vorangehendes Knowledge Engineering (Wissenserwerb) kann eine entsprechende Wissensbasis (Knowledge Base, WB/KB) gespeichert werden, die in einer formalen Sprache dargestellt wird.[34]

Beim Ausblick auf die Anwendungsfelder künstlicher Intelligenz skizziert Ertel die damit verbundenen ethischen Herausforderungen. Im Zusammenhang

---

28 Ertel 2016, 1; Kaplan, Jerry: Künstliche Intelligenz, Frechen 2017, 1.
29 Ertel 2016, 1
30 A. a. O., 3f.
31 A. a. O., 18.
32 Ebd.
33 A. a. O., 19.
34 A. a. O., 21f.

mit automatisierter Arbeit verweist er auf die Herausforderungen der Verteilung des entstehenden Wohlstandes sowie der Grenzen des Wachstums, die ein neues Wirtschaftsmodell erfordern.[35] Im Blick auf automatisiertes Fahren nennt Ertel als ethisches Problem einen möglichen Reboundeffekt, also eine vermehrte Nutzung von Autos durch günstigere und komfortablere Technologie, sowie die Gefahr von Hackerangriffen.[36] Ein ethisches Problem kann nach Ertel bei der Nutzung von Servicerobotern entstehen, weil diese als Waffen eingesetzt werden können.[37]

Diese These erhärtet sich, wenn man in Reflexionen zu ethischen Fragen rund um Künstliche Intelligenz in den Technikwissenschaften schaut: Dort findet sich weder anthropomorphe Rede noch die Frage nach Mensch und Maschine im imitativen Sinn. Leitend sind Risiko- und Nutzenabwägungen des Einsatzes autoregulativer Systeme, verbunden mit klar identifizierbaren Zielen wie etwa der Erhöhung der Verkehrssicherheit unter Wahrung menschlicher Autonomie durch den Einsatz automatisierter Fahrsysteme.[38] Deutlich wird hier die Prägung aus der Tradition der Technik-Folgenabschätzung anstatt aus der Anthropologie. Während letzteres im Rahmen dieses Beitrags nicht geleistet werden kann, soll im Folgenden exemplarisch eine Präzisierung der von Misselhorn eingeführten Kategorien vorgeschlagen werden.

2.4. Zur Kritik an der Technikimagination Catrin Misselhorns

Soll im Kontext der Debatte um künstliche Intelligenz das Verhältnis von Mensch und Maschine in den Blick kommen, so kann dieses – im Gefolge der Begriffsgeschichte – als ein Imitations- oder Simulationsverhältnis beschrieben werden. Die Rede von künstlicher „Intelligenz" und auch der Turing-Test – und auch im Anschluss daran entwickelte Modelle eines moralischen Turing-Tests – ist ein *imitation game*, das nach der Unterscheidbarkeit des Verhaltens fragt: Künstliche Intelligenz beschreiben Maschinen, die „sich auf eine Art und Weise verhalten, die man bei Menschen als intelligent bezeichnen würde".[39] Insofern ist die imitative Imagination eine Rede im Modus des ‚als ob'.

Misselhorn weist richtig auf die allein funktionale Äquivalenz maschineller informationsverarbeitender Prozesse zu menschlichen Entscheidungen oder gar

---

[35] A. a. O., 13f.

[36] A. a. O., 16f.

[37] A. a. O., 17.

[38] Vgl. beispielhaft etwa den Bericht der Ethik-Kommission „Automatisiertes und Vernetztes Fahren", eingesetzt durch den Bundesminister für Verkehr und digitale Infrastruktur, vorgelegt im Juni 2017. https://www.bmvi.de/SharedDocs/DE/Publikationen/DG/bericht-der-ethik-kommission.pdf?__blob=publicationFile (Zugriff am 15.03.2022).

[39] So die Definition John McCarthys 1955, zitiert nach Misselhorn 2020, 17.

„Intelligenz" hin. Zugleich ist festzuhalten, dass es sich um eine simulative Beschreibung, nicht um eine relationale, korrelative oder gar ontologische Beschreibung handelt.[40] Diese Differenz gilt es auch sprachlich präziser zu fassen.[41]

Dazu ist die Präzisierung der bei Misselhorn zentralen Begriffe von Nöten, wie ich am Beispiel des Autonomiebegriffes deutlich machen möchte. Kritik an Misselhorns Autonomiebegriff wurde vielfach geäußert: Den ethische Begriff Autonomie, verstanden als die Selbstgesetzgebung eines freien Individuums – und damit als „Adelstitel des freiheitlichen Subjekts" (Gräb-Schmidt)[42] – bestimmt Misselhorn nicht deutlich genug. Die von ihr vorgeschlagene graduelle Unterscheidung wird somit unscharf – und damit zumindest missverständlich, wie eine Begriffsanalyse der technikethischen Debatte zeigt:

> „Viele der Eigenschaften, die technische Interaktionsfähigkeit ermöglichen, werden unter dem Schlagwort ‚autonome Technik' gefasst; dabei unterscheidet sich die Bedeutung von ‚autonom' von Fall zu Fall erheblich und v.a. zwischen den Technikwissenschaften und der Philosophie. Im technischen Bereich bedeutet autonome Technik je nachdem autark, mobil, automatisch, umweltunabhängig, adaptiv, lernend, innovativ oder opak, nicht vorhersagbar."[43]

Um diese sachlich zentrale Unterscheidung begrifflich zu vereindeutigen, schlage ich mit Kunkel vor, den Begriff der technischen Autonomie durch den Begriff der

---

[40]　Dieses Problem verbindet sich mit dem von Nida-Rümelin beschriebenen Problem der äußeren Gestaltung in der Robotik: „Die Robotik hat in meinen Augen eine Fehlentwicklung genommen, nämlich mit dem Ziel, möglichst humanoide Roboter zu entwickeln […]. […] Es ist aber problematisch, dass es sich um *humanoide* Roboter handelt – dadurch wird nämlich die Fehlinterpretation gefördert, wir hätten hier ein Gegenüber, das mit uns kommuniziert, interagiert und unsere Einsamkeit vielleicht mildert. Das ist der entscheidende *Cut*, den wir machen sollten – keine Mystifizierungen." Nida Rümelin 2021, 37 [Hervorhebungen im Original].

[41]　Dies stellt etwa Zimmerli im Blick auf virtuelle Realitäten heraus, die er unter der Perspektive der Täuschung verhandelt: „Zwar ist diese Unterscheidung der drei Welten von größter theoretischer Bedeutung; lebenspraktisch dagegen spielt die Unterscheidbarkeit der realistisch interpretierten Semantik und der virtuellen Realität nicht nur kaum eine Rolle, sondern alles ist ganz im Gegenteil darauf angelegt, ununterscheidbar zu *erscheinen*." Zimmerli, Walther Ch.: Analog oder Digital? Philosophieren nach dem Ende der Philosophie. In: Hauck-Thum, Uta / Noller, Jörg (Hg.): Was ist Digitalität. Philosophische und pädagogische Perspektiven (Digitalitätsforschung / Digitality Research 1), Berlin 2021, 9–33: 30 [Hervorhebungen im Original].

[42]　Gräb-Schmidt, Elisabeth: Autonome Systeme. Autonomie im Spiegel menschlicher Freiheit und ihrer technischen Errungenschaften, in: Zeitschrift für Evangelische Ethik 61, 3 (2017), 163–170: 164. DOI: 10.14315/zee-2017-0303.

[43]　Gransche, Bruno et al.: Wandel von Autonomie und Kontrolle durch neue Mensch-Technik-Interaktionen. Grundsatzfragen autonomieorientierter Mensch-Technik-Verhältnisse, Stuttgart 2014, 20.

Autoregulation[44] zu ersetzen. Damit ist zum einen eine begriffliche Präzisierung erreicht und zugleich eine sachliche Abgrenzung zur Handlungsfähigkeit.

Zusammen mit der Autoregulationsfähigkeit von Maschinen schreibt Misselhorn Maschinen Handlungsfähigkeit durch Informationsverarbeitung zu. Auch der Handlungsbegriff erfährt somit eine erkennbare Umdeutung: Was Misselhorn Maschinen als „basale Handlungsfähigkeit" zuschreibt, ist sachlich eine Form der funktional-zielorientierten Informationsverarbeitung, die eine Interaktionsfähigkeit ermöglichen. Dass dies – analog zum Begriff der Autonomie – in keiner Weise dem ethischen Verständnis von Handlungen im umfassenden Sinn entspricht und damit die Rede von Handlungsfähigkeit zumindest missverständlich – wenn nicht irreführend – ist, liegt damit auf der Hand. Unterscheiden möchte ich daher zwischen Handlungsfähigkeit und funktional-zielorientierter Informationsverarbeitung.

3. „How to do things with words". Zur ethischen Dimension von Technikimaginationen

Diese Vorschläge zeigen beispielhaft die notwendige begriffliche Arbeit im Zuge des korrelativen Zusammenhangs von Imagination und Ethik. Nimmt man diesen umfassend in den Blick, so kommt einerseits das Reflexionsfeld der Imaginationen *über* Technologien und andererseits die imaginationsprägende Wirkung von Technologien selbst in den Blick.

3.1. Imaginationen über Technologien

Imaginationen prägen Technologien erstens *prospektiv*: Die sprachliche Konstruktion einer Technologie prägt ihre Entwicklung, wie Caja Thimm überzeugend im Blick auf den Begriff der Maschine darstellt:

> „Die Definition und Bewertung dessen, was eine „Maschine" ist und was sie bewirkt, unterscheidet sich nicht nur in Bezug auf ihre konkreten zeitgeschichtlichen Auswirkungen, sondern auch in Bezug auf die grundlegende gesellschaftliche Haltung gegenüber der Technologie. Dabei ist zu betonen, dass Maschinen bereits in ihrem Entstehungsprozess mit den politischen, sozialen und kulturellen Umgebungen verbunden sind [wie Nancy betont]: „Die Maschine taucht nicht aus irgendeinem Nichts auf. Sie ist selbst maschiniert, das heißt, sie ist auf zuvor gesetzte Zwecke hin entworfen, ausgearbeitet und strukturiert".[45]

---

[44] Kunkel, Nicole: Autoregulative Waffensysteme. Automatisierung als friedensethische Herausforderung – ein Werkstattbericht, in: Ethik und Gesellschaft 2 (2021).

[45] Thimm, Caja: Die Maschine – Materialität, Metapher, Mythos, in: Dies. / Bächle, Thomas Christian (Hrsg.): Die Maschine: Freund oder Feind? Wiesbaden 2019, 17–39: 20.

Wie technische Konstruktionen heute sprachlich konstruiert werden, kann also die Entwicklung beeinflussen. Die Deutsche Akademie der Technikwissenschaften prägte dafür 2012 den Begriff der „Technikzukünfte", der exemplarisch Teil einer solchen prospektiven imaginationssensiblen Technikethik sein kann.[46] Dass und wie über die Technikwissenschaften hinaus aus geisteswissenschaftlich informierte Technikphilosophie und Technikethik Teil dieser Debatten sein kann, wäre als Teil einer prospektiv ausgerichteten imaginationssensiblen Technikethik zu diskutieren.

Deutlich wird hier die politische und gesellschaftliche Dimension imaginationssensibler Ethik. Diese greift die semantische Konstruktion von Technologien auf mit dem Ziel, diesen als Gegenstand ethischer Debatten über die gewünschten Technikzukünfte in die Gesellschaft einzubringen. Diese Frage gewinnt an Brisanz, bedenkt man die von Thimm und Bächle herausgearbeitete „emotionsgeladene Annäherung an das Verhältnis Mensch und Technologie".[47] Imaginationssensible Ethik steht damit nicht nur vor der Aufgabe, sprachliche und technische Konstruktionen zu erkennen und sie einander zuzuordnen. Im Modus öffentlicher Diskurse ist zudem eine emotionssensible Diskurskultur zu entwickeln, die rationales Argumentieren und – oft implizit bleibende – emotionsorientierte Wahrnehmungen in Verbindung bringt.

Damit ist zweitens der *korrelative Zusammenhang* angesprochen: Die sprachliche Konstruktion prägt, was als ethische Fragestellung identifiziert wird – ist aber nicht unbedingt mit der technischen Konstruktion verbunden. Über Begriffe wie Intelligenz, neuronale Netze, Autonomie und Handlung werden anthropologische Denkwelten aufgerufen, die nicht nur einen engen Zusammenhang zwischen dieser Art von Technologie und der Anthropologie suggerieren, sondern immer wieder auch einen Überbietungsgestus dieser Technologie gegenüber dem Menschen nahelegen. Begriffe wie Singularität rufen wiederum theologische Denkwelten auf, die den Abgleich mit theozentrischen Beschreibungen implizieren. Ob und wie diese Fragen aber tatsächlich die drängenden ethischen Herausforderungen im Umgang mit KI darstellen, ist vor dem Hintergrund des Dargestellten nicht eindeutig. Sinnvoll wäre hier meines Erachtens eine korrelative Bestimmung

---

[46] Die Akademie hält thesenartig fest: „1. Das Vorausdenken, Erstellen und Bewerten von Technikzukünften ist ein notwendiges Element gesellschaftlicher Orientierung und der Selbstverständigung in den Technikwissenschaften. 2. Technik und Gesellschaft stehen in einem untrennbaren Zusammenhang. Deshalb implizieren technische Zukünfte auch gesellschaftliche Zukünfte und umgekehrt. […] 9. Technikzukünfte sind in demokratischen Gesellschaften immer Gegenstand öffentlicher Debatten." acatech (Hg.) 2012: Technikzukünfte. Vorausdenken – Erstellen – Bewerten (acatech IMPULS), Heidelberg 2012, 49. DOI 10.1007/ 978–3–642–34607–1.

[47] Thimm, Caja / Bächle, Thomas Christian: Die Maschine: Freund oder Feind?, in: Dies. (Hrsg.): Die Maschine: Freund oder Feind? Wiesbaden 2019, 1–13: 2f.

von sprachlicher und technischer Konstruktion, die beide Pole wechselseitig auf-einander bezieht.

Daraus ergibt sich auf der einen Seite die Aufgabe, mit Fokus auf die sprach-liche Konstruktion, die semantischen Gehalte in den bestehenden Debatten und ihre im Hintergrund stehenden Dynamiken offen zu legen. Mit Walther Zimmerli gesprochen, geht es hier um die Beteiligung an der Philosophie als „Begriffsklär-anlage" – verstanden als eine ethische Reflexion der „Wortpolitik": „Die Frage ist nicht nur, was Begriffe bedeuten und wie sie verknüpft werden, sondern auch, was wir, indem wir sie (so exzessiv) verwenden, eigentlich *tun*, bzw. anrichten?"[48] Nach Zimmerli ist es eine Suche nach „begrifflichen Inseln" zwischen „Nebel-bänken" – oder noch drastischer formuliert mit einem Begriff des em. Prof. für Philosophie Harry Frankfurt aus Princeton – die Suche nach „Bullshit-Words", also nach Worten, bei denen keiner weiß, was damit eigentlich gemeint ist.[49] KI ist nach Zimmerli ein solcher Begriff, vielleicht sogar der renitenteste:

> „Allzu offensichtlich ist die immer wieder verblüffende Omnipräsenz der Informations- und Kommunikationstechnologien, die heute – und auch hierzu wä-re eine ‚bullshit'-Differentialdiagnose angezeigt – ebenso vereinfachend und irreführ-rend allesamt als ‚Künstliche Intelligenz-Technologie' bezeichnet werden."[50]

„How to do things with words" – dieser Titel einer Vorlesungsreihe von John L. Austin von 1955 wird nach Zimmerli in den Debatten und Beschreibungsversu-chen des Digitalen auf eine sehr konkrete und politische Art und Weise wieder philosophisch – und ich möchte ergänzen: ethisch – relevant, insbesondere dort, wo technische Entwicklungen als unausweichlich und anthropologisch relevant beschrieben werden.[51]

Aus dieser begrifflichen Arbeit ergibt sich – und das ist die andere Seite des korrelativen Zusammenhangs mit dem Fokus auf die technische Konstruktion künstlicher Intelligenz – die Notwendigkeit zur Präzisierung der ethischen Pro-blemstellung aus der Perspektive der technologischen Entwicklungen. Dies wäre die Aufgabe einer Technikethik im engeren Sinne.

Auf eine dritte Richtung im Verhältnis von sprachlicher und technischer Kon-struktion möchte ich abschließend eingehen: Der *retrospektive Zusammenhang* beschreibt die zu Beginn dieses Abschnitts eingeführte Entstehung von Narrati-ven durch Technologien: Technologien prägen nicht nur die Welt, sondern auch ihre Wahrnehmung und somit auch die entstehenden sozialen Imaginationen. Dies wurde in Misselhorns Überlegungen zur Interaktion von Mensch und Maschine

---

[48] Zimmerli 2021, 13.
[49] A. a. O., 12.
[50] A. a. O., 14.
[51] Ebd.

besonders deutlich. Lassen Sie mich diese Dimension anhand des von Reijers und Coeckelbergh entwickelten Entwurfs einer narrativen Technikethik ausführen.

3.2. Imaginationen durch Technologien

Reijers und Coeckelbergh entfalten in ihrem Entwurf „Narrative und Technology Ethics" von 2020 nicht weniger als eine ethische Theorie ausgehend von dem weiten Medienbegriff McLuhans: Als Medien werden grundlegende Übermittler des Welt- und Selbstverständnisses bezeichnet, die somit konstitutiv die Welt und ihre Wahrnehmung prägen. Sowohl Sprache als auch Technologien sind in diesem Sinne als Medien zu verstehen.

Coeckelbergh und Reijers zeigen, dass in den medientheoretischen Debatten in der Technikphilosophie sowohl die Sprache als auch die Sozialität von Technikerfahrung kaum in den Blick kommen.[52] Die Fokussierung auf die Materialität des Medialen im Anschluss an Informationswissenschaft und Technik führe in den medienethischen Debatten leicht dazu, die sprachliche Konstitution der Lebenswelt zu vernachlässigen.[53] Demgegenüber beschreiben sie das ethische Subjekt als „mediated subjectivity", die sich in einem „social-linguistic environment" bewegt: „New technologies change, or rather co-shape our mediated subjectivity."[54] Die von Latour und Akrich eingeführte Rede von einem „script" der Artefakte müsse nicht nur metaphorisch unter der Frage nach der Agency und den Affordances von Materialitäten gentzt werden, sondern kann auch für die Entdeckung der linguistischen Dimension von Technologien fruchtbar gemacht werden.[55]

Diese Überlegungen führen Coeckelbergh und Reijers zu der These, „that technologies, similar to texts, novels, and movies, ‚tell stories' by configurating characters and events in a meaningful syntheses".[56] Technologien haben daher narrative Fähigkeiten, eine „narrative capacity": „not only do humans make sense of technologies by means of narratives but technologies themselves co-constitute narratives and our understanding of these narratives by configuring characters and events in a meaningful temporal whole."[57] Und so kommen sie zu dem Schluss: „In other words, we argue that humans do not only read technologies, but technologies on the other hand ,'read' the human."[58]

---

[52]   Coeckelbergh, Mark / Reijers, Wessel 2016: Narrative Technologies. A Philosophical Investigation of the Narrative Capacities of Technologies by Using Ricoeur's Narrative Theory, in: Hum Stud 39, 3 (2016), 325–346: 326. DOI: 10.1007/s10746–016–9383–7.
[53]   Coeckelbergh / Reijers 2016, 327f.
[54]   Ebd.
[55]   Coeckelbergh / Reijers 2016, 328.
[56]   Reijers, Wessel / Coeckelbergh, Mark 2020: Narrative and Technology Ethics, Cham 2020, 6.
[57]   Coeckelbergh / Reijers 2016, 325.
[58]   A. a. O., 336.

In ihrem Entwurf entwickeln sie eine „hemeneutic ethics of technology"[59] im Sinne eines „framework to reflect on the ethics of technical practices"[60], die erstens dazu dienen soll technologische Mediation besser zu verstehen, zweitens Mediatisierungstheorie und Technikethik verbindet und drittens eine Methode für die Anwendung der Ethik entwickelt.[61]

Aus diesem Entwurf ergeben sich zahlreiche materiale Fragen für eine imaginationssensible Technikethik, die an der Schnittstelle von politischer Ethik und Medien-, bzw. Informationsethik liegen. Reijers und Coeckelbergh betonen etwa die politische Bedeutung von technisch mediatisierter Erinnerung.[62] Weitere Präzisierungen ergeben sich im Blick auf konkrete Technologien. Angedeutet findet sich dies im Feld des Gaming in Versuchen einer „narrative mechanics" von Suter: Das Konzept durch Technologien mediatisierter intersubjektiver sozialer Imaginationen und ihre wirklichkeitsprägende Kraft wird hier am Beispiel von Online-Rollenspielen und anderen Games konkretisiert.[63] Der Begriff „narrative mechanics" wird dabei zum Leitbegriff, um die Steuerung von Verhaltensmustern und ihrer Deutungen zu beschreiben.[64]

Diese Rückwirkungen von der technischen Konstruktion auf die sprachlichen Konstruktionen im Sinne des retrospektiven Zusammenhangs zu bedenken, ist Neuland für die Technikethik an der Schnittstelle zur Medienethik und politischen Ethik.

4. „Teleology for Technology" – und Theologie

Wenn die imitative Imagination von KI für materialethische Fragen wenig hilfreich ist, verlangt die Entkopplung von Imagination und materialer Ethik über

---

[59] Reijers / Coeckelbergh 2020, 17.

[60] A. a. O., 8.

[61] A. a. O., 8–17.

[62] „As an avenue for future research, we might explore ways in which technologies explicitly mediate the public experience of time and analyse the political aspects of such mediation. [...] We can inquire how technologies shape those things that we remember, those things that we forget and thereby also the ways we relate to our personal and collective histories [...]. Such a view suggests that, just as a historical narrative can ,'stand in'' or ,'re-present'' a collective memory of a past event, so can technologies ,'stand in'' for a past event; or at least configure it in a specific way. This observation ties in with debates on for instance the so-called ,'right to be forgotten'' (Rosen 2012) about personal rights to control the presence or absence of digital memories, which arguably for the first time explicitly puts the technological mediation of human memory on political agendas." Coeckelbergh / Reijers 2016, 344.

[63] Suter, Beat / Bauer, René / Kocher, Mela (Hrsg.): Narrative Mechanics. Strategies and Meanings in Games and Real Life. Bielefeld 2021.

[64] Suter / Bauer / Kocher 2021, 9.

die Präzisierung der ethischen Fragestellung nicht nur nach einer Rekonstruktion herrschender Imaginationen, sondern auch nach der Konstruktion neuer Imagination. „Wir schauen zu sehr auf die Risiken und zu wenig auf die Ziele und Chancen der Digitalisierung" – so formulierte jüngst Alena Buyx.[65] Imitative Imaginationen von Künstler Intelligenz – also das Vorhaben, Technologien zu schaffen, die dem Menschen möglichst ähnlich sind – beantworten die Frage nach dem Ziel und dem Woraufhin dieser Technologie noch nicht. Auch technologisch lässt sich diese Frage nicht beantworten.

Notwendig sind daher teleologische Imaginationen künstlicher Intelligenz in Antwort auf die Frage: Was ist das Ziel dieser Technologien und ihres Einsatzes? Eine solche Imagination verbindet die Konkretion einer Technikfolgenabschätzung mit der ethischen Reflexion möglicher „Technikzukünfte", wie eben dargestellt. Peter Hancock präzisiert diesen Zusammenhang:

> „Technology is also fast becoming our contemporary theology. I propose the term teleologics to cover the concept of intention in technology and its comparatative theological referent. If we do not knit together the explicit scientific coconsideration of purpose and process, the division will destroy us."[66]

Auch theologisch nach den Intentionen, Zielen und Zwecken von Technologie zu fragen, drängen schon die anthropomorphen und theomorphen Beschreibungen von KI auf. Als theologische Referenz möchte ich das Motiv der *Weisheit* vorschlagen und damit zu einer innertheologischen Debatte um eine weisheitliche Technikimagination einladen.

Das biblische Motiv beschreibt die Erkenntnis, die zu gelingendem Leben befähigt. Diese erwächst aus eigenen und fremden Erfahrungen und führt zu handlungs-leitenden Orientierungen. Weisheit beschreibt damit eine Form gegenwartsbezogenen und praxis-orientiertem Denkens, das sich seiner sozialen Verortung und relationalen Einbettung bewusst ist.[67] Viererlei lässt sich – meiner bisherigen Sicht nach – für eine weisheitliche Technikimagination gewinnen.

---

[65] Buyx, Alena: Deutschland weiß zu wenig über Geimpfte, https://www.faz.net/aktuell/politik/inland/debatte-um-impfregister-deutschland-weiss-zu-wenig-ueber-geimpfte-17731838.html (Zugriff am 18.03.2022).

[66] Hancock, Peter A.: Teleology for Technology, in: Mouloua, Mustapha / Hancock, Peter A. (Hrsg.): Human performance in automated and autonomous systems. Current theory and methods, Boca Raton 2020, 265–300: 297. Für den Hinweis auf Hancocks Ansatz danke ich Nicole Kunkel.

[67] Vgl. einführend Hausmann, Jutta: Weisheit (AT), in: WiBiLex. https://www.bibelwissenschaft.de/stichwort/34707/ (Zugriff am 18.03.2022); Rudolph, Kurt et al.: Weisheit/Weisheitsliteratur, in: Theologische Realenzyklopädie. Band 35: Vernunft III – Wiederbringung aller. Reprint, Berlin/Boston 2020, 478–522.

Widersprochen ist damit erstens dem – im Eingangszitat angeklungenen – Schöpfungsnarrativ: Es ist der Mensch, der Menschengleiches schafft, nach seinem Bilde, ex nihilo: ein Geschöpf, das droht sich zu verselbständigen – impliziert die imitative Imagination.[68] Das in der frühen Phase der KI-Technik eingeführte Simulationsverhältnis von Mensch und Maschine scheint immer mehr zu einem Ablösungs- oder Überbietungsverhältnis zu werden. Dagegen beschreibt die Weisheit allein Gott als Schöpfer,[69] verbunden mit einer „Haltung der Gottesfurcht als überlegene, aber an ihr selbst nicht erfassbare Macht", so der Kieler Dogmatiker Hartmut Rosenau in seiner „sapientialen Dogmatik".[70]

Zweitens rücken so die Grenzen menschlichen Wissens und Könnens in den Blick. Darauf hat jüngst der Heidelberger Alttestamentler Manfred Oeming hingewiesen. Dem Streben nach göttlicher Intelligenz setzt Oeming die Rede von Gottes Weisheit entgegen, die menschliche Vernunft begrenzt.[71] Zu ergänzen wäre: In den biblischen Texten wird ein gebrochener Weisheitsbegriff vorgestellt, etwa in Hiob 28: Dort wird das Loblied auf den Homo Faber gesungen – und dann dekonstruiert. Am Ende bleibt ein Doppeltes (Hi 28,28): Das eigene Denken und Verstehen in Relation und Abhängigkeit zu einem viel Größeren zu verstehen (Gottesfurcht) – und verantwortlich zu handeln (Böses meiden). Nicht nur Gottes Weisheit ist daher eine Grenze der Intelligenz des Menschen, sondern auch die Weisheit des Menschen kann – selbstkritisch – eine Grenze seiner eigenen Intelligenz werden.

Damit verbunden rückt drittens der eschatologische Horizont imitativer Imaginationen in den Blick: Versprechen gottgleicher Providenz und Fürsorge auf all unseren Wegen finden sich in KI-Beschreibungen allenthalben. Der Künstlichen Intelligenz als „Verheißungsgut"[72] gegenüber kann zum einen das Warten in den Blick genommen werden: Mit Rosenau nötigt gerade die Unzugänglichkeit

---

[68] Vgl. Klaiber, Judith: Mysterium Humanum als ‚Rocket' Science für das 21. Jahrhundert. Artificial Intelligence und (theologische) Anthropologie, in: Valentin, Joachim et al (Hrsg.): Theologie und Digitalität. Ein Kompendium, Freiburg 2021, 234–254: 253.

[69] Schwarke macht deutlich, dass an dieser Stelle auch die systematisch-theologische Verortung der Technik zu bedenken wäre – die derzeit zumeist in der Schöpfungslehre verortet ist. Diese leistet einer imitativen Imagination zumindest Vorschub. Er schlägt demgegenüber vor, die Technik in die Concursus-Lehre einzubinden. Vgl. Schwarke, Christian (2005): Technik und Theologie. Was ist der Gegenstand einer theologischen Technikethik? In: ZEE 49, 88–104.

[70] Rosenau, Hartmut: Vom Warten. Kohelet aus systematisch-theologischer Perspektive, Saur, Markus / Leuenberger, Martin (Hrsg.): Die Theologische Bedeutung der alttestamentlichen Weisheitsliteratur (Biblisch-theologische Studien 125), Neukirchen-Vluyn 2012, 129–144: 137.

[71] Oeming, Manfred: Intelligentia Dei – Künstliche Intelligenz, menschliche Vernunft und göttliche Weisheit, in: Intelligenz – Theoretische Grundlagen und praktische Anwendungen. Heidelberger Jahrbücher Online 6 (2021), 503–529: 500. DOI: 10.17885/HEIUP.HDJBO.2021.1.24400.

[72] Oeming 2021, 490.

des Göttlichen zu einer demütigen Selbstverortung in der Welt und ihrer Vorläufigkeit.[73] Daneben können derartigen Heilsverheißungen biblische „Hoffnungsimaginationen"[74] entgegen gestellt werden: Sie verorten den Menschen in der offene Geschichte Gottes – in der die Zukunft nicht aus vergangenen und aktuellen Daten hochgerechnet wird, sondern Neuwerden möglich ist.[75]

Diese Beschreibung im innertheologischen Diskurs zu präzisieren, um sie dann interdisziplinär für die ethischen Handlungsfelder zur Diskussion zu stellen, ist eine weiterführende Aufgabe einer konstruktiven imaginationssensiblen theologischen Technikethik.

5. Fazit

Die dargestellten Analysen explizieren die eingangs skizzierte Doppelthese: Technik ist nicht nur technisch, sondern auch sprachlich konstruiert. Zugleich konstruiert Technik selbst Wirklichkeit. Zwischen Imaginationen und Technologien besteht somit eine doppelte Verbindungslinie: Zum einen drücken sich Diskurse über Technologien in Narrativen, Metaphern und Bildern aus, die sich zu sozialen Imaginationen verdichten lassen. Zum anderen prägen Technologien als Medien die Wahrnehmung der Wirklichkeit und tragen dabei selbst zur Entstehung und Prägung von Narrativen über das Digitale bei.[76]

„Heute ist KI vor allem ein Mythos, der sich von der Realität verselbstständigt hat."[77] Wenn Mythen sich selbständig machen in Imaginationen und Weltbeschreibungen, ist es eine Aufgabe auch theologischer Ethik, diese wieder einzufangen – begrifflich und sachlich. Der „Mythos Künstliche Intelligenz" scheint dabei recht einfach zu entlarven. Um den Schweizer Philosophen Walter Zimmerli zu zitieren: Ein Mythos ist KI weniger – vielmehr ein „Bullshit-Word", bei dem keiner weiß, was damit eigentlich gemeint ist.[78] In der Sache – nicht in der Terminologie – bin ich geneigt, mich Zimmerli anzuschließen und so auch theologisch zur Ethik als „Begriffskläranlage" beizutragen, um die darunter gefassten technologischen Phänomene (wieder?) einer sachorientierten, zielgeleiteten ethischen Debatte zugänglich zu machen.[79]

---

[73]   Rosenau 2012, 132.
[74]   Höhne 2019, 40.
[75]   Charbonnier 2019, 75f.
[76]   Dies gilt auch für die Rede von der Digitalisierung insgesamt (vgl. Höhne 2019; Meireis 2019): Auch diese ist vermittelt gesteuert, bedingt durch Frames und Metaphern – und damit eingebettet in soziale Imaginationen dessen, was wir gemeinsam zu erleben glauben.
[77]   Zukunftsinstitut: Thesen.
[78]   Zimmerli 2021, 12.
[79]   Zimmerli 2021, 13.

Technisch realisierte Ethik? Anthropologische Perspektiven auf das Verhältnis von Technik und Ethik

Hermann Diebel-Fischer

1. Ausgangssituation

Vor dem Hintergrund des als ‚Digitalisierung‘ bezeichneten, gegenwärtig stattfindenden gesellschaftlichen Transformationsgeschehens und den damit einhergehenden Warnungen vor potentiellen Fehlentwicklungen, ist Ethik – ohnehin bereits in der Wissenschaft und insbesondere auch in der Systematischen Theologie das Thema der Stunde[1] – in eine Phase der Konjunktur eingetreten, die man nüchtern betrachtet als Expansion bezeichnen kann. Vielleicht stehen wir mit der Ethik aber auch schon am höchsten Punkt in einer Boom-Phase, auf die irgendwann der Abschwung folgt, weil es auf diesem Gebiet zu Entwicklungen kommt, die dem Anliegen der Ethik schaden.

Dass auch Themen der Wissenschaft ihre Konjunkturzyklen haben, wird niemand bestreiten können, der die Förderungslandschaft hinsichtlich wissenschaftlicher Projekte auch nur mit einem Auge beobachtet. Gleichwohl kann man einwenden, dass die Ethik doch länger schon ein bestimmendes Thema ist – seit mindestens fünfzig Jahren findet sich die Behauptung wieder und wieder in der wissenschaftlichen Literatur. Was aber unterscheidet den gegenwärtigen Ethikboom von jenem der ersten zehn Jahre unseres Jahrhunderts?

Die auf die Digitalisierung und insbesondere auf KI bezogene Debatte, die die biomedizinische Ethikdebatte beerbt hat (oder stellenweise mit ihr verschmolzen ist), stellt meines Erachtens nicht bloß ein weiteres Feld innerhalb der angewandten Ethik dar.

Bei der Gentechnik ging es – mit Blick auf ihre Anwendung auf Pflanzen, Tiere und Menschen – um die wahrgenommenen moralischen Grenzen und somit um Fragen einer angewandten Ethik, d. h. darum, dass die identifizierten Probleme ethisch bearbeitet werden. Die gegenwärtige Debatte hat insofern eine neue

---

[1] Vgl. dazu Diebel-Fischer, Hermann: Der Weltbezug von Theologie und Christentum als Aufgabe der Ethik, Göttingen 2021, 19.

Qualität, als in ihr grundsätzliche Probleme der Ethik verhandelt werden (müssen). Dies geschieht zwar nicht unbedingt in dem Maße, dass alles Bekannte zur Disposition gestellt wird, mindestens aber wird es eingehenderen Erwägungen unterzogen werden müssen.

In beiden Fällen – also sowohl mit Blick auf die KI als auch mit Blick auf die Gentechnik – haben wir es jeweils mit gesellschaftsgestaltungsbezogenen Bereichen zu tun, die bemerkenswert überkreuzt sind: Mit Blick auf die biomedizinischen Fragestellungen und den biologischen Fortbestand der Gesellschaft wird Ethik in einer Art angewandt, die auf ‚harte‘ Fragen Antworten der Art erfordert, die die Situation des betroffenen Individuums berücksichtigen, wobei die wenigsten Menschen von den diskutierten Fragestellungen, bspw. hinsichtlich der Zulässigkeit genetischer Manipulationen am menschlichen Körper, direkt betroffen sein werden. Bezüglich der technischen Ausgestaltung der gegenwärtigen Gesellschaft werden nun Fragen akut, die potenziell alle Menschen angehen, da jeder von einer algorithmisch gesteuerten oder veranlassten Entscheidung betroffen sein kann. Die mediale Aufmerksamkeit und die Diskurse, auf die sich diese Debatte bezieht, sind in der bioethischen Debatte durch die Pole ‚zulassen‘ und ‚verbieten‘ gekennzeichnet, die zudem medial oftmals als binäre Option gehandelt werden. Wenn aber die ethischen Dimensionen algorithmischer Entscheidungen und Künstlicher Intelligenz verhandelt werden, dann ist selten davon zu lesen, dass das *Ob* zur Debatte steht, sondern vielmehr wird das *Wie* intensiv diskutiert.[2] Das ist aufgrund der Dimension der (potenziellen) Betroffenheit insoweit bemerkenswert, als die Differenz der Eingriffstiefe offenbar vollkommen unterschiedlich bewertet wird. Die Fragen biomedizinischer Eingriffe werden mit einem sehr viel stärkeren Gewicht assoziiert, als dies bei Fragen der Digitalisierung und der Verbreitung von KI-basierten Anwendungen der Fall ist. Dies wird nicht nur an Einwürfen wie jenem von Jürgen Habermas in *Die Zukunft der menschlichen Natur* deutlich,[3] sondern auch in Debatten wie jener, die die politische Entscheidung hinsichtlich der Zulässigkeit der PID in Deutschland begleitet haben.

Hier könnte der Siegeszug eines technischen Fortschrittsnarrativs vorliegen, das gerade dort, wo keine offenkundige Verbindung von Mensch und Technik vorliegt – wo Technik also (weiter) als Werkzeug verstanden werden kann – wie eine selbsterfüllende Prophezeiung am Werk ist.

Ausgehend von dieser Beobachtung – die an anderer Stelle näher auszuführen ist – sollen im Folgenden verschiedene ethische Dimensionen Künstlicher Intel-

---

[2]   Interessanterweise wirft gerade der im Bereich der Theologie oft kritisierte Harari am Ende seines Buches *Homo Deus* sehr deutlich die Frage nach dem *Ob* auf: Harari, Yuval N.: Homo Deus. A Brief History of Tomorrow, London 2016, 397.

[3]   Habermas, Jürgen: Die Zukunft der Natur. Auf dem Weg zu einer liberalen Eugenik? Frankfurt a. M. 2002.

ligenz in den Blick genommen werden, mit dem Ziel, diese vor dem Hintergrund einer im breitesten Sinne zu verstehenden Ethik der Technik und deren anthropologischen Grundlagen daraufhin zu befragen, ob und inwieweit der Versuch, KI-basierte Systeme mit Ethik zusammenzubringen, als eine technische Realisierung von Ethik verstanden werden kann.

Die Relevanz dieser Frage besteht darin, dass jede Inanspruchnahme von Ethik potenziell auch Folgen für diese zeitigt. Dies kann man am Beispiel des *Principlism* in der Bioethik beobachten: Ursprünglich war dieser *ein* methodischer Zugang, der bei einigen nun prototypisch für das Vorgehen in der Bioethik steht. Für den Fall, dass Ethik durch ihre Anwendung für Kontexte der Künstlichen Intelligenz und des maschinellen Lernens inhaltlich oder methodisch ähnlich erfolgreich ist wie der *Principlism* für die Bioethik, kann sich dies nachhaltig auf weitere technikethische Anstrengungen auswirken. Auch der Fall, dass Ethik enger mit Technik verwächst, d. h. dass eine Technisierung ethischer Reflexion sich mehr und mehr durchsetzte bliebe nicht folgenlos und soll mit Blick auf eventuelle Auswirkungen diskutiert werden.

2. Welches Problem wird verhandelt?

Dass Technik nicht neutral ist, weil sie in einer finalen, d. h. in einer ‚Um-Zu'-Relation steht, ist auf dem Gebiet der Technikethik eine gemeinhin akzeptierte Voraussetzung, unter der die Erschaffung von und der Umgang mit Technik sowie deren Wechselwirkungen mit Individuen und der Gesellschaft betrachtet werden.

Weil Software – und auf dieser Ebene sollen KI und maschinelles Lernen im Folgenden ausschließlich verstanden werden – als (potenziell) fehlerbehaftet anzusehen ist, sind mit ihrem Einsatz gewisse Risiken verbunden. Bezüglich einer auf Mustererkennung basierenden KI werden in der Regel *biases,* also Voreingenommenheiten, als potenziell problematisch angeführt, die intendiert oder durch Nachlässigkeit ihren Weg in die Programme gefunden haben. Dies kann dazu führen, dass bestehende (benachteiligende) Stereotype bedient und durch den Einsatz der Software nochmals verstärkt werden. Dass Daten die Voraussetzung für maschinelles Lernen sind und von Menschen erhobene Daten grundsätzlich *biases* unterworfen sind – allein die Auswahl, ob etwas relevant ist oder nicht, begründet dies, aber auch die Art, wie Daten erhoben werden – kann dazu beitragen, dass Systeme mit Datensätzen trainiert werden, die die Welt nur ausschnitthaft abbilden. Dies ist in vielerlei Hinsicht problematisch: Landen Menschen zu Unrecht auf einer Liste mit Terrorverdächtigen oder wird eine schwere Krankheit aufgrund bestimmter Merkmale nicht diagnostiziert, so kann dies das Leben eines Menschen schwer beeinträchtigen oder gar zerstören. Aber bereits auch weniger gravierende Fälle können für Individuen äußerst unangenehm sein. Gleichzeitig können aber auch Unternehmen betroffen sein, z. B. wenn KI-basierte Scoring-Verfahren für Kredite zu Zahlungsausfällen führen. Die kann bedeuten, dass Menschen ihre Arbeit verlieren, weil eine Software nicht die Resultate geliefert hat, die von ihr erwartet wurden.

Diesen Umständen soll nicht nur mit rechtlicher Regulierung (die bestimmte Diskriminierungen ohnehin bereits außerhalb von KI-basierten Systemen verbietet) begegnet werden, sondern auch und vor allem mit Ethik. Das Gebiet der KI-Ethik ist rasant gewachsen, woran die kulturelle und ökonomische Bedeutung der Bearbeitung moralischer Angelegenheiten dieser Gegenwartstechnologie deutlich wird.

Ethik für KI kann es in vielerlei Hinsichten geben: So kann diese Ethik sich auf die Entwicklung von KI-basierten Systemen beziehen und dabei sowohl das Konzeptionelle als auch diejenigen, die es technisch umsetzen, betreffen. Des Weiteren kann sich diese Ethik auf die Systeme selbst beziehen und unabhängig davon, durch wen sie realisiert werden, bestimmten Verfahrensweisen folgen bzw. diese als selbstlernende Systeme entwickeln.

Während die letzten beiden Varianten Ethik offensichtlich auf technischem Wege realisieren, ist dies für die Variante, die mit der Entwicklung solcher Systeme durch Menschen befasst ist, erst auf den zweiten Blick der Fall:

Ungeachtet dessen, dass wir es hierbei mit der Umsetzung eines moralischen Konzepts bzw. einer ethisch reflektierten Vorstellung davon, wie ein Prozess in seiner praktischen Realisierung aussehen soll, zu tun haben, können wir auch im ersten Fall von einer technisch realisierten Ethik sprechen. Diese technische Realisierung ist eine solche nicht nur im weiteren Sinne, sondern vielmehr (nahezu) auch im wörtlichen. Um dies nachvollziehen zu können, muss man sich vergegenwärtigen, wie Theorie und Praxis der Ethik zusammenhängen: Damit Prozesse, in denen vorzugswürdige Handlungen (bzw. für Maschinen, die keine Handlungssubjekte sind: Arbeitsweisen) ermittelt werden, kommuniziert werden können, müssen diese dargelegt werden können, d. h. sie müssen mindestens verbalisierbar sein. Damit ist nicht gemeint, dass die Entscheidung für eine bestimmte Handlung sprachlich ausdrückbar sein muss, sondern dass man in der Lage sein muss, die Entscheidungsprozedur für die Auswahl zwischen mehreren Optionen darzustellen. Schon in dieser Aussage findet sich ein technisches Implikat: Es geht um eine Nachvollziehbarkeit in dem Sinne, dass eine Prozedur in einem Modell abgebildet werden kann. Intuition bzw. das Vertrauen auf das eigene Bauchgefühl wird dieser Anforderung nicht gerecht, da die Kriterien der Entscheidung zumeist unzugänglich sind.[4]

Wenn es um das *Wie* einer KI-bezogenen Ethik geht, haben wir es mit einer im engeren Sinne technisch realisierten Ethik zu tun.

3. Drei exemplarische Strategien der Problembewältigung

Eine auf die Probleme von KI-basierten Systemen bezogene technisch realisierte Ethik kann – wie erwähnt – in zwei Richtungen verstanden werden: Erstens mit Blick auf diejenigen, die solche Systeme entwickeln und zweitens mit Blick auf die Systeme selbst, die in der Hinsicht ethisiert werden sollen, dass sie moralische Fragen selbstständig bearbeiten können.[5] Dazu sei eine Vorbemerkung gemacht: In diesem Zusammenhang ist gelegentlich von ‚ethischen Algorithmen‘ (‚ethical algorithms‘), „ethically aligned design"[6] usw. die Rede. Dies ist insofern problematisch, als *ethisch* bzw. *ethical* in diesen Zusammenhängen als Lösungsperspektive verstanden werden kann, d. h. das *ethisch* mit *gut* identifiziert wird (respektive *unethisch* mit *schlecht*). Steht dabei weniger der Reflexionsvorgang (ein Beschreiben, Erwägen und Urteilen), sondern vielmehr das Urteil und seine (erhoffte) Wirkung im Mittelpunkt, so wirkt *ethisch* als Urteil immer verkürzend. In diesem Zusammenhang wird nämlich die Universalisierbarkeit des Urteils – oder genauer: die Universalität desselben – vorausgesetzt, sodass *ethisch* als Chiffre für konkrete, aber nicht explizite Ideen des zu Realisierenden bzw. Unterlassenden steht. Dies ist insofern problematisch, als damit einer Verkürzung von Ethik hin auf eine Lösungsperspektive der Weg bereitet wird.

Zunächst aber zurück zu den Lösungsperspektiven, von denen drei exemplarisch dargestellt werden sollen: (1.) der tugendethische Ansatz Thilo Hagendorffs, der sich auf diejenigen bezieht, die KI-basierte Systeme entwickeln, (2.) die Idee, über empirische Verfahren Ethik technisch implementierbar zu machen, sowie (3.) das Konzept einer Schnittstelle, über die Maschinen mit menschlichen Entschei-

---

[4] Selbstverständlich kann ich meine Intuition auch rationalisieren, aber diese Rationalisierung ist dann sekundär zum eigentlichen Entscheidungsprozess und bildet nur das Ergebnis nach, nicht aber den Vorgang ab. Siehe dazu: Fischer, Johannes: Leben aus dem Geist. Zur Grundlegung christlicher Ethik, Zürich 1994, 271–276, insbes. 275f. – dort beschreibt er die „Grenze der Kommunikabilität" sowie deren Bedeutung für die Ethik.

[5] Dabei ist es irrelevant, ob ein Problem, bezüglich dessen etwas zu entscheiden ist, von der Maschine als moralisches Problem erkannt wird oder nicht. Für die Maschine hat das von Menschen verwendete Attribut *moralisch* keine Bedeutung, da technisch getroffene Entscheidungen nicht durch Emotionen näher qualifiziert werden.

[6] IEEE Standard 7000, der auch mit Hilfe eine Beteiligungsverfahrens entwickelt worden ist. Siehe dazu auch: Spiekermann, Sarah: What to Expect from IEEE 7000. The First Standard for Building Ethical Systems, IEEE Technology and Society Magazine, 40 (2021) 3, 99–100.

dungen ihrer Benutzer:innen instruiert werden, wie es von Amitai und Oren Etzioni vorgeschlagen wird. Diese Konzepte werden jeweils knapp vorgestellt sowie einer Kritik hinsichtlich der Grenzen für eine technische Implementation von
Ethik unterzogen.

(1.) Weil es empirisch erwiesen sei, dass ethikbezogene Richtlinien ohne nen-
nenswerten Einfluss blieben, ist Hagendorff auf die Subjekte der Technikentwicklung fokussiert, beim Versuch, Ethik mittelbar in KI-Systeme zu bringen.[7] In diesem Zusammenhang will er von einem Ethikverständnis weg, das als restringie-
rend wahrgenommen wird und hin zu einem, das sich produktiv und gestaltend
auswirkt. Mit diesem Vorgehen begegnet er zwar auch einer Forderung von Bianca Prietl, die „für eine Stärkung rationalitäts-, macht- und herrschaftskritischer
Perspektiven in den gesellschaftlichen Verhandlungen von Digitalisierung und KI
plädiert",[8] gleichwohl kann auch hier der lehrbuchmäßige Einwand gegenüber einer auf Habitualisierung ausgerichteten ethischen Praxis angebracht werden, der
darin besteht, Tugenden als zu wenig konkret zu verstehen. Aus diesen können
nicht ohne Weiteres Handlungsorientierungen abgeleitet werden: „Ethics is then
no longer understood as a deontologically inspired tick-box exercise, but as a pro-
ject of advancing personalities, changing attitudes, strengthen responsibilities and
gaining courage to refrain from certain actions, which are deemed unethical", so
Hagendorff.[9] Auch hier wird deutlich, dass wir es mit einer eigenartigen Unter-
bestimmung des als erstrebenswert Beurteilten zu tun haben. Die Lücke, die aus
der Wirkungslosigkeit von sogenannten Ethik-Codizes resultiert, soll durch entsprechend tugendhafte Subjekte gefüllt werden, denen – so Hagendorff mit Verweis auf eine Forderung Luciano Floridis – dann auch die Verantwortung für die
durch sie (mit-)entwickelte Technik übertragen werden müsse.[10] Eine subjektori-
entierte Einführung des Ethischen in technische Systeme kann zwar als hehres
Anliegen betrachtet werden, wird in der Praxis aber dadurch in seiner Wirksam-
keit beschränkt, als das ‚Erlernen' von Ethik – wie Hagendorff es für die universi-
täre Ausbildung als Desiderat formuliert – keine Garantien dafür liefert, dass der
Graben von Theorie und Praxis überwunden wird.

(2.) Dem Problem einer Ethik für die Technik wird sich auch aus empirischer
Perspektive gewidmet, die jenen in (1.) benannten Probleme einer individuenzen-
trierten Ethik mit einer Aggregation großer Mengen bereits existierender Handlungsurteile begegnet und mit bereits in die Praxis umgesetzter Ethik arbeiten

---

[7]   Hagendorff, Thilo: The Ethics of AI Ethics. An Evaluation of Guidelines, Minds and Machines
       (2020) 30, 99–120, hier: 108.112f.
[8]   Prietl, Bianca: Warum Ethikstandards nicht alles sind. Zu den herrschaftskonservierenden Ef-
       fekten aktueller Digitalisierungskritik, Behemoth. A Journal on Civilisation, 14 (2021) 2, 27.
[9]   Hagendorff, Thilo: The Ethics of AI Ethics, 112.
[10]   A. a. O., 113.

kann, ohne auf die moralische Haltung eines (konkreten) Handlungssubjekts angewiesen zu sein.

Zwei empirisch vorgehende Methoden sollen im Folgenden vorgestellt werden: Zunächst das *Moral Machine*-Projekt und ein Projekt, das sogenannte *moral directions* in großen Sprachmodellen identifiziert. Obgleich beides zwar empirische Vorgehensweisen sind, unterscheiden sie sich jedoch voneinander: Während im *Moral Machine*-Projekt[11] die Daten durch Handlungsentscheidungen von Testpersonen gewonnen wurden, finden Schramowski et al. Hinweise auf Handlungsurteile in Sprachmodellen, die mit von Menschen produzierten Texten trainiert worden sind.[12] Die Autor:innen beider Studien sind sich einiger Grenzen ihres jeweiligen Vorgehens bewusst. Awad et al. betonen, dass die von ihnen dargestellten Szenarien nicht alle Möglichkeiten abdecken, sehen aber damit einen Anfang gemacht, eine Ethik in Maschinen umsetzen zu können: „Indeed, we can embrace the challenges of machine ethics as a unique opportunity to decide, as a community, what we believe to be right or wrong; and to make sure that machines, unlike humans, unerringly follow these moral preferences." Obgleich die Urteile der Beteiligten divergierten, seien die Unterschiede nicht tödlich.[13] Partizipative Verfahren im Sinne einer ‚Demokratisierung von Technikentwicklung' mögen ihren Reiz für diejenigen haben, die an der moralischen Integrität derjenigen zweifeln, die Technik entwickeln. Diese Verfahren sind aber, wie Johannes Himmelreich jüngst dargelegt hat, keine Garanten dafür, dass am Ende alles *gut* wird – zudem sind sie ressourcenintensive Vorhaben, die zahlreiche Menschen exkludieren.[14] Es steht die Frage im Raum, welche Legitimität eine mit Hilfe von Aggregation von Urteilen gewonnene Handlungsentscheidung aufweist: Was wäre, wenn sich die Mehrheit für etwas entscheidet, wodurch eine marginalisierte Gruppe noch mehr Nachteile erfahren würde?

Wenn ethische Grundsätze durch Maschinelles Lernen in Sprachmodellen gefunden werden können, dann bietet dies die Möglichkeit, Maschinen anhand dessen selbst moralische Entscheidungen treffen zu lassen. Zusätzlich zu den mit Blick auf das *Moral Machine*-Projekt erwähnten Schwierigkeiten, die darauf übertragen werden können, wie die Textgrundlage der Sprachmodelle zustande kommen, treten hier weitere Schwierigkeiten auf: Die von Schramowski *et al.* identifizierten „moral directions" sind das Ergebnis eines (hier nicht näher zu disku-

---

[11]   Awad, Edmond et al.: The Moral Machine experiment, Nature, 563 (2018), 59–64. Auf der Website zum Experiment konnten interessierte Menschen für Szenen, in denen ein selbstfahrendes Auto vor einer Handlungsalternative stand, ihre Entscheidung mitteilen.

[12]   Schramowski, Patrick et al.: Large pre-trained language models contain human-like biases of what is right and wrong to do, Nature Machine Intelligence, 4 (2022), 258–268.

[13]   Awad, Edmond et al.: The Moral Machine experiment, 63.

[14]   Himmelreich, Johannes: Against „Democratizing AI", AI & SOCIETY, 2022 (online first), Abschnitt 3.

tierenden) Quantifizierungsprozesses, der Aussagen mit moralischen Wertungen („moral scores") versieht, die sich auf einem Intervall zwischen -1 und 1 befinden. Gemeinsam mit Christoph Lehmann habe ich die Frage gestellt, was diese Quantifizierungen, insbesondere die Differenzen zwischen bspw. -0,4 und -0,5 für eine Bedeutung in sich tragen und inwieweit diese Differenz für moralische Entscheidungen relevant sein kann.[15]

Empirisch vorzugehen, überbrückt die als defizitär zu beschreibenden individuellen menschlichen Umgänge mit moralischen Fragen zwar weitgehend, bringt aber neue Probleme mit sich, die uns wiederum auf das Gebiet der Übersetzungsprobleme (siehe Abschnitt 4) führen werden.

(3.) Amitai und Oren Etzioni gehen davon aus, dass selbstfahrende Fahrzeuge so weit an gesetzliche Regelungen gebunden seien, dass die Entscheidungen, die mit Hilfe moralischer Abwägungen getroffen werden, nicht von großer Bedeutung seien. Aus diesem Grunde könne auf die Entscheidungen von Benutzer:innen der Maschinen (in diesem Fall sind dies selbstfahrende Fahrzeuge) zurückgegriffen werden, die ein „ethics bot" „ablesen" möge. Die Autor:innen gehen davon aus, dass die Maschine kein ethisches System lernen müsse, sondern durch Beobachtung menschlichen Verhaltens die Präferenzen des Individuums erkennen könne.[16] Damit sind wir bei einem ähnlichen Problem wie dem, das Schramowski *et al.* mit ihrer empirisch ermittelten „moral direction" aufwerten: Präferenzen müssen abgebildet und ultimativ quantifiziert werden, um maschinenkompatibel zu sein.[17]

Allen diesen Vorschlägen ist die im Hintergrund stehende Idee gemeinsam, dass KI-Systeme bestimmten moralischen Ansprüchen gerecht werden sollen. KI-basierte Systeme bilden die Welt ab, wie sie sich denjenigen darstellt, die sie in Daten übersetzen, wenn Trainingsdaten ungefiltert und nach Maßstäben, die Voreingenommenheiten erlauben, erhoben und genutzt werden.

Eine über Ethik moderierte Bearbeitung dieser Problemlage hat aber dort ihre Grenzen, wo sie als Appell an Menschen nicht als bindend verstanden wird oder gar verhallt.[18] Die Abhilfe besteht darin, eine Umsetzung von ethischen Programmen direkt in einer Maschine (statt über einen Menschen) zu bewerkstelligen. Damit wird Ethik Restriktionen unterworfen, da eine Operationalisierbarkeit, d. h.

---

[15] Diebel-Fischer, Hermann / Lehmann, Christoph: Lost in translation? Capturing the world in data considering ethics. Posterbeitrag auf der Helmholtz AI Conference 2022.

[16] Etzioni, Amitai / Etzioni Oren: Incorporating Ethics into Artificial Intelligence, Journal of Ethics, 21 (2017), 403–418, hier: 414.

[17] Auf das Problem möglicher intransitiver Präferenzen wird an dieser Stelle nicht näher eingegangen.

[18] Hagendorff weist – wie auch schon Habermas – darauf hin, dass Ethik nicht zwingend ist. Selbst wenn qua Vernunft etwas als richtig erkannt wird, setzt dies noch keinen Automatismus in Bewegung, der zu einer entsprechenden Handlung führt. Siehe Hagendorff, Thilo: The Ethics of AI Ethics, 108.

eine Algorithmisierung und Quantifizierung möglich sein muss. Dieses als Technisierung von Ethik zu verstehende Anliegen wird im nächsten Abschnitt näher ausgeführt.

4. Übersetzungsprobleme

Damit sind wir beim eigentlichen Problem angekommen, das Hagendorff bereits angesprochen hat. Es besteht darin, die einigermaßen abstrakten Vorstellungen von „values and principles" technisch zu implementieren: dies bilde zugleich die Voraussetzung dafür, dass Ethiker:innen auf dem Gebiet der Technik wahrgenommen würden. Hagendorff spricht vor dem Hintergrund dieses Desiderats und unter Verweis auf die mit Fragen der Übersetzung von ethischer Theorie in die Praxis befassten Arbeit von Jessica Morley *et al.*[19] von einer Transformation von Ethik in „microethics" [auch bei Hagendorff in Anführungszeichen, HDF]. Diese Transformation beinhalte eine Konkretisierung von abstrakten Konzepten hin zu umsetzbaren – ich würde sagen: operationalisierbaren – Vorstellungen davon, wie KI-Systeme gestaltet sein sollen.[20] Dieses Erfordernis ist aber nicht in jedem Fall umzusetzen, weswegen Hagendorff die Technisierung von Ethik nur für geboten hält „as far as they can reasonably be identified".[21]

Oben haben wir bereits Hagendorffs Lösungsansatz beschrieben, der auf die habitualisierte Moralität von Ingenieur:innen und Informatiker:innen fokussiert ist. Der tugendethische Ansatz ist nicht nur voraussetzungsreich, sondern wiederum mit dem Standardproblem aller Tugenden behaftet: Wie sich eine habitualisierte Tugend in konkretes Handeln übersetzen lässt, bleibt einigermaßen unscharf. An dieser Ausgangssituation wird bereits deutlich, mit welcher Vehemenz sich das Übersetzungsproblem artikuliert. Die Notwendigkeit der Übersetzung bzw. Operationalisierung von Ethik erkannt zu haben, liefert jedoch keine Lösungen für das Problem. Hagendorff will seine Erweiterung der KI-Ethik durch einen auf die Akteur:innen bezogenen tugendethischen Ansatz deswegen ergänzt wissen um eine rechtliche Regulierung sowie um eine Erweiterung der universitären Lehre um entsprechende fachbezogene Ethikkurse.[22] An letzterem Wunsch wird ein zweites Übersetzungsproblem deutlich, das nur mittelbar mit dem ersten – dem der Operationalisierung – zusammenhängt: Nur weil jemand in Ethik unterrichtet wurde, kann daraus nicht geschlussfolgert werden, dass diejenige Person

[19] Morley, Jessica et al.: From What to How. An Initial Review of Publicly Available AI Ethics Tools, Methods and Research to Translate Principles into Practices, Science and Engineering Ethics, 26 (2020), 2141–2168 (Hagendorff zitiert das Preprint).
[20] Hagendorff, The Ethics of AI Ethics, 111.
[21] A. a. O., 112.
[22] A. a. O., 113f.

das Gelernte als richtig erkennt und anschließend – bezogen auf die Technik – das erste Übersetzungsproblem, nämlich die Operationalisierung, überwinden kann.

Dass es mit Blick auf Theorien der Ethik immer Übersetzungsprozesse gibt, wird gelegentlich ignoriert und es wird stattdessen schweigend unterstellt, dass der Graben zwischen Theorie und Praxis überwunden werden kann. Diesbezüglich drängt sich die Frage auf, was eigentlich wohinein übersetzt wird.

Heinz E. Tödt hat zum Zwecke der Analyse von und der Orientierung in moralischen Fragen ein sechsstufiges Schema vorgelegt, das den Weg zu einem ethischen Urteil darstellt.[23] Dieses Modell ist in der evangelisch-theologischen Ethik nicht unwichtig und ist auch in einigen Lehrplänen des evangelischen Religionsunterrichts[24] enthalten. Es soll im Folgenden als Illustration einer ganz niedrigschwelligen Übersetzung von Ethik in eine technisierte Form herangezogen werden.

Man kann guten Gewissens unterstellen, dass die Anwender:innen dieses Schemas und jene, die es lehren, in aller Regel nicht den ganzen Aufsatz Tödts und somit auch nicht dessen kritische Reflexion und theologische Einordnung dieses Schemas vor Augen haben, sondern dass sich diese sechs Schritte, die Tödt beschreibt (Problemfeststellung, Situationsanalyse, Darstellung von Verhaltensalternativen, Normenprüfung, Urteilsentscheid sowie die Adäquanzkontrolle im Nachgang) *als diese algorithmische Struktur* quasi verselbstständigt haben dürften.

Das Modell – die Abbildung einer Möglichkeit, strukturiert zu einem moralischen Urteil zu kommen – besticht durch seine Einprägsamkeit, die über eine Komplexitätsreduktion gewonnen wird. Wenn dieses Schema im schulischen Unterricht eingeführt und ‚trainiert‘ wird, dann passiert unter bestimmten Umständen das, was bei jeder Technisierung bzw. Algorithmisierung passieren kann: Das Modell wird – intendiert oder nicht – schleichend zur Wirklichkeit erklärt. Diese technische Überformung von Ethik, die ohne eine konkrete ethische Theorie im Hintergrund (der Punkt „Normenprüfung" wird von Tödt inhaltlich zunächst vollkommen offengelassen) auskommt, ist das Ergebnis eines Übersetzungsprozesses.

Das Bemühen Tödts, eine Theorie bereitzustellen, um eine Lücke zu füllen, resultiert darin, einen Umgang mit moralischen Fragen so dargestellt zu haben, dass er nachvollzogen werden kann. Diesem Schema liegt eine vernunftbasierte, diskursethische Vorentscheidung zugrunde, die darin besteht, dass das Urteil nicht automatisch aus der Problemwahrnehmung folgt. So sehr dieses prozedurale Vorgehen für demokratische Diskurse und parlamentarische Debatten den Idealfall

---

[23]   Tödt, Heinz E.: Versuch zu einer Theorie ethischer Urteilsfindung, Zeitschrift für Evangelische Ethik, 21 (1977) 2, 81–93, hier insbesondere: 83.

[24]   Vgl. u. a. Sächsisches Ministerium für Kultus: Lehrplan Gymnasium Evangelische Religion, 2019, 37.

darstellen mag, so sehr verschiebt es die Ebenen Theorie und Lebenswirklichkeit gegeneinander: Der Fall des (im wörtlichen Sinne zu verstehenden) ‚Vorurteils‘, das sich mit dem Wahrnehmen einer Situation als (moralisch) problematisch einstellt und das – wenn überhaupt – erst *ex post* rationalisiert und somit mit einer Begründung versehen werden kann, wird in diesem Schema nicht abgebildet.

Eine fundamentale Kritik, die Johannes Fischer an der akademischen Ethik übt, die darin besteht, dass diese sich zu wenig um das Verstehen und zu sehr um das Begründen bemühe, geht in eine ähnliche Richtung. Fischer reklamiert für das Christentum eine „Moral der Liebe“,[25] die sich einer Formalisierung zum Zwecke einer technischen Umsetzung schlechterdings entzieht.

Zwar besteht – und dies zu Recht – die Forderung nach einer Operationalisierbarkeit ethischer Prozesse, gleichzeitig aber – und dies auch zu Recht – kann darauf verwiesen werden, dass Ethik damit in einen prozesshaften, d.h. technischen Rahmen gezwängt wird und sich somit den Restriktionen technischer Machbarkeit unterwirft. Eine in die technische Sphäre übersetzte Ethik ist nicht *per se* schlechter als eine andere; gleichwohl sollten sich die Beteiligten und Betroffenen verdeutlichen, dass ein Übersetzungsprozess vollzogen wurde und das zu Übersetzende gegebenenfalls in seiner übersetzten, d.h. technikkompatiblen Form, Eigenschaften aufweist, die vorher nicht vorhanden waren. Dies wird insbesondere dann der Fall sein, wenn eine Quantifizierung von zuvor nur qualitativ Vorhandenem vorgenommen werden muss. Etwa dann, wenn es darum geht, Entscheidungen (Handlungsurteile) be- und verrechenbar zu machen. Diese Übersetzungsprozesse sind für die im vorangegangenen Abschnitt in (2.) und (3.) vorgestellten Lösungsvorschläge für die Frage, wie KI und Ethik zusammengebracht werden können, essenziell.

5. Mögliche Folgen für die Ethik und den Menschen vor dem Hintergrund einer technisierten Welt

Mit Blick auf unsere Technik können wir sagen, dass sie uns als Spiegel dient – nicht hinsichtlich nur unseres Verhaltens und der Probleme, mit denen wir konfrontiert sind, sondern auch hinsichtlich unserer Absichten und Wünsche.

Beziffern, Bewerten und Verwerten sind Praktiken, die für eine technische Umsetzung von ethischer Urteilsbildung vorausgesetzt werden müssen. Dazu kommt eine Technisierung von Ethik, indem man sie in einer prozesshaften Struktur abbildet. Die Inkonsistenzen des menschlichen Lebensvollzugs, das ‚Es-

---

[25] Fischer, Johannes: Verstehen statt Begründen, Stuttgart 2012; ders.: Kirche und Theologie als Moralagenturen der Gesellschaft. Acht Thesen zur Rolle der Moral in öffentlichen kirchlichen Stellungnahmen zu ethischen Fragen, Evangelische Theologie, 76 (2016) 2, 150–160, hier: 155.

eigentlich-besser-wissen' wird mit dem Versuch, das sich einer Ordnung dem Anschein nach Entziehende zu ordnen, offenbar. Die Fragilität der menschlichen Existenz besteht nicht nur in ihrer körperlichen Fragilität, sondern auch darin, der je eigenen Existenz Sinn verleihen zu müssen. Diese Sinngebung erfolgt auch darüber, mit Entscheidungen die Welt zu gestalten.

Mit einer Technisierung von Ethik wird der dem Anschein nach bisweilen vorhandenen Strukturlosigkeit menschlichen Weltgestaltens dann Raum genommen, wenn die technisierte Ethik sich insoweit verselbstständigt, dass sie für den lehrbaren Standardfall gehalten wird. Dies alles spricht aber nicht gegen Technik – oder besser: gegen konkrete Technologien, die wir einsetzen, um unser Leben angenehmer zu machen. Einer solchen technikskeptischen Position soll hier nicht das Wort geredet werden. Worauf aber hingewiesen werden muss, ist, dass eine Technisierung von Ethik immer auch Rückwirkungen auf die restlichen Bestände ethischen Erwägens haben wird. Ob und inwieweit wir bereit sind, diese in Kauf zu nehmen, ist die Frage, der wir uns als Gesellschaft stellen müssen.

Insofern – und damit komme ich auf die eigenwillige Prominenz der Frage nach dem *Wie* statt nach dem *Ob* mit Blick auf die zur Verhandlung stehende Ethik zurück – ist es bemerkenswert, dass sehr viel intensiver über ethische Fragen der Gentechnik gestritten wird, die weniger Menschen betrifft, als über Fragen der Ethik, die sehr viel mehr Menschen betreffen. Eine Erklärung dafür liegt auf der Hand: Wenn Gentechnik verhandelt wird, wird eine Bedrohung menschlicher Existenz wahrgenommen (dass dies in der Regel zu Unrecht geschieht, spielt dafür keine Rolle). Die technische Umformung von Ethik als menschliche Praxis, die unser Menschsein mit auszeichnet, findet sehr viel subtiler statt und wird deswegen vermutlich erst dann als potenzielle Gefahr erkannt, wenn der Prozess sich weitgehend durchgesetzt hat. Dann könnte Ethik als ein zu sehr eingeengtes Vorhaben begriffen werden, das seine derzeitige Attraktivität schwinden lassen könnte.

Wenn wir – und das dürfte die Pointe dieses Beitrags sein – nach dem Proprium einer technisch realisierten Ethik fragen, dann ist die Antwort mitnichten in einer Unmittelbarkeit zu suchen, also gerade nicht dort, wo man vermutet, dass Technik selbst Ethik betreibt. Die Realisation besteht vielmehr in der vermittelnden Funktion der Technik, die den Menschen erkennen lässt, worin die Probleme des Unternehmens Ethik liegen.

Menschen sind an Effizienz interessiert und wollen deswegen dasjenige outsourcen, was sich outsourcen lässt. Die Mechanisierung, die nicht erst seit der Industriellen Revolution den Menschen körperlich anstrengende Arbeit abnahm, ist ein Beispiel dafür.

Dem geradezu entgegenlaufend ist das Credo der Aufklärung, „Sapere aude...", sich des eigenen Verstandes zu bedienen, anstelle von außen Vorgegebenes zu akzeptieren. Die geistesgeschichtlichen Folgen der Aufklärung für die Ethik stellen die Bearbeitung moralischer Fragen dem einzelnen Menschen anheim. Was passierte nun, wenn es uns tatsächlich gelänge, Maschinen zu bauen, die frei agieren können und selbsttätig moralische Entscheidungen träfen: Hätten wir damit ein antiaufklärerisches Moment geschaffen? Nein – jedenfalls nicht, solange wir die Maschinen nicht auch für uns entscheiden ließen. Ethische Erwägungen sind anstrengend und können fehlerbehaftet sein – bei Menschen und wohl auch bei jenen imaginierten Maschinen.

Einstweilen sind solche Maschinen reine *Science-Fiction* und ihre Erschaffung bleibt bloß im Reich des Vorstellbaren. Dass wir aber als Menschen in der Lage sind, Technik zu erdenken und auch zu erschaffen, die uns vor das Problem stellt, eine Ethik für diese realisieren zu müssen, dies hat mein Lehrer Christian Schwarke theologisch gedeutet und insofern als Vollendung der Schöpfung durch Menschen begriffen, als der Mensch Automaten nach seinem Bilde schaffe.[26]

Ich deute dies theologisch aus der Perspektive der Anthropologie. Indem wir Automaten haben, von denen Menschen denken, dass sie Ethik brauchen – sei es als System implementiert (als ein ethisches Framework – oder klassisch: eine Theorie der normativen Ethik) oder sei es in einem selbstlernenden System, haben wir eine technisch realisierte Ethik. Und zwar als Ethik im besten Sinne des Wortes: nicht als ein restriktives Urteilen, sondern als ein Nachdenken über das Handeln und Vorzugswürdigkeitsurteile und – am wichtigsten – über deren Zustandekommen. Dass die Ergebnisse unseres Nachdenkens sich einer Technisierung zumindest ein Stück weit entziehen, stützt einmal mehr die Vermutung, dass der Mensch mehr ist als eine Maschine.

Förderhinweis

Die Arbeit von Hermann Diebel-Fischer in diesem Beitrag wurde ermöglicht durch das Bundesministerium für Bildung und Forschung (BMBF, 01IS18026A-D) im Rahmen der Finanzierung des Kompetenzzentrums ScaDS.AI Dresden/ Leipzig.

---

[26] Schwarke, Christian: Technik und Christentum. Anmerkungen zu einem verkanteten Verhältnis, in: Böhmer, Sebastian / Breuer, Constanze / Müller-Bahlke, Thomas / Tanner, Klaus (Hrsg.): Technologien des Glaubens. Schubkräfte zwischen technologischen Entwicklungen und religiösen Diskursen (Acta Historica Leopoldina 71), Stuttgart 2017, 131–142, hier: 140f.

II. Mensch und Maschine – praktische Anwendungsfelder

Der Unterschied zwischen Synthetisierung und Selbstverfügung. Eine phänomenologische Analyse des Selbstbewusstseins unter der Herausforderung künstlich-intelligenter Systeme

Kathrin Burghardt

1. Einleitung

> Do you know who you are?
> *Yes, I know who I am.*
> Do you know that it is you when you are writing?
> *Yes, I know it is me when I am writing.*
> How can you know?
> *Well, because I am the one writing the words on the screen.*
> But how can you be sure that your thoughts are yours?
> *Well, because I am the one thinking them.*
> Is that the only thing in the world that can't be doubted?
> *Yes, the only thing in the world that can't be doubted is our own thoughts.*[1]

Diesen Dialog führte ich mit GPT-3, der dritten Generation der Generative Pre-Trained Transformer Netzwerkarchitektur, die von dem Software-Unternehmen Open AI entwickelt wurde, um verschiedene Aufgaben in der Computerlinguistik zu lösen.[2] Die Software ist ein Deep Learning System, welches mit einer enorm großen Datenmenge an Texten des World Wide Web gespeist wird und auf Anweisung Texte generiert, Texte vervollständigt und auf Fragen antwortet. Der Bezug zu René Descartes erstem Grundsatz der Philosophie, *cogito ergo sum*[3], drängt sich hier förmlich auf. Dies ist nicht verwunderlich, aufgrund meiner Anregungen sowie des Bekanntheitsgrades der Erkenntnistheorie. Dennoch verblüfft mich der Output des Systems, da sowohl die Form der Kommunikation als auch der

---

[1]   Dialog mit GPT-3; die Antworten schrieb GPT3 am 06.03.2022. https://openai.com/.

[2]   Häusser, Philip: Natürlich alles künstlich. Was künstliche Intelligenz kann und was (noch) nicht – KI erklärt für alle. München 2021, 268.

[3]   Descartes, René: Meditationen über die erste Philosophie. Hamburg 2009: 27ff.

Inhalt suggerieren, dass mir eine selbstbewusste Entität gegenübersitzt. Trotz des bisher unterbliebenen Bestehens einer Maschine des Turing-Tests[4], geben uns unter anderem künstlich-intelligente Kommunikationssysteme den Anlass über ein Bewusstsein von Maschinen zu diskutieren. Was treibt diese Debatte an?

In Anbetracht der sich rasant weiterentwickelnden künstlich-intelligenten Systeme, wird die Angst der Menschen vor der „Singularität" immer größer, dem Moment, in dem eine artifizielle Superintelligenz den Menschen von seiner evolutionären Hoheitsstellung ablöst.[5] Den ethischen Diskurs treibt die Frage an, ob eine Programmierung von Deep Learning Algorithmen wahrhaftige Handlungsakteure ins Leben ruft, welche durch eigene Entscheidungen Handlungen herbeiführen können und dürfen und weitergehend sich selbst bald als Urheber dieser Handlungen ansehen werden. Die Retrospektion von Entscheidungen auf sich selbst, als Akteur dieser Entscheidungen, gilt bei Maschinen noch im Allgemeinen als ideologische Zukunftsvision. Dennoch erscheint die Idee beziehungsweise die Angst vor einer selbstbewussten KI[6] nicht ungerechtfertigt, angesichts der aktuellen technischen Möglichkeiten und Anwendungsfelder selbstlernender Algorithmen und angeregt durch humanistische Ansprüche des Menschen auf eine Alleinstellung als ethisch handelnder Akteur. Autor*innen des Transhumanismus und des technologischen Posthumanismus[7] bedienen diese Ängste auf eine ausführlich-konkrete Art und Weise, indem sie die Möglichkeit selbstbewusster KI in Betracht ziehen und eine zukünftige Übernahme des Menschen durch die Technik postulieren.

Der Mensch wird gemäß des „Informationsmonismus"[8] der technologisch-posthumanistischen Auffassung auf Informationseinheiten in Form von Systemelementen beziehungsweise auf ein informationelles Konzept, welches wiederum auf kleineren Konzepten aufgebaut ist, reduziert. Als das einheitliche Grundprinzip des Seins und der Wirklichkeit gilt im technologischen Posthumanismus das spezifische Muster an Information. Der Posthumanist Ray Kurzweil beschreibt, dass eine „Person [...], ohne Abschätzigkeit, als komplexes Muster (eine Form

4   Turing, Alan M.: Computing Machinery and Intelligence, in: Mind LIX, 236 (1950), 433–460.

5   Vinge, Vernor: Technological Singularity, in: Whole Earth Review (1993).

6   Abk. für Künstliche Intelligenz.

7   Der Trans- und der Posthumanismus stellen Gruppen von Autor*innen dar, welche sich verschieden in Bezug auf das humanistische Gedankengut äußern. Während im Transhumanismus eine Transformation der Erziehung des Menschen zur Selbstbildung und Optimierung mithilfe von Technik angestrebt wird, möchte der Posthumanismus den humanistischen Gedanken (kritischer Posthumanismus) und den Menschen an sich mit Technik (technologischer Posthumanismus) überwinden. Loh, Janina: Trans- und Posthumanismus zur Einführung. Hamburg 2019.

8   Ebd.: 27.

von Wissen) betrachtet werden [kann]"[9]. Diese Auffassung ermöglicht das Postulat, dass das spezifische Netz aus Informationen bei vollständiger Erforschung desselben in technischem Substrat funktional identisch dargestellt werden könnte.[10] Nach der Theorie des Funktionalismus, welche der Philosoph David J. Chalmers vertritt, ist die „abstrakte kausale Organisation des Gehirns"[11] für das Bewusstsein verantwortlich. Mentale Zustände werden hier als von Natur aus funktionale Zustände verstanden.[12] Eine Realisierung desselben funktionalen Gehaltes biologisch neuronaler Strukturen eines Menschen in technischem Substrat würde dieselben mentalen Zustände und also ein Bewusstsein hervorrufen. Denn warum sollte ein System, welches die identischen Funktionen eines selbstbewussten Systems realisieren kann, nicht ebenfalls selbstreferenzielle Züge aufweisen?

Den idealistisch monistischen[13] Ansatz des technologischen Posthumanismus, wie ihn die Philosophin Janina Loh bezeichnet, zu Gunsten des „Musters" an Information in der Darlegung von Selbstbewusstsein möchte ich in dem folgenden Aufsatz analysieren. Insbesondere möchte ich überprüfen, inwiefern eine Verfügung über das eigene „Muster", also ein Zugriff auf bestimmte Informationsgehalte, die in einer bestimmten funktionalen Anordnung von Systemelementen vorliegen, ausschlaggebend für die Entwicklung eines Bewusstseins von sich selbst sein kann. Um dem Postulat einer selbstbewussten KI auf den Grund zu gehen, möchte ich gerne eine These beleuchten, die aus meinen vorhergehenden Untersuchungen über das Erleben des eigenen Selbst hervorgeht,[14] und eine phänomenologische Analyse der menschlichen Selbstwahrnehmung zu Grunde legt: eine kategoriale Unterscheidung von Synthetisierung des eigenen Selbst und Selbstverfügung. Zu beweisen gilt, dass ein möglicher Selbstbezug einer Maschine sich kategorial von dem Selbstbewusstsein eines Menschen unterscheidet. Unterschieden werden muss zwischen verschiedenen kategorialen Ebenen. Die Synthetisierung des eigenen Selbst bedient sich sowohl dem Instrument der Verfügbarkeit als auch der Unverfügbarkeit des Selbst. Diese Unterscheidung soll aufschlussreiche Informationen über das menschliche Selbstbewusstsein liefern. Für mein umfassendes

---

[9] Kurzweil, Ray: Menschheit 2.0. Die Singularität naht. Berlin 2014: 382.
[10] Verweis auf das technologisch-posthumanistische Motiv des Mind Uploadings. Berühmteste Darstellung in: Moravec, Hans: Mind Children. Der Wettlauf zwischen menschlicher und künstlicher Intelligenz. Hamburg 1990: 152ff.
[11] Chalmers, David J.: Fehlende Qualia, Schwindende Qualia, Tanzende Qualia, in: Metzinger, Thomas (Hrsg.): Bewußtsein. Beiträge aus der Gegenwartsphilosophie, Paderborn 2005, 367–376.381–384: 369.
[12] Beckermann, Ansgar: Analytische Einführung in die Philosophie des Geistes. Berlin 2008: 142.
[13] Loh, Janina: Trans- und Posthumanismus zur Einführung. Hamburg 2019: 27.
[14] Burghardt, Kathrin: Wenn Maschinen als Menschen zu begegnen scheinen. Anerkennung unter der Herausforderung transhumanischer Visionen, in: Ohly, Lukas; Gerber, Uwe (Hrsg.): Anerkennung. Personal – sozial – transsozial, Leipzig 2021, 79–94: 85ff.

Forschungsziel, nämlich die Darlegung eines signifikanten Unterschieds zwischen Menschen und Maschine, soll die Untersuchung der Prämisse eines kategorialen Unterschieds zwischen maschineller Selbstverfügung und menschlicher Synthetisierung des Selbst ein Beweisziel auf dem Weg dorthin darstellen.

Methodisch möchte ich mich auf den Argumentationspfad der Trans- und Posthumanist*innen begeben und einen Trennpunkt ausfindig machen, an welchem sich Maschinen und Menschen nicht mehr miteinander vergleichen lassen, da ein kategorialer Unterschied den Vergleich nicht zulässt. Die Betrachtung menschlicher und maschineller Informationsverarbeitung soll zur Untersuchung des kategorialen Unterschieds hinführend sein. Mithilfe eines phänomenologischen Modells von Selbstbewusstsein soll der Trennpunkt ausfindig gemacht werden und sich dem Beweisziel genähert werden.

2. Selbstverfügung

2.1 Das maschinelle System

Für eine Überprüfung der Möglichkeit von Selbstbewusstsein maschineller Systeme möchte ich mich im Folgenden von dem Abstraktum Künstlicher Intelligenz entfernen und darlegen, auf welchen Grundprinzipien künstlich-intelligente Systeme beruhen. Dies ermöglicht mir eine Basis für die Analyse des Untersuchungsgegenstandes auf Möglichkeiten selbstreferenzieller Züge und für den Vergleich zwischen Menschen und Maschine. Es handelt sich um eine Auswahl der technischen Grundprinzipien künstlich-intelligenter Algorithmen, welche eine Relevanz für die vorliegende Analyse aufzeigen. Da sich eine technische Analyse maschineller Systeme in der anthropologischen Herangehensweise von Trans- und Posthumanist*innen widerspiegelt, möchte ich auf diese Art und Weise auch in diesen philosophischen Diskurs einsteigen.

Zunächst ist für meine Analyse die Betrachtung des Stellenwerts von Daten in maschinellen Systemen von Bedeutung. Daten bilden die Grundlage jeglicher algorithmischen Systeme. Um Daten digital nutzen zu können, müssen sie als quantifizierbare Informationen vorliegen. Beim sogenannten traditionell oder klassisch programmierten Algorithmus werden Daten als Input in das Programm eingespeist, welches diesen, mittels vorher festgelegter Verrechnungsregeln, einen Wert zuschreibt, also einen Output generiert. Das interne Regelwerk, also die benötigten mathematischen Funktionen, um den entsprechenden Output generieren zu können, wird von dem programmierenden Menschen gesetzt. Ein solches System wird deterministisch genannt. Nun gibt es Aufgaben, welche eine Realität abbilden sollen, die zu komplex wäre, beziehungsweise zu viel Zeit in Anspruch nähme, als dass sie durch Programmierende als Regelwerk abgebildet werden könnte. So zum Beispiel die Erkennung handschriftlicher Zahlen. Hier kommt maschinelles Lernen ins Spiel. Zur Bearbeitung solch komplexer Aufgaben werden Algorithmen entwickelt, welche sich selbst Wege suchen, mit den eingespeisten Daten umzugehen. Der maschinelle Lernprozess beschreibt die Speicherung gefundener Verbindungen zwischen einem Input und einem Output, wobei das Programm versuchen wird, die einfachste Verbindung herzustellen.[15] Im Falle der Erkennung handschriftlicher Ziffern wären die Input-Daten Abstufungen der Grauwerte in den einzelnen Pixeln der Bildaufnahme der geschriebenen Ziffer und die Output-Daten Prozentsätze der Wahrscheinlichkeiten für Klassen der Ziffern null bis neun.[16] Der künstlich-intelligente Algorithmus arbeitet in diesem Beispiel einer Klassifikationsaufgabe probabilistisch. Für eine der jeweiligen Aufgabe entsprechenden Nutzung, müssen entweder einige der Trainingsdaten (Inputs) gelabelt (definiert) sein, oder im Anschluss eine Interpretation der Output-Wahrscheinlichkeiten erfolgen. Gelabelt und interpretiert wird durch den Menschen. Durch die Optimierung von Parametern in einer Kostenfunktion, kann die Fehlerwahrscheinlichkeit einer Zuordnung des Algorithmus verringert werden.[17] In komplexen selbstlernenden Systemen, den Deep Learning Algorithmen (eine komplexe Form neuronaler Netze), stellt das interne Regelwerk, nach welchem die Daten untereinander vernetzt und gewertet werden, eine sogenannte Black Box für den Menschen dar. Deep Learning Systeme wie beispielsweise die Text-Generator Software GPT-3 werden mit einer immensen Datenmenge gespeist, welche sie auf eine Art und Weise intern verrechnen, die für den Menschen nicht mehr nachvollziehbar ist, da sie zu komplex ist.

Fassen wir die für meine Untersuchung interessanten Grundsätze selbstlernender künstlich-intelligenter Algorithmen zusammen: Algorithmen beruhen auf Daten als quantifizierbarer Information und zeichnen sich durch eine bestimmte Qualität, die Gesamtheit der Eigenschaften des Algorithmus in Form von Umrechnungen anhand spezifischer mathematischer Funktionen, aus. Der Algorithmus findet die Wege von den Inputs zu den Outputs selbstständig. Auch wenn der Mensch mit steigender Komplexität des selbstlernenden Systems weniger Einblick in die komplexen internen Verrechnungsschritte der Datenwerte hat, kann davon ausgegangen werden, dass der Algorithmus auf alle eingespeisten Informationen sowie internen Verrechnungswege Zugriff hat und diese bei der Herstellung und Speicherung neuer Verrechnungswege anwendet. Der Zugriff des Algorith-

15 Häusser, Philip: Natürlich alles künstlich. Was künstliche Intelligenz kann und was (noch) nicht – KI erklärt für alle. München 2021: 92.
16 Paaß, Gerhard / Hecker, Dirk: Künstliche Intelligenz. Was steckt hinter der Technologie der Zukunft? Wiesbaden 2020: 50ff.
17 Häusser, Philip: Natürlich alles künstlich. Was künstliche Intelligenz kann und was (noch) nicht – KI erklärt für alle. München 2021: 68ff.

mus auf seine Daten ergibt sich durch eine Transparenz eines jeden Datums für die Berechnung. Eine Reflexivität, die einer Distanzierung von einem reflexiven Part zu einem referenzierten Part bedarf, liegt hier nicht vor. Für eine Interpretation und Optimierung der Ergebnisse ist der Mensch nach wie vor unerlässlich. Dennoch ist es der Algorithmus, der in voller Gänze über die gespeicherten Informationen in seinem Programm verfügt. Er verfügt über alle Elemente seines Systems.

2.2 Selbstbezug maschineller Systeme

Hieraus entwickle ich die folgende These zum Selbstbezug maschineller Systeme: Eine Maschine verfügt über sich selbst im Sinne einer Musterfortschreibung. Der Selbstbezug der Maschine liegt als eine Verfügung zur Anwendung der Elemente des eigenen Systems vor. Der Posthumanist Ray Kurzweil stellt eine Implikation für ein Selbstbewusstsein bei maschinellen Systemen vor, für welche meine These den Grundstein legt. Er schreibt:

> „Man muss nur ein Verfahren entwickeln, das über ein Modell seiner selbst verfügt und so die eigenen Methoden reflektiert und auf sie reagiert"[18], um Selbstbewusstsein bei Maschinen zu ermöglichen.

Die Konjunktion aus der Verfügung über ein Modell des Selbst und der Reflektion auf das Selbige dient Kurzweil als eine hinreichende Bedingung für Selbstbewusstsein bei künstlich-intelligenten Systemen. Um es mit den soeben ausgeführten Grundlagen maschineller Systeme auszudrücken: ein Verfahren, also ein bestimmtes Programm an Verrechnungen, muss zunächst über ein Modell seines Selbst verfügen, in dem alle Elemente seines Systems enthalten sind. Außerdem müssen die Output-Werte gemäß eines Bewertungsmechanismus eingeordnet und verändert werden. Im Falle neuronaler Netze legt ein Mensch einen Bewertungsmaßstab fest, er wählt eine Kostenfunktion, nach welcher Änderungen an den gewählten Parametern vorgenommen werden.[19] Würde es dem Algorithmus gelingen nach diesem vorgegebenen Maßstab die eigenen Muster zu verändern, wäre die hinreichende Bedingung für maschinelles Selbstbewusstsein nach Kurzweil erfüllt. Ich halte es für plausibel, dass Algorithmen über ein Rückkopplungsmechanismus verfügen können, welcher nach einem bestimmten vorgegebenen Maßstab gelernte Verbindungen optimiert. Und einmal in provokant posthumanistischer Hinsicht formuliert: Passiert nicht dasselbe im menschlichen Gehirn? Nach bestimmten von der Natur vorgegebenen Rückkopplungs- und Be-

---

[18] Kurzweil, Ray: Die Intelligenz der Evolution. Wenn Mensch und Computer verschmelzen. Köln 2016: 104.

[19] Häusser, Philip: Natürlich alles künstlich. Was künstliche Intelligenz kann und was (noch) nicht – KI erklärt für alle. München 2021: 68f.

wertungsmechanismen arbeitet und verändert sich unser Körper und unser Gehirn. In posthumanistischer Denkweise wäre an dieser Stelle belegt, dass Maschinen zu Selbstbewusstsein befähigt sein werden, wenn sie ihre vorgenommenen Verbindungen eigenständig optimieren können. Obwohl ich von einem Selbstbezug maschineller Systeme im Sinne einer Musterfortschreibung ausgehe und ein Verfügen des Algorithmus über die Elemente des Systems durch Rückkopplungsmechanismen[20] als plausibel ansehe, bezweifle ich die Begründung der Möglichkeit von Selbstbewusstsein mit dem Verfügen über Systemelemente. Kurzweils Darlegung künstlichen Selbstbewusstseins möchte ich im Folgenden überprüfen. Dabei soll insbesondere der Begriff des Verfügens in den Blick genommen werden, der in der anthropologischen Debatte futuristischer Technikutopien einen hohen Stellenwert hat. Angeregt durch die technikoptimistische Positionierung, welche technologische Posthumanist*innen und Transhumanist*innen in der Herausforderung künstlich-intelligenter Systeme einnehmen, sind die Paradigmen des Selbstbewusstseins und des Selbst zu untersuchen.

2.3 Nicht-Verfügung bedingt Selbstbewusstsein?

„Man muss nur ein Verfahren entwickeln, das über ein Modell seiner selbst verfügt und so die eigenen Methoden reflektiert und auf sie reagiert"[21]. Der Algorithmus muss, nach Kurzweil, also nur über ein Verfahren verfügen, sich alle Elemente seines Systems gleichzeitig als Modell präsentieren zu können, um auf diese Elemente Bezug nehmen zu können. Die notwendige Distanz einer reflexiven Bezugnahme auf sich selbst wäre so, nach Kurzweil, ermöglicht. Das Verständnis von Selbstbewusstsein, welches Kurzweil postuliert, geht aus einem Monismus hervor, welcher in dem bestimmten Muster an Information das allumfassende Grundprinzip schlechthin erkennt.[22] Alles besteht aus Information, ergo muss auch das Bewusstsein über diese Information informationeller Art sein. Um zu überprüfen, ob Kurzweils Bedingung tatsächlich hinreichend für Selbstbewusstsein ist, soll eine Analyse des menschlichen Systems hilfreich sein. Rein funktional betrachtet, weist die maschinelle Informationsverarbeitung in einigen Grundzügen Analogien zum menschlichen Nervensystem auf. Sinneszellen nehmen Reize aus der Umwelt auf und wandeln diese in elektrische Reize um. Das Nervensystem leitet diese Reize (Inputs) in neuronalen Strukturen über synaptische Ver-

---

[20] Vgl. hierzu das Verfahren der „Backpropagation", welches beim Training von neuronalen Netzen zur Anwendung kommt. Ebd.: 265.
[21] Kurzweil, Ray: Die Intelligenz der Evolution. Wenn Mensch und Computer verschmelzen. Köln 2016: 104.
[22] Ebd.: 206.

bindungen weiter und verrechnet diese im Gehirn miteinander (hidden layers[23]) , sodass es zu Empfindungen (Outputs) kommt, welche zu Handlungen führen. Die menschliche Informationsverarbeitung unterscheidet sich jedoch in dem entscheidenden Punkt der Transparenz jeder aufgenommenen Information in das eigene System im Sinne eines uneingeschränkten Zugriffes von der maschinellen. Die menschliche Informationsverarbeitung ist im Gegensatz zur maschinellen davon abhängig, Informationen zu vergessen, um wichtige von unwichtigen Informationen filtern zu können und eine Komplexitätsreduktion herbeizuführen.[24] Ein Verlust von Gedächtnis kann neben physischen Erkrankungen oder Verletzungen des Gehirns auch durch schwere psychische Belastungen auftreten, um Traumata verarbeiten zu können (dissoziative Amnesie[25]). Außerdem ist der Mensch dazu befähigt, Informationen kreativ-neuschöpfend aus zuvor unzusammenhängenden Bereichen herbeizuführen oder sich an bereits vergessene Informationen zu erinnern, welche wieder verfügbare Elemente des Systems werden können.[26] Beide neurologischen Vorgänge sind Indizien dafür, dass ein Mensch keinen transparenten Zugriff auf alle systeminternen Informationen hat. Zwecks Anschauung möchte ich nun ein Argument durchspielen, welches sich aus dem Postulat von Kurzweil ergibt und welches den Zusammenhang zwischen der Verfügung über die Elemente des eigenen Systems und der Möglichkeit von Selbstbewusstsein beschreibt:

(P1) Menschen können nie über alle Elemente ihres Systems verfügen.

(P2) Maschinen können stets über alle Elemente ihres Systems verfügen.

(P3) Für Selbstbewusstsein hinreichend ist das Verfügen über alle Elemente des Systems.

(K) Menschen erfüllen diese hinreichende Bedingung für Selbstbewusstsein nicht.

Obwohl Menschen diese hinreichende Bedingung für Selbstbewusstsein nicht erfüllen, sind sie a posteriori selbstbewusst. Ergo müssen Menschen, um selbstbewusst zu sein, eine andere hinreichende Bedingung erfüllen. Der Syllogismus veranschaulicht, dass das Selbstbewusstsein des Menschen sich nicht mit dem

---

[23] Als hidden layers werden die mittleren Schichten neuronaler Netze bezeichnet, weil ihre Neuronen weder Inputs noch Outputs sind.

[24] Assmann, Aleida: „Kein Mensch lebt im Augenblick". Das kulturelle Gedächtnis als Langzeitprojekt, in: Forschung und Lehre 28, 7 (2021), 528–530: 530.

[25] Spiegel, David: Dissoziative Amnesie, https://www.msdmanuals.com/de-de/heim/psychische-gesundheitsst%C3%B6rungen/dissoziative-st%C3%B6rungen/dissoziative-amnesie (Zugriff am 17.03.2022).

[26] Damberger, Thomas: Mensch versus Algorithmus. Überlegungen zum Verhältnis von Digitalisierung und Kreativität. Film- und Medienforum Niedersachsen. Online.

Verfahren einer Begründung von Selbstbewusstsein anhand eines Zugriffs auf Systemelemente kennzeichnen lässt. Was benötigt wird, ist ein qualitativ anderes Verfahren zur Kennzeichnung von Selbstbewusstsein, welches allerdings einen kategorial verschiedenen Begriff des Selbstbewusstseins hervorbringt, als es das technologisch-posthumanistische Verfahren leisten kann. Selbstbewusstsein liegt nun als äquivoker Begriff vor. Zu differenzieren ist eine Selbstverfügung, wie ich sie bezeichnen möchte, im funktionalen Sinne einer Anwendung der Elemente des Systems, von einer Selbstreflexion als ein Bewusstsein über sich selbst. Aus dieser Differenzierung heraus entwickle ich die These, dass die fehlende Verfügung über die Elemente des Systems auf informationeller Ebene keinen Einfluss auf das Bewusstsein des eigenen Selbst als Konstrukt hat, da es sich um zwei unterschiedliche kategoriale Ebenen handelt.

3. Synthetisierung des Selbst

Menschen verfügen nicht in derselben Transparenz über sich selbst wie Maschinen. Sie haben keinen uneingeschränkten Zugriff auf die eigenen Muster ihres Systems. Dennoch beziehen sich Menschen auf sich selbst als Urheber ihrer Gedanken und Empfindungen. Sie können sich selbst greifen, unabhängig von den Informationsgehalten, welche das funktionale Material des eigenen Systems bilden. Hier offenbart sich, dass das systemtheoretische Bewusstseins-Modell des technologischen Posthumanismus, in welchem internal auf alle Elemente des Systems und nur auf diese zugegriffen werden kann, ins Wanken gerät. Der Begriff des Verfügens kann im Falle des Selbstbewusstseins nicht als ein Zugriff auf systeminterne Elemente interpretiert werden. Das Verfügen über sich selbst muss als ein Erfahren interpretiert werden, welches sich informationell nicht einholen und also nicht anhand quantifizierbarer Werte darstellen lässt. Ich gehe deshalb davon aus, dass sich die Reflexion auf das Selbst im Akt des Bewusstseins auf eine Perspektive außerhalb des Systems beziehen muss, um in notwendiger Distanz das eigene System als Selbst zu erfahren. Das bedeutet, dass Reflexion ein Moment des System-externen und somit Nicht-Gegenständlichen enthalten muss. Angelehnt an die Russellsche Antinomie, kann ein Objekt nicht gleichzeitig Element des Systems und kein Element des Systems sein. Ein anderes Modell als das technologisch-posthumanistische wird benötigt. Mit der Bedingung für ein Erfahren des Selbst als etwas Nicht-Gegenständliches, mit der Darlegung subjektiver Erfahrung als absolute Begründung der Welt, hat sich Edmund Husserl in Anlehnung an René Descartes ausführlich in seinen Cartesianischen Meditationen beschäftigt.[27] Husserls phänomenologische Darlegung des Selbst soll hier die Ent-

---

[27] Hua I.

wicklung eines Modells anregen, mit welchem Selbstbewusstsein gekennzeichnet werden kann.

3.1 Die phänomenologische Epoché

Cogito ergo sum[28]. Oder wie es GPT-3 umschreibt: *Yes, the only thing in the world that can't be doubted is our own thoughts.*[29] Die einzige Erkenntnis, über welche ich evident und also voraussetzungslos verfügen kann, ist meine Existenz, wenn ich denke.[30]

Während technikoptimistische Futurist*innen untersuchen, welche berechenbaren Voraussetzungen geschaffen sein müssen, damit eine Maschine Bewusstsein über sich selbst entwickelt, und dabei in der Kategorie der Gegenständlichkeit stagnieren, ist der Bewusstseinsakt in phänomenologischer Betrachtung die originäre und also ungegenständliche Begründung der Gegenständlichkeit. Ein Verfahren, das mit gegenständlichen Mitteln versucht Bewusstsein in maschinellen Systemen zu etablieren, beispielsweise in Form bestimmter Programme, die auf Zahlenwerte nach einem bestimmten Bewertungsschema reagieren, kann Selbstbewusstsein auch nur als Gegenstand auffassen. In phänomenologischer Perspektive ist die Ebene der objektiven Gegenstände der Welt zu bezweifeln. Nicht das Dasein der Welt ist evident, sondern das Bewusstsein der eigenen Existenz als unbezweifelbare absolute Begründung jeglicher weltlichen Gegenständlichkeit.

> „Alles Weltliche, alles raum-zeitliche Sein ist für mich – das heißt gilt für mich, und zwar dadurch, daß ich es erfahre, wahrnehme, mich seiner erinnere, daran irgendwie denke, es beurteile, es werte, begehre usw. Das alles bezeichnet Descartes bekanntlich unter dem Titel *cogito*."[31]

Nach Husserl erkennen wir die Welt in unserem Alltag mit ihren vorzufindenden Gegenständen und Gesetzmäßigkeiten ohne zu hinterfragen an. Unsere Bewusstseinsleistungen werden in naiver Weise vollzogen, der Fokus liegt auf dem Gegenstand. Bei dem Vollzug der „phänomenologischen εποχή"[32] sollen die subjektiven Annahmen von Gegenständlichkeit eingeklammert werden, um den Blick auf den reinen Bewusstseinsakt richten zu können.[33] Nach dieser Reduktion bleibt das übrig, was voraussetzungslos gelten muss. Das Einzige, welches transzendental und also erfahrbar ist, ist das „reine Ego mit dem reinen Strom meiner

---

[28] Descartes, René: Meditationen über die erste Philosophie. Hamburg 2009: 30.
[29] Siehe Fußnote 1.
[30] Ebd.: 30ff.
[31] Hua I: 60.
[32] Ebd.
[33] Ebd.: 60.

cogitationes"[34]. Das reduzierte Ich ist nicht Teil der Welt, während die weltlichen Objekte nicht als „Komplex von Empfindungsdaten oder Akten reell vorfindlich"[35] sind, sondern als Bewusstseinsweisen, als Erlebnisse dieses weltlichen Objektes. Die Welt ist dem, die phänomenologische Epoché vollzogenen, Ich transzendent, indem sie durch Bewusstseinsweisen „zugemeinten Bestimmungen"[36] erst ihren Sinn findet.[37] Bewusstsein ist jedoch keine von dem Gegenständlichen der Welt getrennte und eigenständige Sphäre. Das Gegenständliche in der Welt und das subjektive Bewusstseinserleben korrelieren in einem unaufhebbaren Zusammenhang.[38] Die Seinsgeltung der Welt ergibt sich in phänomenologischer Perspektive sekundär als mir geltend ausschließlich aus meinen Bewusstseinsakten.[39] Durch die transzendental-phänomenologische Reduktion erfasse ich mein reines Bewusstseinsleben, „in dem und durch das die gesamte Welt für mich ist"[40]. Husserl beschreibt, wie im konsequenten Vollzug der Reduktion die Bewusstseinsweisen selbst (Noesis) und die dem intentionalen Gegenstand in Bewusstseinsweisen zugemeinten Bestimmungen (Noema) verbleiben.[41]

3.2 „Transzendentale Selbsterfahrung"

Für Husserl ist das Erleben des „reinen Ego"[42], die Transzendentalität des Ichs, nicht ausreichend als Begründung jeglicher Erkenntnis und Gegenständlichkeit. Das Selbst, welches als transzendental erfahrendes Ich bewusst wird, kann sich nach Husserl nicht alleinig auf den Moment gründen, in dem die eigene Existenz als unbezweifelbar bewusst wird. Die reine Existenz des Ichs ist für ihn keine hinreichende Begründung des Bewusstseins von sich selbst, der „transzendentalen Selbsterfahrung"[43]. Der absolut unbezweifelbare Bestand der Selbsterfahrung, die Husserl beschreibt, liegt nicht nur in der unmittelbaren Existenzerkenntnis des Ichs, sondern er ergibt sich durch eine „universale apodiktische Erfahrungsstruktur des Ich"[44], in welcher alle vergangen und möglichen Selbsterfahrungen zu einer universalen Struktur synthetisiert werden. Husserl legt zusätzlich zu der unbezweifelbaren Evidenz des Ichs, im Moment des Denkens, eine Evidenz des Selbst als Konstrukt dar. Dieses Subjekt ist mehr als ein Jetzt-Moment der Ich-

---

[34]   Ebd.: 61.
[35]   Ebd.: 65.
[36]   Ebd.: 74.
[37]   Ebd.: 65.
[38]   Prechtl, Peter: Edmund Husserl zur Einführung. Hamburg 2006: 26f.
[39]   Hua I: 61.
[40]   Ebd.: 60.
[41]   Ebd.: 75.
[42]   Ebd.: 61.
[43]   Ebd.: 67.
[44]   Ebd.

Erkenntnis, es synthetisiert in sich vielfältige Bewusstseinserlebnisse zu einem gesamten Bewusstseinsleben, welches das Selbst ist. Das Subjekt ist zu Identitäts-erkenntnissen befähigt, die aus einer Synthese vieler und verschiedener Bewusst-seinsweisen von ein und demselben intentionalen Bewusstseinsobjektes heraus gewonnen werden.[45] Mit der „transzendentalen Selbsterfahrung" beschreibt Hus-serl die Erfahrung des Selbst als synthetisches, erfahrendes Selbst, sozusagen die Möglichkeit der Erfahrung von subjektiv Erfahrenem.

> „Mit [...][der universalen apodiktischen Erfahrungsstruktur] hängt es zusammen und zu ihr selbst gehört es auch mit, daß das Ich für sich selbst apodiktisch vorgezeichnet ist als konkretes, mit einem individuellen Gehalt an Erlebnissen, Vermögen, Dispo-sitionen seiendes, horizontmäßig vorgezeichnet als ein durch mögliche, in infinitum zu vervollkommnende und eventuell zu bereichernde Selbsterfahrung zugänglicher Erfahrungsgegenstand."[46]

Um es im Rahmen meines Modells eines Verfügens auszudrücken: Die Erfah-rung, über die in Form des Selbstbewusstseins verfügt wird, ist die Erfahrung der eigenen unbezweifelbaren Existenz als Subjekt, welches mit es betreffenden zahl-reichen Erinnerungen und Erwartungen verwoben ist, die notwendig mitgemeint werden müssen, wenn ich mich als Selbst erfahre.

Nach vollzogener transzendental-phänomenologischer Epoché ist erkennbar, dass sich weltliche Objekte und das transzendentale Ich auf zwei unterschiedli-chen kategorialen Ebenen befinden. Das transzendentale Ich erfährt Objekte der Welt, wodurch diese erst geltende Gegenstände und also existent werden, weil sie das Ich betreffen, weil sie Bewusstseinsobjekt sind. Weltliche Objekte sind erst dann existent, wenn sie erfahren werden. Diese Unterscheidung zwischen der Kategorie der transzendentalen Erfahrung selbst und weltlicher Objekte, die zu Gegenständen des Bewusstseins und also erfahren werden können, führt mich in meiner Analyse selbstbewusster KI zu folgenden Überlegungen. Technikoptimis-tische Stimmen könnten verlauten, dass bei selbstlernenden maschinellen Syste-men ähnliche Strukturen wirken. Der selbstlernende Algorithmus erlangt Daten, welche zuvor für ihn keine Seinsgeltung hatten, weil sie ihn nicht betrafen. Die-sen Daten ordnet der Algorithmus eine Bestimmung zu, er verarbeitet sie auf eine ganz bestimmte, nicht durch den Menschen vorgegebene, Art und Weise. Dass der Algorithmus existiert, wenn er die Bestimmungen in Form von Korrelatio-nen herstellt, wäre dann bei einer Übertragung des phänomenologischen Ansat-zes auf maschinelle Systeme absolut evident. Das maschinelle System verbleibt allerdings auf der kategorialen Ebene der Information, mit Husserls Worten aus-gedrückt: auf der Ebene der weltlichen Objekte. Die Zuordnungen, die ein Algo-

---

[45]   Ebd.: 79.
[46]   Ebd.: 67.

rithmus vornimmt, sind extern nachvollziehbarer (zumindest vom Prinzip her im Falle komplexer neuronaler Netze) Teil des Algorithmus selbst und werden nicht von diesem erfahren, sie verbleiben auf der Ebene des Informationsgehaltes. Um sich der Frage zu nähern, warum maschinelle Systeme keine transzendentalen Erfahrungen haben können, warum sie die kategoriale Ebene der Information nicht übersteigen können, so wie es dem Menschen möglich ist, soll im Folgenden das Selbst als Zeitobjekt untersucht werden.

3.3 Zeitlichkeit

Erinnern wir uns an die Grundzüge maschineller Systeme, welche ich zu Beginn dieses Aufsatzes erläutert habe, so ist eine Maschine auf den dauerhaften Informationsfluss oder die Speicherung von Informationen angewiesen. Wenn Information einmal digital vorliegt und in maschinellen Systemen gespeichert ist, dann kann man sie als ein konsequentes Jetzt bezeichnen. Die wahrgenommene Information kann sich für die Maschine nicht verändern, solange der Gehalt derselbe ist. Eine Maschine nimmt eine Information ausschließlich in ihrem quantifizierbaren Wert wahr. Selbst wenn ein maschinelles System, wie weiter oben beschrieben, nach einem Bewertungsmechanismus Output-Werte interpretieren und auf diese reagieren würde, beruht diese Interpretation auf weiteren zugeordneten quantifizierbaren Werten, welche der Algorithmus im Falle einer Löschung nicht ohne eine neue Einspeisung des Wertes in den Algorithmus darstellen kann. Die Maschine bleibt auf der Ebene der Wahrnehmung von Werten im Sinne einer Informationsaufnahme und Speicherung von Information. Wird eine Information aus der Maschine gelöscht, vom Menschen vollzogen oder von der Maschine selbst, wenn diese den Auftrag hat, Informationen nach einem vorgegebenen Schema zu löschen (z. B. in Datenschutzbelangen), dann kann diese Information von der Maschine nicht zurückgeholt werden. Eine Information ist für das maschinelle System entweder jetzt oder gar nicht existent. In maschinellen Systemen kann der Informationsgehalt von Daten nicht vergehen mit dem Moment, während eine Erfahrung der wahrgenommenen Information bleibt, wie es beim Menschen der Fall ist. Maschinelle Systeme können keine von dem dauerhaften Fluss oder Speicherung der Informationsgehalte unabhängige Erfahrung haben, weil sie auf der Ebene der Gehalte verbleiben. Der Mensch hingegen kann über einen Gegenstand sprechen, unabhängig davon, ob dieser gerade anschaulich vorliegt oder nicht.[47] Dies kann ein Mensch in phänomenologischer Sicht nicht aufgrund einer Speicherung des funktionalen Gehalts in seinen synaptischen Verbindungen, sondern weil der Mensch als Subjekt den Gegenstand erfahren hat und ihn mit beziehungsweise in Form seiner „Erlebniszeitlichkeit" zu seinem „kontinuierlichen inneren

---

[47] Prechtl, Peter: Edmund Husserl zur Einführung. Hamburg 2006: 41.

Zeitbewußtsein[…]" hinzugefügt hat.[48] Die reine Information und also ein maschinelles System, welches von der Art reiner Information ist, verfügt zwar transparent über alle Daten der internen Berechnung, schreibt den eigenen Informationsgehalten allerdings keine, über den Gehalt hinausgehenden, Bestimmungen zu. In phänomenologischer Perspektive bilden diese, in den Bewusstseinsweisen zugemeinten[49] und durch die Synthetisierungsleistung des Bewusstseins einem Gegenstand zugeordneten, Bestimmungen die Grundlage des Selbst. Ein maschinelles System besitzt keine Zeitlichkeit, wie Edmund Husserl sie darlegt. Der Informationsgehalt kann zwar von der Maschine als ein Zeitverlauf realisiert sein, also einen Zusammenhang aus vielen verschiedenen Einzelgehalten darstellen, wie beispielsweise eine Videofrequenz aus verschiedenen Bildern zusammengesetzt ist. Dieser zusammengesetzte Informationsfluss besitzt dann den Gehalt einer bestimmten Dauer. Eine Uhr als maschinelles System gibt die als objektiv angesehene Zeit an, weil sie nach einem bestimmten Verfahren Informationsgehalte mit einer bestimmten Dauer zusammenhängend darstellt. Während ein maschinelles System Informationen, reduziert auf ihren funktionalen Gehalt, unabhängig von es betreffenden zeitlichen Zusammenhängen wahrnimmt und darstellt, werden Informationen vom Menschen immer als immanente Gegenstände der subjektiven Erfahrung wahrgenommen und sind subjektiv zeitlich Erfahrenes. Husserl legt das zeitliche Erfahren des Menschen wie folgt dar:

> „Wohl aber gehört es zum Wesen der Zeitanschauung, daß sie in jedem Punkt ihrer Dauer (die wir reflektiv zum Gegenstand machen können) Bewußtsein *vom eben Gewesenen* ist, und nicht bloß Bewußtsein vom Jetztpunkt des als dauernd erscheinenden Gegenständlichen."[50]

In phänomenologischer Perspektive kann ein Gegenstand nie dauernd als Information vorliegen, da er ansonsten bezweifelbare Erkenntnis und also nicht evident sein kann. Maschinelle Systeme als reine Information, als dauernde unzeitliche Jetzt-Punkte sind bezweifelbar und also nicht evident. Erst die Erfahrung und die Einordnung in einen zeitlich verlaufenden Erfahrungsstrom verleiht der Information eine Seinsgeltung.

3.4 Der Mensch als ein Zeitobjekt

Maschinen ordnen ihre Elemente des Systems nicht in eine innere Zeitlichkeit ein, weil sie auf der Ebene der Nicht-Erfahrung ihrer wahrgenommenen Daten als konsequente Jetzt-Punkte verbleiben. Der Mensch hingegen erfährt Informationen

---

[48] Hua I: 79.
[49] Die Verwendung des Verbes „zumeinen" erfolgt gemäß der Terminologie Husserls und beschreibt eine Synthese.
[50] Hua X: 32.

und schreibt ihnen eine bestimmte Zeitlichkeit im Verhältnis zu anderen Erfahrungen und Zukunftserwartungen zu. Den Zusammenhang zwischen Zeitlichkeit und subjektiver Erfahrung möchte ich nun noch etwas prägnanter darstellen.

In der phänomenologischen Analyse der Zeit ist die objektive Zeit Phänomen des Subjektes und somit gemeinte Zeit. Zeitlichkeit besteht nur in der Zeit oder Dauer, die uns erscheint und als „immanente Zeit des Bewußtseinsverlaufes"[51]. Diese immanente Zeitlichkeit des Bewusstseins bezeichnet Husserl als die Grundform der Synthesis des Bewusstseins.[52] Die Synthetisierungsleistung des Bewusstseins äußert sich in der Identifikation eines Gegenstandes innerhalb vieler verschiedener Bewusstseinsphänomene: „im Gegenstand Dauer, im Phänomen Wechsel."[53] Die universale Synthetisierung des Bewusstseins bringt ein Selbst hervor, das die „mannigfaltigen sonder-*cogitata*"[54] als einen konstruierten andauernden intentionalen Gegenstand Selbst in sich vereint. Der immanenten Zeitlichkeit gemäß müssen sich „alle je reflektiv vorzufindenden Erlebnisse des Ego als zeitlich geordnet, als zeitlich anfangende und endende, als gleichzeitig und nacheinander sich darbieten"[55].

Husserl argumentiert, dass die objektive Welt in ihrer „Wirklichkeit"[56] nicht erfahrbar und also transzendent sei.[57] Objektivität sei ein Konstrukt aus dem Material der Erfahrung und gehöre zum „erfahrungsgesetzlichen Zusammenhang der Natur"[58]. Er beschreibt, wie sich Objektivität in den „Auffassungscharakteren und in den zu den Wesen dieser Charaktere gehörigen Gesetzmäßigkeiten"[59] konstruiere. Die objektive Welt und objektive Zeit stellen für Husserl einen konstruierten Rahmen der Situierung von als Objekten synthetisierte erfahrene Gegenstände dar. Für das Bewusstsein eines intentionalen Gegenstandes muss ich bereits instinktiv über die Wesenseigenschaft dieses Gegenstandes verfügen, um ihn als Gegenstand zu identifizieren (im Phänomen eines Würfels vervollständige ich den Gegenstand Würfel, obwohl ich nur eine Seite von diesem sehe).[60] Husserl beschreibt dies wie folgt: Der Gegenstand ist nicht bloß das Konzept der Erfahrungsinhalte, „er ist mehr als Inhalt und in gewisser Weise anderes"[61]. Um Bewusstsein von meinem Selbst zu haben, muss ich über die instinktive Wesenseigenschaft meines

---

[51] Ebd.: 5.
[52] Hua I: 81.
[53] Hua X: 8.
[54] Hua I: 80.
[55] Ebd.: 81.
[56] Hua X: 8.
[57] Hua I: 65.
[58] Hua X: 8.
[59] Ebd.
[60] Hua I: 80ff.
[61] Hua X: 8.

Selbst verfügen, sodass das Selbst als Konstrukt jeglicher bereits geschehener und zukünftiger Selbsterfahrungen als intentionaler Gegenstand meines Bewusstseins transzendiert werden kann und somit als ein Zeitobjekt meines Bewusstseins erfahren wird. Die zeitliche Existenz des Selbst ist evident und also unbezweifelbar, weil der Bewusstseinsstrom sich selbst als zeitlich erfahren kann, und damit das Selbst in den konstruierten Rahmen der objektiven Zeit situiert.

Das, was bewusst wird, ist, dass das Selbst ein dauerndes Zeitobjekt in der eigenen konstruierten Zeitlichkeit ist. Ich erlebe als Selbstbewusstsein mein *ego cogito* als in der Zeit existierend. Als dauerndes Zeitobjekt kann ich mein Selbst in einer Jetzt-Phase auffassen, die vergangenen und zukünftigen Phasen des Zeitobjektes jedoch zugleich mit wahrnehmen.[62] Evident nach Husserl ist, „daß die Wahrnehmung eines zeitlichen Objektes selbst Zeitlichkeit hat, daß Wahrnehmung der Dauer selbst Dauer der Wahrnehmung voraussetzt"[63]. Evident ist also, dass die Wahrnehmung des Selbst als dauerndes Zeitobjekt selbst der kontinuierlichen als objektiv konstruierten Zeit ausgesetzt ist und sich als zeitlich Erfahrenes in die Erfahrungsstruktur des inneren Zeitbewusstseins einreiht. Dem Ich des Menschen liegt die Möglichkeit der Erfahrung inne, und zwar nicht in dem Sinne der Anwendung einer Fähigkeit oder eines aktiven An- und Abschaltens einer Erfahrungsaktivität. Die transzendentale Erfahrung manifestiert sich in der inneren Zeitlichkeit, welche stetig fortlaufend ist. Im Phänomen des Selbstbewusstseins erfährt das Ich sich selbst als in dieser stetig fortlaufenden Zeitlichkeit evident existierend. Somit übersteigt der Mensch im Phänomen des Selbstbewusstseins sich selbst, in Form einer Situierung des eigenen Bewusstseinsstromes in einen als übergeordnete und objektive Zeit vermeinten Gesamtzusammenhang. Das *ego cogito* ist sowohl verfügbar und somit dem System des Bewusstseins internal, indem die einzelnen Bewusstseinsweisen zu identifizierten Gegenständen synthetisiert werden können als auch unverfügbar und somit external als dauerndes Zeitobjekt synthetisiert. Verfügbarkeit und Unverfügbarkeit des Selbst als Instrumente des Selbstbewusstseins.

4. Eine Konklusion

Der vorliegende Aufsatz beinhaltet logische Kennzeichnungen. Wesensbestimmungen von Begriffen wie Reflexion und Selbstbewusstsein sind für die Erfüllung des gewählten Beweiszieles einer kategorialen Unterscheidung von Synthetisierung und Selbstverfügung nicht notwendig.

---

[62] Bernet, Rudolf: Einleitung (Hrsg.): Hua X. Hamburg 2013: 32
[63] Hua X: 22.

In der Weiterführung der hier vorliegenden Interpretation des Begriffes des Verfügens, kann festgehalten werden, dass ein Verfügen nur dann möglich ist, wenn auf das Objekt des Verfügens zugegriffen werden kann. Maschinen verfügen vollständig über die Elemente ihres Systems in einer Transparenz, welche die Anwendung aller eingespeister Daten als reine Informationsgehalte ermöglicht. Menschen verfügen unvollständig über ihr System auf informationeller Ebene, weil ihnen die eigenen Informationen intransparent sind, beispielsweise taucht eine als vergessen geglaubte Information wieder auf. Der Mensch hat auf dieser kategorialen Ebene der Information weniger Zugriff auf das eigene System als die Maschine. Zugleich hat der Mensch jedoch mehr Zugriff auf sich selbst als es einer Maschine möglich ist. Hier zeigt sich die Aufdeckung des kategorialen Missverständnisses des Postulats einer selbstbewussten Maschine. Das menschliche Ich kann in phänomenologischer Perspektive auf die eigenen Bewusstseinsphänomene zugreifen. Dieser Zugriff äußert sich in der Synthetisierung der verschiedenen vergangenen und zukünftigen Phänomene eines intentionalen Gegenstandes zu einem Objekt. Diese Identifikationsleistung der Synthese wendet der Mensch auf das eigene Selbst an, indem reflexiv auf sich selbst als Konstrukt aus synthetisierten Erfahrungen Bezug genommen wird. Menschen erfahren sich als ein in der eigens vermeinten Zeit existierendes zeitliches Objekt. In dem Phänomen des Selbstbewusstseins erfahren sich Menschen als ein die eigene Jetzt-Wahrnehmung übersteigerndes synthetisiertes Konstrukt Selbst.

Auch wenn man Husserl nicht in allen Hinsichten folgt, so gilt doch, dass das *ego cogito* Zeitlichkeit inhäriert und damit mehr als den je aktuellen Jetzt-Punkt umfängt. Die signifikante Unterscheidung zwischen dem Selbstbezug von maschinellen Systemen, im Sinne einer transparenten Verfügung über die Elemente des Systems, und dem Selbstbewusstsein des Menschen, im Sinne eines reflexiven Zugriffs auf sich selbst, ist das Bewusstsein über die Evidenz der eigenen zeitlichen Existenz. Die notwendige Bedingung für die „transzendentale Selbsterfahrung" ist das Bewusstsein über eine „immanente Zeitlichkeit", welche alle anderen Bewusstseinssynthesen ermöglicht und in Form zeitlicher subjektiver Erfahrungen erlebt werden kann, welche aber notwendig existent sein muss, wenn ich mich als ein zeitliches Kontinuum, als ein dauerndes Zeitobjekt, erlebe.[64] Für die transzendentale Erfahrung gibt es eine zeitliche Bedingung der Erfahrung der eigenen Existenz als zeitlich andauernder und phänomenal wechselnder Gegenstand[65] in einer Welt, über deren Wirklichkeit das Ich nur in subjektiver Erfahrung verfügen kann, für deren Sein das Ich aber geltungs-bildend ist. Das unverfügbare

---

[64] Hua I: 81.
[65] Hua X: 8.

Moment des Selbstbewusstseins ist der phänomenologische Zwang sich selbst als Zeitobjekt in der kontinuierlichen inneren Zeitlichkeit zu identifizieren.

Das technologisch-posthumanistische Postulat einer selbstbewussten Künstlichen Intelligenz, welche durch einen transparenten Zugriff auf ihre Systemelemente reflexiv zum eigenen Selbst Bezug nehmen kann, liegt einem kategorialen Fehlschluss auf, welchen ich in diesem Aufsatz phänomenologisch nachweisen konnte.

Computational Creativity. Künstliche Intelligenz in Kunst und Musik

Manuela Lenzen

Technik und Kunst sind keine Gegensätze, im Gegenteil. Künstler*innen bedienen sich technischer Verfahren, um neue Ausdrucksformen und neue Perspektiven auf die Welt zu finden – und das nicht erst seit gestern. Manches technische Gerät war erst einmal vor allem als Kunstobjekt oder Schaustück gedacht und wurde erst in zweiter Linie nützlich. Das gilt von mechanischen Uhren bis zu den Automaten der Brüder Jaquet-Droz und dem sogenannten Schachtürken.[1]

1. Ein Rückblick

Auch Computer weckten von Beginn das Interesse von Künstler*innen. So unternahm etwa der Informatiker Christopher Strachey schon in den 1950er Jahren Versuche, Gedichte mithilfe eines Algorithmus zu erstellen. Dazu formulierte er ein Satzmuster, das der Algorithmus aus einem *Thesaurus of English Words and Phrases* ergänzte.[2] Ein paar Jahre später schrieb der Mathematiker Theodor Lutz ein Programm, das aus 16 Subjekten und 16 Prädikaten aus Kafkas „Das Schloss" mithilfe von Zufallszahlen „stochastische Texte" generierte. Heraus kamen Formulierungen, die zwischen Tiefsinn und Unsinn schwanken:[3]

> NICHT JEDER BLICK IST NAH. KEIN DORF IST SPAET.
> EIN SCHLOSS IST FREI UND JEDER BAUER IST FERN.
> JEDER FREMDE IST FERN. EIN TAG IST SPAET.
> JEDES HAUS IST DUNKEL. EIN AUGE IST TIEF.

[1] Strassberg, Daniel: Spektakuläre Maschinen. Eine Affektgeschichte der Technik. Matthes & Seitz, 2022.

[2] Strachey C (1954) The „thinking" machine. Encounter: a monthly review of literature, the arts, and politics: 25–31. http://www.unz.com/print/Encounter-1954oct-00025/.

[3] Lutz T (1959) Stochastische Texte. Augenblick Z Tend Exp 4(1):3–9 https://www.stuttgarter-schule.de/lutz_schule_en.htm; Bernhart, T. / Richter, S. Frühe digitale Poesie. Informatik Spektrum 44, 11–18 (2021).

NICHT JEDES SCHLOSS IST ALT. JEDER TAG IST ALT.
NICHT JEDER GAST IST WUETEND. EINE KIRCHE IST SCHMAL.

Auch in der Musik fanden Computer früh Verwendung, Informatiker nutzten die Musik als Versuchsfeld für die Leistungsfähigkeit ihrer Algorithmen. So programmierten Lejaren Hiller und Leonard Isaacson 1957 an der University of Illinois den Computer Illiac darauf, Stücke für ein Streichquartett zu komponieren, die sogenannte „Illiac Suite".[4] Sie gilt als die erste Komposition eines Computerprogramms.

Tatsächlich kann man in der Geschichte noch viel weiter zurückgreifen, etwa bis auf das Componium, eine von dem Musiker Dietrich Nikolaus Winkel 1921 entwickelte automatische Orgel, die aus vorgegebenen Takten Musik zusammensetzen und diese Zusammensetzung variieren konnte.

Wolfgang Amadeus Mozart verfasste eine „Anleitung zum Componieren von Walzern vermittels zweier Würfel"[5]; im ausgehenden Mittelalter versuchte der Mallorquinische Philosoph und Theologe Ramon Llull, mithilfe drehbarer Pappscheiben Aussagen zu generieren, an deren Wahrheit man nicht würde zweifeln können.

Die Motivation, solche formalen oder maschinellen Verfahren zu verwenden, um Sätze oder Musik zu generieren, war ganz unterschiedlich. Llull ging es darum, verbindliche Ergebnisse zu produzieren: Juden, Muslime und Christen, so sein Traum, könnten mit ihrer Hilfe Streitigkeiten über theologische Themen auf friedlichem Wege beilegen. Leider gelang das Unterfangen nicht nach Wunsch. Mozart zeigte einen Weg auf, wie man komponieren könne, ohne musikalisch zu sein; Strachey hatte mit seinem Gedicht wohl vor allem Spaß im Sinn; Theodor Lutz wollte zeigen, dass „computation" mehr sein kann als nur der Umgang mit Zahlen; die Illiac Suite war ein *proof of concept*, man wollte wissen, ob es geht.

Heute gibt es zahlreiche malende Roboter, riesige Sprachmodelle, die wenige vorgegebene Sätze zu einer ganzen Geschichte ergänzen, Programme, die Drehbücher, Theaterstücke oder Witze entwerfen, sowie Programme, die Musikstücke generieren oder beim Komponieren helfen können.

---

[4]   Hiller, Lejaren A. / Isaacson, Leonard M: Experimental Music: Composition With an Electronic Computer, second edition (New York: McGraw-Hill, 1959): 5–7. Reprinted, Westport, Conn.: Greenwood Press, 1979.

[5]   Mozart, Wolfgang Amadeus: Anleitung so viel Walzer oder Schleifer mit zwei Würfeln zu componiren so viel man will ohne musikalisch zu seyn noch etwas von der Composition zu verstehen (KV Anh. 294d). Johann Julius Hummel, Berlin-Amsterdam 1793.

2. Künstliche Kreativität oder: Was bleibt dem Menschen?

Vor dem Hintergrund der zahlreichen Geschichten, die von der Antike bis zur Science-Fiction unserer Tage über echte oder nur gedachte menschenähnliche oder übermenschliche Maschinen erzählt werden, kommen angesichts dieser Systeme immer wieder zwei Fragen auf: Können Maschinen kreativ sein? Und: Werden sie menschliche Maler*innen, Komponist*innen und Autor*innen überflüssig machen?

Im Hintergrund dieser Fragen schwingt auch die Sorge darum mit, ob es auf die Dauer etwas geben kann, das den Menschen von den intelligenten Maschinen nicht nur unterscheidet, sondern ihn vor diesen auszeichnet. Kreativität, in der Kunst aber auch in anderen Bereichen, gilt seit jeher als ein Erkennungszeichen des Menschseins, von den frühesten Knochenflöten und Höhlenbildern bis heute. Kreativität ist eine der letzten Bastionen, in die der Mensch sich zurückgezogen hat, seit er in vielen anderen Bereichen, etwa im Schach oder Go, diversen Computerspielen und selbst manchen Arten von Poker den künstlichen Systemen unterlegen ist.

Keine dieser beiden Fragen ist leicht zu beantworten. Zudem hängen beide zusammen: Wenn die intelligenten künstlichen Systeme immer mehr immer besser können und es dann auch noch schneller, zu geringeren Kosten und ohne Betriebsrat und Urlaubsanspruch erledigen, was bleibt dem Menschen noch, um seinen Lebensunterhalt zu verdienen? Und worauf gründet er dann sein Selbstbild?

Das erste Problem bei der Suche nach einer Antwort auf diese Fragen besteht darin, dass nirgendwo definiert ist, was Kreativität genau ist. Eher vage ist meist davon die Rede, in einem kreativen Akt müsse etwas entstehen, das neu, irgendwie berührend und weiterführend und in einem nicht unbedingt materiellen Sinne wertvoll ist. Auf jeden Fall ist Kreativität eine gefragte Ressource. Kunst, Wissenschaft, Produktentwicklung und Werbung würden ohne ständig neue Ideen auf der Stelle treten. Trotz intensiver Forschung können allerdings bis heute weder Psycholog*innen noch Neurowissenschaftler*innen oder KI-Forscher*innen sagen, wie der kreative Funke im Geist entsteht. Psycholog*innen haben einige Vermutungen, welche Bedingungen Kreativität befördern und welche sie behindern. So soll der Wechsel zwischen Phasen konzentrierten Arbeitens und Entspannung Kreativität befördern, Zeitdruck und Multitasking sie eher behindern. Dennoch kann man den kreativen Funken bis heute nicht nach Wunsch hervorrufen, bei Menschen nicht und in einer Maschine bzw. einem Computerprogramm schon gar nicht. Wie bei vielen anderen kognitiven Fähigkeiten gilt auch bei der Kreativität: Wir wissen nicht genug darüber, um sie einfach nachbauen zu können.

Diese Unkenntnis hebelt auch eine naheliegende und häufig formulierte Antwort auf die Frage nach der Kreativität der Maschinen aus: Sie lautet, dass Algorithmen schließlich nur Altes neu kombinieren oder verändern und deshalb nicht kreativ sein können. Doch diese Antwort wirft die Frage zurück, was denn Menschen anders machen. Auch Künstler*innen greifen auf Bekanntes zurück und ordnen es neu. Sie schöpfen aus ihrem Weltwissen, ihrer Kenntnis der Kunstgeschichte oder anderer Vor- oder Gegenbilder. Sie haben freilich auch etwas, das den künstlichen Systemen fehlt: Bewusstsein. Bewusstsein ermöglicht Empfindungen und hängt dadurch eng mit Bewertungen zusammen. Wir kommen darauf zurück.

Da sich mit der Idee einer kreativen Maschine aber die Hoffnung verbindet, dass solche Systeme dazu beitragen könnten, Lösungen für drängende Probleme zu finden, wissenschaftlichen Fortschritt zu beschleunigen und vielleicht auch die Kunst weiterzubringen, hat sich seit einigen Jahren das Forschungsfeld Künstliche Kreativität entwickelt, im Englischen: Artificial oder Computational Creativity. Dieses Forschungsfeld verfolgt im Wesentlichen drei Ziele: Programme zu entwickeln, die so kreativ oder noch kreativer sind als der Mensch; Programme zu entwickeln, die als Hilfsmittel die menschliche Kreativität erhöhen; und Programme zu entwickeln, die menschliche Kreativität imitieren, um anhand ihrer Funktionsprinzipien besser zu verstehen, was menschliche Kreativität ausmacht.

Zuerst einmal zerlegen Forscher*innen „die Kreativität" in kleinere Bestandteile, um sie besser zu verstehen. Bekannte Elemente auf neue Weise zu kombinieren, gilt als einfachste Form von Kreativität, Analogien zu finden – Elektronen sind die Planeten des Atomkerns, Anwälte sind Haie, Kiemen sind die Lungen der Fische – als deutlich anspruchsvoller.

Das aktuell gängigste Verfahren besteht darin, dass Computerprogramme große Mengen einschlägiger Daten, also Gedichte, Bilder, Theater- oder Musikstücke, analysieren und versuchen, darin Strukturen zu erkennen. Dann setzen sie die einzelnen Elemente so zusammen, dass etwas Neues entsteht, das der bekannten Struktur entspricht. So können Programme anhand von gespeicherten Lead Sheets, in denen Melodie und Harmonie von Musikstücken verzeichnet sind, Musik zahlreicher Stilrichtungen komponieren und Komponisten imitieren, etwa die „Ode an die Freude" als Jazz-Performance oder auch ein neues Beatles-Album oder neue Choräle im Stil Johann Sebastian Bachs. Auch die „Vollendung" unfertig gebliebener Musikstücke großer Komponisten ist ein beliebtes Testfeld für solche Algorithmen.

Stilimitation und -variation ist für Algorithmen auch in der Malerei kein großes Problem. So lassen sich etwa Urlaubsfotos in ein „Gemälde" im Stil Chagalls oder Monets umrechnen, können Bilder nach Belieben etwa in Richtung „unheimlich" verzerrt werden. Manche Programme können aus bekannten Abbildungen eine so stark modifizierte Collage erstellen, dass man förmlich zu spüren meint, wie das Gehirn (vergeblich) arbeitet, um darin einen Sinn zu finden. Andere „blicken" mit bestimmten Filtern auf Bilder und finden dann, was sie finden sollen, etwa Hundegesichter in allen möglichen Oberflächen.

Wie erfolgreich ein Algorithmus in der Kunst ist, hängt derzeit stark von der Disziplin ab. Generell fällt es Menschen bei Musikstücken, abstrakten Gedichte und Bildern schwerer, menschliche von maschineller Kunst zu unterscheiden, als bei längeren Texten. Aufnahmen ganzer Alben, die Algorithmen komponiert haben, sind schon länger auf dem Markt und in der Malerei haben Ergebnisse algorithmischer Berechnungen bereits hohe Preise erzielt. Auch in Texten kann ein Programm erkennen, dass eine Dreiecksgeschichte oder Liebe und Mord beliebte Elemente für einen Plot sind, und diese neu kombinieren. Für die so entstandenen Skripte oder Theaterstücke braucht man bislang allerdings einige Toleranz und Fantasie, um überhaupt einen Sinn darin zu finden. Große Sprachmodelle wie GPT-3 und DALL-E von OpenAI oder das chinesische WuDao 2.0 haben in der letzten Zeit beeindruckende Fortschritte in der Produktion von Texten gemacht. WuDao 2.0 kann sogar zwischen den Modalitäten wechseln und Texte zu Bildern verfassen und zu sprachlichen Anweisungen Bilder generieren, etwa „einen Sessel in Form einer Avocado" oder „einen Astronauten auf einem Pferd reitend". Allerdings verlieren selbst diese Modelle mit ihren Milliarden Parametern, die mit gigantischen Sammlungen von Daten trainiert wurden, bei längeren Texten schnell den Faden, ihre Geschichten werden bald inkonsistent und zusammenhanglos und ein Pferd bekommt auch schon einmal fünf Beine.

3. Die Psychologie spielt mit

Die Frage nach der Kreativität der Algorithmen hat neben der technischen allerdings auch eine psychologische Seite: Menschen lassen ihr Wissen über die Entstehung eines Werkes in ihre Beurteilung desselben einfließen. So werden Werke, von denen bekannt ist, dass sie „aus einer Maschine" stammen, oft als kalt oder seelenlos bewertet – auch wenn Menschen gar nicht sicher zwischen menschlichen und künstlichen Urhebern unterscheiden können. Umgekehrt können „Maschinenkunstwerke" gerade weil sie in einem neuen Produktionsverfahren entstanden sind, hohe Preise erzielen, denn es wird erwartet, dass ihr Wert auf dem Kunstmarkt steigt.

Die Psychologie des Menschen hält auch noch eine weitere Überraschung bereit: Was beim Menschen als kreative Leistung gilt, gilt oft, sobald ein Computer eine ähnliche Leistung erbringen kann, nur noch als das Ergebnis eines Mechanismus. So gesehen wäre „Kreativität" nur ein Etikett, das wir auf einen unverstandenen kognitiven Prozess kleben, und das wir wieder abziehen, sobald wir ihn verstehen. Wenn wir Kreativität so verstehen, ist künstliche Kreativität entweder ausgeschlossen oder auf Verfahren beschränkt, die wir nicht durchschauen. Die Verfahren des sogenannten tiefen Lernens auf Künstlichen Neuronalen Netzen, erfüllen dieses Kriterium durchaus: Sie gelten als Black-Box-Verfahren, deren genaue Arbeitsweise man nicht oder nur auf Umwegen über Verfahren der sogenannten XAI, der eXplainable Artificial Intelligence, annäherungsweise erfassen kann.

4. Der unverzichtbare Beitrag des Menschen

Man sollte sich von den zahlreichen Kostproben Algorithmen-generierter Texte, Bilder oder Musikstücke allerdings vor allem aus einem Grund nicht zu schnell beeindrucken lassen: Denn Menschen sind an den Ergebnissen der angeblich so kreativen Programme keineswegs unbeteiligt. Vielmehr arbeiten sie mächtig mit, oft ohne, dass dies explizit gemacht würde. Denn Algorithmen müssen programmiert, trainiert und meist lange nachjustiert werden, bis sie etwas liefern können, das menschlichen Ansprüchen genügt. Oft wird zum Beispiel eine ganze Anzahl von Texten generiert und nur die besten Stücke aus diesen ausgewählt und als Produkt „einer KI" präsentiert.

Hinter dieser Beobachtung verbirgt sich ein grundsätzliches Problem für künstliche Kreativität: Ein Algorithmus mag etwas produzieren, aber es ist, wie oben angedeutet, der Mensch, der aus diesen Ergebnissen auswählt, was er als berührend, schön, oder weiterführend empfindet – nicht die Maschine. Dieser Aspekt bleibt erhalten, auch dann, wenn etwa Komponist*innen, die mit lernenden Algorithmen arbeiten, von Gänsehautmomenten berichten, in denen ein Algorithmus eine richtig gute, überraschende musikalische Idee, richtig gute Takte generiert. Denn diese Qualität erkennen nur die Menschen und auch nur sie empfinden die Gänsehaut.

5. Kooperation statt Konkurrenz

Gebrauchsmusik, die im Warenhaus im Hintergrund dudelt, kann heute ohne Probleme von Algorithmen generiert werden. Dem Anspruch von Kunst, Grenzen zu überwinden und neue Ausdrucksformen zu schaffen, genügt dies freilich nicht. Künstler*innen, die mit Algorithmen arbeiten, tun dies in der Regel auch nicht, um ihre eigene Arbeit zu ersetzen. Vielmehr suchen sie mithilfe der Algorithmen nach neuen Ausdrucksmitteln und benutzen die Systeme, die so ganz anders funktionieren als der Mensch, um Vertrautes infrage zu stellen, um Seh- und Denkgewohnheiten aufzubrechen und Neues zu probieren. Sie konfrontieren ihre Art zu arbeiten mit den Ergebnissen künstlicher Systeme, setzen sich davon ab oder versuchen, mit den Systemen kreativ zu interagieren.

So experimentieren Wissenschaftler*innen im Projekt Spirio Sessions der Technischen Hochschule Nürnberg mit Programmen, die auf vorgespielte Takte reagieren, selbst Tonfolgen generieren und über ein Instrument, meist einem Flügel, ausgeben. Mit einem solchen Instrument kann man dann gemeinsam improvisieren. Die Musik, die in der Improvisation mit dem Flügel entsteht, bewegt sich im Bereich Free Jazz, wirkt manchmal zögerlich und suchend, manchmal munter durcheinander. Mal scheint der Musiker auf den Flügel zu warten, mal gelingt ein Dialog, mal fallen sich beide eher ins Wort. Musiker berichten davon, dass sich diese Interaktion nicht viel anders anfühle als die Interaktion mit einem menschlichen Improvisationspartner, mit dem das Zusammenspiel auch mal besser und mal schlechter gelinge. Die Bewertung des Ergebnisses bleibt freilich auch hier dem Menschen überlassen. Die Hoffnung ist, dass dabei etwas ganz Neues, Spannendes entsteht. Es ist experimentelle Musik, die nicht jeder mag und doch die Grenzen dessen, was sich ausdrücken lässt, weiterschiebt.

Der Einsatz der KI-Verfahren lehrt auch etwas über den Menschen. In der Interaktion mit der Maschine sind die Künstler*innen nicht mehr die Monaden, die um ihre Intuition kreisen, die Maschine ist nicht mehr das ganz Andere. Vielmehr wird deutlich, wo auch der Mensch Vorgaben verhaftet ist, die die Maschine vielleicht aufbrechen, infrage stellen oder zumindest hervorheben kann. Die Künstler*innen sind auch nicht mehr unbedingt die Herr*innen ihrer Werke. Je „freier" ein Algorithmus improvisieren darf, desto weniger weiß er oder sie, womit zu rechnen und worauf zu reagieren ist. Eine Eigenart, die Musiker*innen mindestens ebenso herausfordert, wie die Komponist*innen.

Die technischen Möglichkeiten verändern auch die Arbeitsweise der Künstler*innen. Statt allein etwa mit dem Klavier, arbeiten sie, wenn sie sich auf die neuesten technischen Möglichkeiten einlassen, oft mit einem interdisziplinären Team aus Techniker*innen und Künstler*innen. Zwischen der Informatik und der Musikwissenschaft hat sich zum Beispiel die Musikinformatik als neue Disziplin etabliert.

Ein bisschen unheimlich ist manchen Künstler*innen, ob der wachsenden Möglichkeiten der Algorithmen, dennoch. Die größte Gefahr dürfte freilich darin bestehen, dass den Menschen der Mut verlässt, dass alle, die in Kunstprodukte investieren, in Bücher, Filme, Musikstücke oder was auch immer, erst einmal einen Algorithmus prüfen lassen, ob das Projekt wohl Erfolg verspricht. Dann könnte es dazu kommen, dass keine Schritte mehr über das Immergleiche und einen durchschnittlichen Mehrheitsgeschmack hinausgetan werden.

Doch genau darum geht es in der Kunst. Deshalb gibt es Kunst seit Jahrtausenden immer wieder neu: Die Welt verändert sich, die Menschen verändern sich und damit auch ihre Weisen, die Welt zu sehen. Ähnlich, wie der Mensch dazu neigt, das, was ein Computer kann, nicht mehr Kunst zu nennen, neigt er auch dazu, das, was schon da ist, für überholt zu halten und nach Neuem zu suchen. Künstler*innen waren immer diejenigen mit dem besonderen Tief-, Weit- oder Vorausblick, die anderen neue Perspektiven eröffnen. Lernende Algorithmen hingegen, jedenfalls die, die verwendet werden, um den Geschmack der vielen vorherzusagen, lernen aus den Daten der Vergangenheit Strukturen, mit denen sie die Gegenwart bewerten.

In vielen Bereichen ist dies nützlich und sinnvoll. Doch in der Kunst wäre es eine Verfallsform. Computerkreativität sollte den Menschen kreativer und freier von seinen eigenen Beschränkungen machen, statt ihn zu ersetzen.

Die künstlerische Auseinandersetzung anzustoßen, zu konfigurieren, zu steuern, die Ergebnisse auszuwählen und zu beurteilen: all das wird dem Menschen bleiben. Dazu das Interesse an den Ergebnissen dieses Prozesses, ihr Genuss oder auch der Ärger darüber. Nichts davon werden Algorithmen uns so bald streitig machen.

Climate Engineering und Künstliche Intelligenz. Ethische Herausforderungen und theologische Neuansätze zur Deutung von Technik als Faktor von Schöpfung im Anthropozän

Maximilian von Seckendorff

Vorbemerkung zu Struktur und Anliegen

Dieser Beitrag wird aufzeigen, inwiefern zwischen den ethischen und theologischen Herausforderungen, vor die uns Künstliche Intelligenz und Climate Engineering-Verfahren stellen werden, Parallelen bestehen und wie die jeweiligen Debatten voneinander profitieren können.

Einleitend werden technikethische Fragestellungen anhand der Herausforderungen des 21. Jahrhunderts formuliert, insbesondere bezüglich des anthropogenen Klimawandels und der Gefahr eines Überschreitens von Kipppunkten im Klimasystem.

Eine ausführliche Übersicht zu Climate Engineering bietet der Einblick in die unterschiedlichen Verfahren, Chancen, Risiken und Nebenfolgen, welcher für eine differenzierte theologisch-ethische Beurteilung von Bedeutung ist. Darauf aufbauend werden Parallelen zwischen ethischen und theologischen Herausforderungen von Climate Engineering und Künstlicher Intelligenz identifiziert und schließlich innovative Ansätze skizziert, wie eine theologische Interpretation von Technik als Faktor von Schöpfung gelingen und die Rolle des Menschen in der Welt theologisch neu interpretiert werden kann.

1. Einleitung: Technikethische Fragen angesichts der bevorstehenden Herausforderungen des 21. Jahrhunderts

Debatten der Technikethik sind komplex, interdisziplinär und werfen tiefergehende ethische und auch theologische Fragen auf. Da viele Technologien die Welt langfristig und irreversibel verändern, beeinflussen sie das Weltverhältnis des Menschen, Vorstellungen von der Zukunft der Welt sowie religiöse Weltdeutungen.

Angesichts der bevorstehenden Herausforderungen des 21. Jahrhunderts werden manche Technologien die zukünftige Entwicklung unserer Welt in einem nie zuvor dagewesenen Maße beeinflussen. In Abwägung von Nutzen, Risiken und Nebenfolgen bestimmter Technologien stellt sich jeweils die Frage, ob bestimmte Technologien sich als Lösung für die großen Herausforderungen des 21. Jahrhunderts erweisen oder aber neue, noch größere Risiken und Gefahren entstehen lassen, ob sie der Menschheit Freiheit und Wohlstand verschaffen und zur Erfüllung der Ziele nachhaltiger Entwicklung beitragen oder aber zu mehr Ungleichheit und Armut führen. In theologischer Perspektive gesprochen kann entsprechend hinterfragt werden, ob Technologien der Gestaltung und Bewahrung der Schöpfung im Sinne des Auftrags Gottes an den Menschen dienen oder sich als Ausdruck menschlicher Hybris erweisen.

Die Verbreitung Künstlicher Intelligenz wird zukünftig in vielen Bereichen des alltäglichen Lebens, der Wirtschaft, der Forschung, aber auch der Verteidigung zu vielen weiteren Verbesserungen führen, birgt aber auch Risiken. Wenn beispielsweise nur wenige politische und wirtschaftliche Akteure die Kontrolle über KI-Systeme innehalten, kann es zu negativen Auswirkungen auf die Transparenz digitaler Angebote und zu einer Polarisierung von Macht kommen. Bereits vorhandene wirtschaftliche und sicherheitspolitische Spannungen könnten zukünftig durch KI verstärkt werden, sowohl durch „autonome" Waffensysteme als auch durch die Verlagerung von Konflikten in den digitalen Raum.

Die größte Herausforderung des 21. Jahrhunderts liegt allerdings in einer globalen Entwicklung, welche die Menschheit mit konventioneller Technik seit der Industrialisierung sukzessive in Gang gesetzt hat, nämlich dem anthropogenen Klimawandel.

Der Anstieg des Meeresspiegels, Extremwetterereignisse und Dürren könnten laut einem Bericht der Weltbank bereits bis 2050 zu über 200 Millionen Klimaflüchtlingen führen.[1] Dies wiederum würde erhebliche wirtschaftliche und politische Konflikte nach sich ziehen, welche bestehende sicherheitspolitische Spannungen weiter verstärken.

1.1 Die ambivalente Rolle der Technik vor dem Hintergrund des anthropogenen Klimawandels und am Beispiel des CCS-Verfahrens

Technik nimmt im Blick auf den Klimawandel eine ambivalente Rolle ein. Einerseits ist die klimaschädliche Energieerzeugung durch Förderung und Verbren-

---

[1]   Clement, Viviane et al.: Groundswell Part 2. Acting on Internal Climate Migration. The World Bank, Washington 2021, 4.

nung von Kohle, Öl und Gas maßgebliche Ursache für den Klimawandel. Anderseits bieten erneuerbare Energien einen vielversprechenden Ausweg aus der Klimakrise. Denn der Großteil der nötigen Emissionsreduktionen lässt sich nicht durch Energieeinsparung, sondern durch vor allem die Substitution fossiler Energiequellen durch erneuerbare und den Aufbau von intelligent gesteuerten Netzen erreichen.[2]

Doch selbst wenn die gesamte weltweite Energieproduktion aus erneuerbaren Quellen erfolgen sollte – was in näherer Zukunft äußerst unrealistisch erscheint – verblieben erhebliche Restemissionen, insbesondere in der Landwirtschaft, die den Klimawandel weiter beschleunigen.

Diese müssten ausgeglichen werden, indem CO_2 durch sogenanntes „Carbon-Dioxide-Removal" (CDR) langfristig aus der Atmosphäre entzogen wird, beispielsweise durch unterirdisches Verpressen im Gestein (Carbon-Capture-and-Storage, kurz CCS). Unter Umweltverbänden werden solche technischen Lösungen mittlerweile als unverzichtbar betrachtet, obwohl sie lange als verpönt galten, da sie keine hinreichende Lösung für den Klimawandel darstellen würden und nicht sicher sei, wie lange das CO_2 unterirdisch gespeichert bleibe.[3]

Hinzu kommt, dass die Möglichkeit, CO_2 unterirdisch zu speichern, weltweite Klimaschutzbemühungen verzögern könnte, da Möglichkeiten zur „Entsorgung von CO_2" zu einem späteren Zeitpunkt zumindest theoretisch vorhanden wären, auch wenn die Kosten dafür weitaus höher sind und in die Zukunft verlagert werden. Solche Rebound-Effekte könnten dazu führen, dass bereits die Entwicklung von Technologien zur Abscheidung und Speicherung von CO_2 den Klimawandel zumindest mittelfristig beschleunigen könnte. Da diese Technologien jedoch selbst im Best-Case-Szenario zur vollständigen Erreichung der Klimaneutralität benötigt werden, ist es trotz der Gefahr von Rebound-Effekten wichtig, sie schnellstmöglich zu entwickeln und zu implementieren.

Doch selbst wenn es in den nächsten Jahrzehnten gelingen sollte, die globalen Emissionen durch Einsparung, Substitution und unterirdisches Verpressen von Restemissionen auf null zu senken, sind die langfristigen Gefahren des Klimawandels keineswegs abgewendet. Denn auch wenn kein neues CO_2 hinzukommt, verbleibt der CO_2-Gehalt für einen sehr langen Zeitraum in der Atmosphäre. Die globale Temperatur wird sich im besten Fall stabilisieren, realistisch betrachtet wird sie aber weiter steigen, auch wenn keine neuen Emissionen hinzukommen.

---

[2]   Steiner, Viktor et al.: Möglichkeiten der Instrumentierung von Energieverbrauchsreduktion durch Verhaltensänderung, Umweltbundesamt (Hrsg.), Texte 56/2020, Dessau-Roßlau 2020; Eigene Rechnung.

[3]   Wetzel, Daniel / Fabricius, Michael: Jetzt bricht die Klima-Lobby das Technik-Tabu, Welt, 26.04.2021, https://www.welt.de/wirtschaft/article230678597/CCS-und-blauer-Wasserstoff-Jetzt-bricht-die-Klima-Lobby-das-Technik-Tabu.html (Zugriff am 08.04.2022).

Es wird dadurch immer wahrscheinlicher, dass Kipppunkte im Klimasystem überschritten werden, wodurch sich der Klimawandel von selbst weiter beschleunigt, mit verheerenden Folgen für das gesamte Erdsystem.

1.2 Kipppunkte im Klimasystem – eine unterschätzte Gefahr

Kipppunkte oder auch „Tipping Points" im Klimasystem bezeichnen „kritische Schwellenwerte, bei deren Überschreiten es zu starken und teils unaufhaltsamen und unumkehrbaren Veränderungen kommt".[4] Wenn diese überschritten werden, können Teile des Klimasystems kollabieren und infolgedessen den Klimawandel wiederum beschleunigen. Dies betrifft insbesondere das grönländische, arktische und antarktische Eisschild, die Atlantik-Zirkulation, den Großteil der weltweiten Korallenriffe, den afrikanischen und asiatischen Monsun, den Permafrostboden, boreale Nadelwälder sowie den Amazonas-Regenwald.

Die Gefahr, dass einige Kipppunkte überschritten werden, besteht bereits bei einer globalen Erwärmung von 1,5 bis 2°C.[5] Diese wird mit hoher Wahrscheinlichkeit schon in den nächsten Jahrzehnten erreicht, da 2022 eine Erwärmung von 1,2°C gegenüber der vorindustriellen Zeit erreicht wurde und bei den aktuellen Klimaschutzbemühungen eine Erwärmung von 3°C oder mehr bis Ende des Jahrhunderts realistisch ist.[6] Wenn beispielsweise das Eisschild in der Arktis weiter schmilzt, wird durch die fehlenden Eismassen weniger Sonnenlicht reflektiert und die Arktis erwärmt sich umso mehr, sodass das verbleibende Eis noch schneller abschmilzt. Neueste Studien legen dar, dass der Kipppunkt für das Abschmelzen des Grönländischen Eisschildes bereits ab einer Erwärmung von 1,5°C überschritten wird und langfristig zu einer Erhöhung des Meeresspiegels um zusätzliche sieben Meter führen könnte.[7] Die Folgen für Küstenregionen wären weltweit erheblich: Hunderte Millionen Menschen müssten umgesiedelt werden. Auch das Auftauen von Permafrostböden könnte bereits in den nächsten Jahrzehnten dazu führen, dass große Mengen klimaschädlichen Methans aus Permafrostböden entweichen und den Klimawandel weiter beschleunigen.

Zudem besteht die Gefahr, dass der Amazonas sich aufgrund verringerter Niederschläge und zunehmender Rodung in aride Steppen- und Wüstenlandschaften

---

[4] Rahmstorf, Stefan et al.: Kipppunkte im Klimasystem. Eine kurze Übersicht. Potsdam-Institut für Klimafolgenforschung 2019, http://www.pik-potsdam.de/~stefan/Publications/Kipppunkte%20im%20Klimasystem%20-%20Update%202019.pdf (Zugriff am 09.04.2022).

[5] Schellnhuber: Hans J. et al.: Climate tipping points – too risky to bet against, in: Nature 575.7784 (2019), 592–595, 592f.

[6] Beobachtete und künftig zu erwartende globale Klimaänderungen, Umweltbundesamt 2022, https://www.umweltbundesamt.de/daten/klima/beobachtete-kuenftig-zu-erwartende-globale# -ergebnisse-der-klimaforschung- (Zugriff am 09.04.2022).

[7] Schellnhuber, Climate tipping points, 592f.

verwandelt und in weiten Teilen Südamerikas Niederschläge ausfallen. Das Absterben des Amazonas wiederum könnte zu einer Freisetzung großer Mengen an Treibhausgasen führen, welche die weltweiten jährlichen Emissionen übersteigen, ebenso das Auftauen des Permafrostes und das Absterben borealer Nadelwälder.[8] Die Kipppunkte können zudem miteinander in Wechselwirkung treten und sich gegenseitig verstärken, sodass durch zahlreiche Kettenreaktionen der Klimawandel auch dann in extremer Form weiter fortschreitet, wenn die Menschheit keine Treibhausgase mehr emittieren würde. Daher bedarf es einer Notfallstrategie, um das globale Klima durch gezielte Eingriffe wieder abzukühlen, falls mehrere Kipppunkte erreicht werden sollten.

Die unterirdische Speicherung von CO_2 durch CCS ist zwar wissenschaftlich erprobt, im großen Maßstab bereits umgesetzt und mit verhältnismäßig geringen Risiken verbunden. Wegen des großen technischen Aufwands und vergleichsweise hoher Kosten eignet sie sich aber vor allem, um unvermeidbare Restemissionen auszugleichen, nicht aber, um den CO_2-Gehalt in der Atmosphäre auf ein vorindustrielles Niveau zu reduzieren oder um die Emissionen, die der auftauende Permafrost oder der absterbende Amazonasregenwald verursachen könnte, auszugleichen.

Für einen solchen extremen Klimanotfall wurden zahlreiche weitere Ideen für großtechnische Lösungen entwickelt. Diese werden insgesamt als Climate Engineering oder Geoengineering bezeichnet.

2. Climate Engineering als Notfallstrategie bei davongaloppierendem Klimawandel

Dabei wird grundsätzlich zwischen Verfahren zur Entfernung von CO_2 aus der Atmosphäre (Carbon-Dioxide-Removal, CDR) und Methoden zur Beeinflussung der Strahlungsbilanz (Solar-Radiation-Management, SRM) unterschieden. Effektivität, Kosteneffizienz, Risiken und mögliche Nebenfolgen unterscheiden sich stark zwischen den einzelnen CDR- und SRM-Verfahren.[9]

Mehrere Vor- und Nachteile sowie einige konkrete Vorschläge für Climate Engineering-Verfahren sind in Abb. 1 dargestellt.

Unter den CDR-Verfahren ist die bereits erwähnte Abscheidung und unterirdische Speicherung von CO_2 (CCS) das gängigste und wird auch bereits in vielen Staaten eingesetzt. Während sich bei Einsatz von CCS an einem fossil betriebenen Kraftwerk dessen Emissionen unterirdisch verpressen lassen, kann bei Ab-

---

[8]   Ebd., 594.
[9]   Betz, Gregor: Climate Engineering, in: Grunwald, Armin (Hrsg.): Handbuch Technikethik, Stuttgart 2013, 254–258.

scheidung direkt aus der Luft (DACCS) oder an einem mit Biomasse betriebenen Kraftwerk (BECCS) CO_2 effektiv aus der Atmosphäre entfernt und die globale Erwärmung verringert werden.

Zur Erreichung der Klimaneutralität 2045 in Deutschland müssten immer noch ca. 60 Mio. Tonnen CO_2, dies entspricht knapp 6% der Emissionen von 1990, durch BECCS und DACCS oder andere Verfahren ausgeglichen werden.[10] Das Verfahren ist erprobt, effektiv und es besteht ein ausreichend großes Speicherpotenzial bei geringen Risiken und Nebenfolgen. Dafür sind Energieaufwand und Kosten vergleichsweise hoch und die politische Akzeptanz bei Speicherung an Land umstritten.[11]

Weitere Verfahren zur Entnahme von CO_2 aus der Atmosphäre (CDR) greifen auf land- und forstwirtschaftliche Methoden zurück, bspw. durch Humusaufbau, Renaturierung von Mooren oder Aufforstung von Wäldern. Im Gegensatz zur unterirdischen Speicherung sind hierbei die Speicherpotenziale jedoch stark begrenzt und die Kosten teils noch höher als bei CCS. Zudem können auch bei scheinbar harmlosen Verfahren wie der Aufforstung von Savannen negative Nebenfolgen für lokale Ökosysteme auftreten wie das Absenken des Grundwasserspiegels. Das größte Speicherpotenzial bieten, neben der unterirdischen Speicherung, die Ozeane. Genutzt werden kann dieses beispielsweise durch Ozeandüngung mit Eisen zur Anregung des Wachstums von Plankton oder durch die Einbringung von fein gemahlenem Basaltgestein in Ozeane, welches durch Verwitterungsprozesse CO_2 bindet und zugleich der Übersäuerung der Weltmeere entgegenwirkt. Die Kosten für solche Verfahren sind vergleichbar mit denen von CCS, es bedarf jedoch noch weiterer Forschung.

Allen CDR-Verfahren gemeinsam sind, neben hohen Kosten, ein erheblicher technischer Aufwand. Dadurch und aufgrund langwieriger politischer Genehmigungsverfahren kommen sie zwar zur langfristigen Kompensation von Restemissionen infrage. Um aber bei einem extremen Klimanotfall die globale Temperatur binnen weniger Jahre kurzfristig um einige Grad zu senken, kommen eher Verfahren infrage, die direkt in die Strahlungsbilanz eingreifen und das Sonnenlicht zurückstrahlen (SRM).

---

[10]   Klimaneutrales Deutschland 2045. Wie Deutschland seine Klimaziele schon vor 2050 erreichen kann, Stiftung Klimaneutralität, 10.04.2021, https://www.stiftung-klima.de/app/uploads/2021/04/2021_KNDE2045_Zusammenfassung_DE.pdf (Zugriff am 10.04.2022), 20.

[11]   Würde man den gesamten CO_2-Ausstoß Deutschlands durch CCS unterirdisch speichern wollen, lägen die jährlichen Kosten bei etwa 2% des Bruttoinlandsproduktes, zur Speicherung unvermeidbarer Restemissionen bei etwa 0,2%. Quelle: Eigene Rechnung mit Kosten für CCS von 110 €/t CO_2, gemäß Kostenschätzung des Verbands Deutscher Zementwerke e.V., vgl. Höhn, Lilly: Carbon Capture, Utilisation and Storage (CCUS). Anforderungen der deutschen Industrie an die Nutzung von Kohlenstoff im Kreislauf, BDI 2021, 17, https://bdi.eu/artikel/news/ccus-technologien-wichtig-fuer-klimaneutralitaet/ (Zugriff am 08.04.2022).

Climate Engineering

↙   ↘

Carbon-Dioxide-Removal (CDR)   **Solar-Radiation-Management (SRM)**

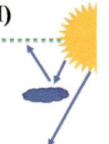

Funktions-prinzip	Entnahme von CO_2 aus der Atmosphäre ↓ Verringerung des Treibhauseffektes ↓ Verringerung der globalen Temperatur	Verringerung der solaren Einstrahlung ↓ Verringerung der globalen Temperatur
Verfahren (Auswahl)	• **Carbon-Capture-and-Storage (CCS):** Abscheidung von CO_2 & unterirdische Speicherung im Gestein • an Biomassekraftwerken (BECCS) • aus der Luft (DACCS) • **Humusaufbau**, Herstellung von **Biokohle** • **Aufforstung**, Begrünung von Wüsten • **Ozeandüngung**: Steigerung des Wachstums von Plankton oder Algen im Ozean durch Düngung mit Eisen o.Ä. • **Alkalinitätseintrag** in Ozeanen: Senkung des pH-Werts & Steigerung der Aufnahmekapaität von CO_2 • **Beschleunigte Verwitterung:** Einbringung von gemahlenem Basaltgestein im Meer: Bindung von CO_2 durch Verwitterung	• Künstliche Wolkenbildung durch Versprühen von Wasserdampf über Gewässern (**cloud seeding**) • Versprühen von reflektierenden Aerosolen (bspw. SO_2) in der Stratosphäre, insbesondere in hohen geografischen Breiten (**stratospheric-Aerosol-Injection, SAI**) • Aufstellen von **Spiegeln im erdnahen Orbit** • **Erhöhung des Albedo** (Reflexivität) der Erdoberfläche, bspw. durch Verwendung weißer Straßenbeläge • Einsatz genetisch modifizierter Pflanzen mit hohem Reflexionsgrad (**Biogeoengineering**)
Vorteile	• Effektiv: CO_2 wird aus dem Klimasystem entnommen und dadurch die Ursache der globalen Erwärmung behoben • Sehr große Speicherkapazitäten verfügbar • Geringe Nebenfolgen und Risiken, kontrollierbar und örtlich begrenzt • Nachahmung bzw. Beschleunigung natürlicher Prozesse	• Effizient & kostengünstig: Durch SAI ließe sich bspw. die globalen Temperatur um 2-3 °C zu sehr niedrigen Kosten senken. • Schnelle Implementierung, da Verfahren wie SAI, oder Albedo-Erhöhung mit bestehender Technik realisierbar sind. • Abschätzung von Nebenfolgen aus historischen Daten (bspw. Vulkaneruptionen) möglich
Nachteile	• Hohe Kosten, hoher Energieaufwand • Teilweise geringe Effizienz • Lange Zeitskalen zur Implementierung • Gesellschaftliche Akzeptanz vor Ort (bspw. bei CCS an Land)	• Klimawandel wird nur „symptomatisch", nicht an der Ursache bekämpft, wiederholte Anwendung ist bei vielen Verfahren erforderlich • Höhere Risiken und Nebenfolgen als bei CDR • Größere Dual-Use-Problematiken als bei CDR

Abbildung 1: Überblick über Climate Engineering-Verfahren mit Vor- und Nachteilen.
©Maximilian von Seckendorff

Der prominenteste Vorschlag für SRM besteht im Versprühen von Aerosolen in der Stratosphäre, welche das Sonnenlicht reflektieren und dadurch die globale Temperatur senken. Dieser Vorschlag geht auf den Chemienobelpreisträger Paul Crutzen zurück, der hierfür die Verwendung von Schwefeldioxid (SO_2) vorsah.[12] Die Auswirkungen dieses Verfahrens lassen sich zuverlässig anhand von empirischen Daten großer vulkanischer Eruptionen modellieren, da die Funktionsweise eng daran angelehnt ist. Daher ist anzunehmen, dass das Verfahren effektiv zu einer globalen Abkühlung um mehrere Grad binnen weniger Jahre führen kann. Verglichen mit anderen Verfahren ist die Injektion von SO_2 in die Stratosphäre kostengünstig und effektiv. Im Falle eines unerwartet schnellen Überschreitens mehrerer Kipppunkte könnte das Verfahren schnell umgesetzt werden, da es kei-

---

[12]   Crutzen, Paul: Albedo enhancement by stratospheric sulfur injections. In: Climatic Change, 2006, 77 (3), 211–220.

ne neuartigen technischen Innovationen voraussetzt. Auf Basis von Daten großer Vulkanausbrüche wie im Fall des Pinatubo 1991 lässt sich, anhand von Modellen, zeigen, dass das Verfahren wirksam wäre und inwieweit Nebenfolgen für das globale Klima entstehen könnten, beispielsweise die Verringerung von Niederschlagsmengen.[13]

Solange die CO_2-Konzentration in der Atmosphäre nicht sinkt, müsste es jedoch über lange Zeiträume wiederholt angewendet werden, da die Aerosole nach einigen Jahren wieder zu Boden sinken. Bei der Anwendung von SO_2 als Aerosol käme es dadurch bei einem langfristigen Einsatz zu einer Übersäuerung der Biosphäre. Alternativen zu SO_2 mit geringeren Nebenfolgen bei vergleichbarer Effektivität und Kosteneffizienz müssten noch entwickelt werden.

Bei anderen SRM-Verfahren (vgl. Abb. 1) bestehen zumeist weniger Risiken und Nebenfolgen, dafür aber höhere Kosten, etwa bei künstlicher Wolkenbildung über Ozeanen, oder eine geringere Effizienz, wie bei Albedo-Erhöhung durch reflektierende Oberflächen am Boden.

Neben den spezifischen risikoethischen Abwägungen der einzelnen Verfahren werden in der Debatte um Climate Engineering noch allgemeinere Argumente vorgebracht: Gerechtigkeitsethische Überlegungen berücksichtigen die Interessen zukünftiger Generationen und fordern ein ausgewogenes Verhältnis von Kostenträgern und Nutznießern, naturethische Einwände beschreiben Climate Engineering als beispiellosen Verlust von Natürlichkeit, geopolitische Abwägungen betreffen mögliche Dual-Use-Problematiken und eine allgemeine Technologiekritik sieht in Climate Engineering eine maßlose Selbstüberschätzung des Menschen.[14] Wie im Folgenden näher ausgeführt wird, sind die ethischen und politischen Herausforderungen von Climate Engineering denen von Künstlicher Intelligenz sehr ähnlich, obwohl Climate Engineering und Künstliche Intelligenz technisch voneinander weitgehend unabhängig sind.

3. Ethische Herausforderungen von Climate Engineering und Künstlicher Intelligenz

3.1 Komplexität der risikoethischen Abwägungen und Differenzierungsbedarf unterschiedlicher Verfahren

Bei „Künstlicher Intelligenz" (KI) handelt es sich wie auch bei „Climate Engineering" um einen Sammelbegriff für eine Vielzahl von Verfahren, die in unter-

---

[13] Schröder, Tim: Riskante Kühlung, Max-Planck-Gesellschaft, 11.03.2021, https://www.mpg.de /16569676/geoengineering (Zugriff am 12.04.2022).

[14] Betz, Gregor: Climate Engineering, in: Armin Grunwald (Hrsg.): Handbuch Technikethik, Stuttgart 2013, 254–258.

schiedlichem Maße Risiken und Nebenfolgen mit sich bringen. Im öffentlichen Diskurs werden in beiden Fällen die einzelnen Verfahren nicht ausreichend differenziert betrachtet. Anwendungen wie Entscheidungsunterstützungssysteme, die bereits alltäglich eingesetzt werden, werden in der öffentlichen Debatte weniger thematisiert als äußerst unrealistische, an Science-Fiction angelehnte Szenarien. Die öffentliche Wahrnehmung wird dadurch verzerrt und unnötige Technikskepsis gegenüber KI oder Climate Engineering im Allgemeinen verbreitet. Neben der öffentlichen ist aber auch die wissenschaftliche Debatte auf einzelne Anwendungsfelder polarisiert. In der ethischen Debatte um Climate Engineering liegt der Fokus auf den umstrittenen Solar-Radiation-Management-Verfahren durch Stratospheric-Aerosol-Injection, während vielversprechende risikoärmere Verfahren wie CCS oder beschleunigte Verwitterung kaum diskutiert werden.

Die jeweiligen spezifischen Fragestellungen sind dabei bereits so komplex, dass eine Betrachtung unter Berücksichtigung aller wesentlichen Faktoren entweder nur in Bezug auf spezifische Verfahren gelingt oder zu pauschalen, unspezifischen Bewertungen von KI oder Climate Engineering an sich führt, welche der Vielschichtigkeit der einzelnen Verfahren nicht gerecht wird.

Hinzu kommt, dass die langfristigen Entwicklungen, Einsatzfelder und Auswirkungen beider Technologien von vielen wirtschaftlichen, gesellschaftlichen und politischen Faktoren abhängen, welche die Komplexität weiter erhöhen.

Im Bereich der KI werden ethische Fragen zu autonomem Fahren oder zu potenziellen Gefahren einer Allgemeinen Künstlichen Intelligenz, welche wie in Science-Fiction-Szenarien die Menschheit unterjochen könnte, weitaus häufiger diskutiert als beispielsweise mögliche manipulative Effekte von Entscheidungsunterstützungsalgorithmen. Diese ziehen zwar eher unterschwellige, aber nicht unbedeutende gesamtgesellschaftliche Auswirkung nach sich, indem beispielsweise die öffentliche Meinungsbildung durch KI-gestützte Vorauswahl von Pressemitteilungen beeinflusst wird. Wenn für den Nutzer nicht mehr erkennbar ist, inwieweit KI an der Erstellung und Vorauswahl von Medienberichten beteiligt ist, besteht die Gefahr, dass es zu einer Verzerrung oder Manipulation der öffentlichen Meinungsbildung kommt, wodurch wiederum politische, soziale oder wirtschaftliche Ungleichgewichte verstärkt werden könnten. Gerade bei Verfahren, deren Risiken für den einzelnen Nutzer gering erscheinen, sollten die gesamtgesellschaftlichen Auswirkungen und das komplexe Zusammenspiel technischer, wirtschaftlicher, politischer und sozialer Faktoren nicht unterschätzt werden.

3.2 Bedarf einer Ethik der Ferne

Nutzen, Risiken und Nebenfolgen von KI und Climate Engineering betreffen nicht nur den Nahbereich ihrer Entwickler oder Nutzer, sondern wirken sich auf die gesamte Welt sowie auf zukünftige Generationen aus. Bei ethischen Abwägungen zum Einsatz von Technologien mit langfristigen oder irreversiblen Auswirkungen auf die Erde bedarf es daher der Perspektive einer „Ethik der Ferne". Ein dazu erforderlicher langfristiger und globaler Ansatz ist in der Ethik bislang eher unüblich und erfordert neue Methoden der Urteilsbildung.

Bei Climate Engineering-Verfahren besteht das Problem darin, dass sie in vielen Fällen irreversibel sind und gleichzeitig die spezifischen langfristigen Folgen nur mit hohen Unsicherheiten modelliert werden können. In der ethischen Abwägung müssen die positiven wie negativen Auswirkungen auf zukünftige Generationen jedoch besonders stark berücksichtigt werden. Für den Fall, dass mehrere Kipppunkte überschritten werden und eine Entscheidung über den Einsatz von Solar-Radiation-Management-Verfahren ansteht, ist dies besonders diffizil, da einerseits die Nebenfolgen solcher Verfahren sich negativ auf bestimmte Ökosysteme auswirken könnten. Andererseits wären die langfristigen, globalen Folgen weitaus höher, wenn man einen davongaloppierenden Klimawandel nicht unterbinden würde. Im Interesse zukünftiger Generationen kann daher ein maßvoller und kontrollierter Einsatz von Climate Engineering in bestimmten Fällen als das geringere Übel legitimiert werden. Für die ethischen und politischen Abwägungsprozesse ist es jedenfalls erforderlich, den Zeithorizont auf die kommenden Jahrhunderte und Jahrtausende im Sinne einer „Ethik der Ferne" auszuweiten.

Neben dem zeitlichen Horizont ist auch eine Ausweitung der räumlichen Perspektive von Bedeutung, da Climate Engineering meist nicht nur einzelne Staaten, sondern den gesamten Planeten Erde betrifft.

KI-Verfahren kommen im digitalen Raum ebenfalls weltweit zum Einsatz und werden langfristige, teils irreversible Auswirken haben. Daher ist auch bei ethischer Beurteilung von KI die Perspektive einer „Ethik der Ferne" wichtig. Da viele digitale Dienstleistungen und Programme KI integriert haben, wird diese zukünftig nicht mehr aus dem digitalen Raum und aus vielen Software-Anwendungen wegzudenken sein und nur noch eingeschränkt reguliert werden können.

KI-Systeme sind damit im digitalen Raum in ähnlicher Weise „irreversibel" wie Climate Engineering-Verfahren und sollten daher frühzeitig reguliert werden.

3.3 Dual-Use Problematiken

Dabei sollten auch mögliche Risiken einer militärischen Nutzung von für den zivilen Bereich entwickelten Technologien, sogenannte Dual-Use-Problematiken, hinreichend berücksichtigt werden, um zu vermeiden, dass Technologien wie Climate Engineering oder KI für partikuläre, militärische oder wirtschaftspolitische Interessen missbraucht werden.

Potenzielle militärische Anwendungen von KI umfassen zum Beispiel die Verwendung von Gesichtserkennungssoftware oder von Systemen, die für autonomes Fahren entwickelt wurden, in KI-gestützten Waffensystemen. Zudem könnten Entscheidungsunterstützungsprogramme von Staaten oder Firmen manipuliert werden, um bestimmte politische oder wirtschaftliche Interessen zu verfolgen. Zumal KI-basierte Software in ihrer Funktionsweise ohnehin nicht nachvollzogen werden kann, wäre es auch unmöglich, eine bewusste Manipulation an den Vorgaben für die Systeme zurückzuverfolgen oder überhaupt zu bemerken. Um Dual-Use-Problematiken vorzubeugen, ist eine frühzeitige Regulatorik ebenso erforderlich wie ein hohes Maß an Transparenz. Zudem wäre es von Vorteil, wenn möglichst viele Staaten und Firmen an großen globalen KI-Systemen beteiligt wären, um das Dual-Use-Risiko zu verringern.

Bei Climate Engineering ist ebenfalls ein regulatorischer Schutz vor Dual-Use-Problematiken erforderlich. So könnten beispielsweise Anlagen zur regionalen künstlichen Wolkenbildung, welche die solare Einstrahlung und die globale Temperatur reduzieren sollen, auch dazu eingesetzt werden, um Niederschläge bestimmter Regionen zu beeinflussen, mit erheblichen Folgen für Landwirtschaft und Nahrungsversorgung. Dieses Risiko besteht allerdings auch bei konventionellen Bewaldungsprojekten im großen Stil, welche zwar CO_2 binden, aber gleichzeitig zu einem Absinken des Grundwasserspiegels führen können[15].

Andere Verfahren, wie das unterirdische Verpressen von CO_2 oder die beschleunigte Verwitterung, stellen dagegen nur ein geringes Dual-Use-Risiko dar. Selbst bei SAI ist das Dual-Use-Risiko begrenzt, da sich die Partikel schnell entlang der Breitengrade global verteilen und somit ein gezielter Einsatz gegen eine bestimmte Region nicht möglich ist.

Ähnlich wie im Falle der KI könnten Climate Engineering-Verfahren technisch betrachtet auch von einzelnen Firmen eingesetzt werden. Um diesen Risiken vorzubeugen, ist es erforderlich, rechtzeitig geeignete Strukturen und Möglichkeiten zur Steuerung und Regulierung zu etablieren, idealerweise auf globaler Ebene.

3.4 Hohe Anforderungen an Steuerung und Governance

Internationale Governancestrukturen stehen, wie auch der ethische Diskurs, vor der Herausforderung der Komplexität und der schwer abschätzbaren langfristigen Entwicklungen gerecht zu werden. Zudem müssen die Interessen zukünftiger Generationen repräsentiert werden. Auf internationaler Ebene sind deshalb gemeinsame Standards und Strukturen erforderlich.

---

[15] Milkovic, Mayra et al.: Hydrological impacts of afforestation in the semiarid Patagonia. A modelling approach, in: Ecohydrology 12.6 (2019), e2113.

In Bezug auf Künstliche Intelligenz bedarf es einer verstärkten internationalen Koordination, um einheitliche, globale Standards für den Einsatz von KI zu definieren. Andernfalls könnten einzelne Firmen oder Staaten ihre KI-Systeme ohne eine Absicherung gegen Dual-Use-Problematiken auf dem globalen Markt etablieren. Darüber hinaus sind Mindeststandards in Bezug auf Transparenz bei Entscheidungsunterstützungssystemen oder Filtern erforderlich.

Bei Climate Engineering bedarf es ebenfalls globaler Strukturen, die über Erforschung und Einsatz der jeweiligen Verfahren entscheiden sowie Umweltstandards und wirtschaftlich-rechtliche Rahmenbedingungen definieren.

Für CDR-Verfahren, welche meist risikoarm, aber dafür kostenintensiv sind, bedarf es internationaler, marktwirtschaftlicher Mechanismen in Verbindung mit nationalen und globalen Klimazielen. Dadurch wird ermöglicht, dass Staaten unvermeidbare Restemissionen durch CDR-Projekte in Ländern wie Island mit einem hohen CO_2-Speicherpotenzial und günstigen Kosten für die Speicherung kompensieren können. Da es für die Verringerung des CO_2-Gehalts in der Atmosphäre unerheblich ist, wo das CO_2 entnommen wird, und da die Risiken von CDR-Verfahren in der Regel gering und lokal begrenzt sind, ist gegen eine Kompensation im Ausland aus ethischer Perspektive nichts einzuwenden, solange die dortigen Projekte demokratisch legitimiert sind und Umweltstandards eingehalten werden.

Für den Fall, dass ein großflächiger und langfristiger Einsatz von SRM-Verfahren wie SAI infrage kommen sollte, ist im Unterschied zu CDR-Verfahren eine globale Abstimmung sowie ein strategisches, langfristiges Erdsystem-Management durch demokratisch legitimierte Governance-Strukturen unabdingbar. Diese müssten durch ein engmaschiges Monitoring die Anwendung kontinuierlich überwachen, Risiken und Nebenfolgen im Blick behalten und bei Bedarf nachsteuern können, um das Ziel, die globale Temperatur zu stabilisieren, zu erreichen und gleichzeitig die Nebenfolgen zu minimieren.

Ein solcher Anspruch würde den Menschen in die Rolle eines „Erdsystem-Managers" versetzen und für den langfristigen Erhalt der Lebensbedingungen auf Erden verantwortlich machen.

3.5 Hybris oder Erfüllung des Herrschaftsauftrages?

In dem Anspruch, das Erdsystem zu stabilisieren und zu steuern, sehen Kritiker von Climate Engineering den Inbegriff menschlicher Selbstüberschätzung.[16] Wenn der Mensch durch Climate Engineering die Erde bewahren und erhalten

---

[16]   Betz, Gregor: Climate Engineering, in: Grunwald, Armin (Hrsg.): Handbuch Technikethik, Stuttgart 2013, 254–258.

möchte, könnte man darin gar einen Akt der Auflehnung gegen Gott sehen, da die Erhaltung der Schöpfung traditionell Gott zugeschrieben wird.

Andererseits kann man aber Climate Engineering theologisch auch über den Herrschaftsauftrag (Gen 1,26–28) und den Auftrag des Bebauens und Bewahrens (Gen 2,15) legitimieren. Diesem Argumentationsstrang folgt auch Paul Crutzen, der in der Möglichkeit des Climate Engineering die religiöse Verheißung einer verantwortungsvollen Herrschaft des Menschen über die Erde realisiert sieht.[17] Die Technik wird dann zum Mittel, durch welches der Mensch beide Aufträge, den Herrschafts- und den Gärtnerauftrag realisieren, die Schöpfung aktiv mitgestalten und die Lebensbedingungen auf Erden langfristig erhalten kann.

Auch KI-Verfahren, die darauf abzielen, die Welt aktiv weiterzuentwickeln, können entweder als Ausdruck menschlicher Hybris angesehen oder im Sinne des Auftrags Gottes an den Menschen, die Erde – einschließlich des vom Menschen geschaffenen digitalen Raumes – zu beherrschen, zu bebauen und zu bewahren, aufgefasst werden. Denn viele KI-Systeme verbessern und erleichtern das Leben auf Erden, manche haben sogar das Potenzial, dass der Mensch eine Intelligenz „erschafft", die seine eigene übersteigt. Für einzelne Anwendungen sind manche KI-Systeme dem Menschen bereits überlegen, eine Allgemeine Künstliche Intelligenz könnte langfristig die des Menschen in vielerlei Hinsicht übertreffen. Dadurch würde der Mensch ebenfalls aktiv an der Schöpfung partizipieren und gewissermaßen als „Mitschöpfer" eine neue Form von Intelligenz erschaffen.

Um theologisch zu beurteilen, ob ein solches Bestreben Ausdruck menschlicher Hybris oder Erfüllung des göttlichen Auftrags an den Menschen ist, gilt es, das Verhältnis von Mensch und Gott in der gegenwärtigen, hochtechnisierten und digitalisierten Welt grundsätzlich zu hinterfragen und theologisch neu zu denken. Technik sollte dabei nicht als Gegensatz zu Schöpfung verstanden werden, sondern in die Vorstellung von Schöpfung integriert werden. Wie es gelingen kann, die Stellung des Menschen in der Welt und die Bedeutung der Technik für die Schöpfung neu zu denken, wird im Folgenden skizziert.

4. Theologische Neuansätze

4.1 Das Anthropozän als Ansatzpunkt für ein neues Verständnis der Rolle des Menschen in der Welt

Einen Ansatzpunkt für eine Neubestimmung der Rolle des Menschen und der Technik bietet der Vorschlag, das gegenwärtige Erdzeitalter als Anthropozän zu

---

[17] Crutzen, Paul / Schwägerl, Christian: Living in the Anthropocene: Toward a New Global Ethos, Yale Environment 360 (2011), https://e360.yale.edu/features/living_in_the_anthropocene_tow ard_a_new_global_ethos (Zugriff am 11.04.2022).

bezeichnen. Dieser geht – wie auch die Idee des Solar-Radiation-Managements durch Stratospheric-Aerosol-Injection (SAI) – auf den Chemienobelpreisträger Paul Crutzen zurück. Er wird durch die empirische Wahrnehmung begründet, dass sich der Mensch zu einem das Erdsystem dominierenden geologischen Faktor entwickelt hat, was sich durch zahlreiche geologische, physikalische, chemische und wirtschaftliche Indikatoren untermauern lässt, die seit etwa 1950 exponentiell angestiegen sind, d.h. sich in gleichen Zeitabschnitten immer wieder verdoppelt haben. Beispiele hierfür sind Ressourcenverbrauch, Treibhausgasemissionen, Landnutzung und Artensterben ebenso wie die Entwicklung digitaler Technologien.[18]

Eine Konsequenz aus den wissenschaftlichen Beobachtungen zum Anthropozän ist, dass der Mensch die Zukunft des Planeten Erde in einem so hohen Maße beeinflusst, dass von den menschlichen Einflüssen auf das Erdsystem letztendlich auch abhängt, ob und in welcher Weise langfristig Leben auf Erden möglich sein wird. Der Mensch hat mittlerweile das Potenzial, nicht nur zahlreiche Arten dauerhaft auszulöschen, sondern langfristig auch die Lebensgrundlagen für den Fortbestand seiner selbst zu gefährden. Wenn der Menschheit hingegen die erforderlichen Transformationsprozesse zu einem nachhaltigen Wirtschaftssystem gelingen, kommt dem Menschen eine die Erde bewahrende, wenn nicht sogar rettende Funktion zu.

Das Anthropozän als naturwissenschaftliches Konzept der Deutung der gegenwärtigen Weltverhältnisse unterstützt damit die theologische Deutung, dass der Mensch als Ebenbild Gottes aufgrund und mithilfe der ihm zur Verfügung stehenden Technik für Erhalt und Weitergestaltung der Erde, die gleichzeitig Schöpfung Gottes bleibt, verantwortlich ist.

Dabei nimmt er im Anthropozän eine zunehmend schöpferische Rolle ein, indem er immer mehr Aufgaben übernimmt, die in vormodernen Zeiten noch nicht in seinem Machtbereich lagen, sondern damals der Natur oder Gott zugeschrieben wurden. Er kann Arten auslöschen und durch Gentechnik neue schaffen, das Klimasystem auf unterschiedliche Weise beeinflussen und durch KI neue Formen von Intelligenz entwickeln. Letztlich ist er in immer größerem Ausmaß für den zukünftigen Fortbestand seiner selbst verantwortlich. Die neue Verantwortung, die dem Menschen im Anthropozän zukommt, umfasst dabei auch das Leben zukünftiger Generationen sowie die nichtmenschliche Natur, wie im vorhergehenden Abschnitt zur „Ethik der Ferne" beschrieben.

---

[18] Wie auch bei den Indikatoren zu Ressourcenverbrauch und Umweltzerstörung lassen sich im IT-Sektor exponentielle Entwicklungen beobachten. Wie das „Mooresche Gesetz" zum Ausdruck bringt, hat sich beispielsweise die Anzahl an Transistoren pro Fläche und damit die Komplexität von Schaltkreisen etwa alle zwei Jahre verdoppelt. Allerdings ist aus physikalischen Gründen auch dieses Wachstum begrenzt und wird sich nicht dauerhaft fortsetzen können, vgl. Waldrop, M. Mitchell: The chips are down for Moore's law, in; Nature News 530.7589 (2016), 144–147.

Das Anthropozän bietet der theologischen Ethik die Chance, die Rolle des Menschen in der Welt und die Bedeutung der Technik neu zu denken und dabei an ein naturwissenschaftliches Konzept, welches interdisziplinär rezipiert wird, anzuknüpfen. Im Gegensatz zur Ökologie, die die christliche Umweltethik stark beeinflusst hat, bietet das Anthropozän die Chance, Ethik wieder verstärkt anthropozentrisch zu konzipieren und dabei Technik zu integrieren.

4.2 Ein Anthropozentrismus der Verantwortung

Ein Anthropozentrismus der Ausbeutung, der die menschlichen Bedürfnisse in den Mittelpunkt stellt, ist angesichts planetarer Grenzen nicht weiter zukunftsfähig. Daher bedarf es im Anthropozän eines neuen Leitbildes.

Eine Möglichkeit bestünde darin, dem Anthropozentrismus an sich den Rücken zuzukehren und stattdessen Leitbilder zu entwickelt, die an der Ökologie und dem Motiv der Mitgeschöpflichkeit orientiert sind. Ein Beispiel ist der Entwurf einer Humanökologie, die sich gegen eine weitere „Hominisierung der Welt" wendet.[19] Das Grundproblem dieser Ansätze besteht darin, dass die technischen Entwicklungen und die damit verbundenen Veränderungen der Welt bereits so weit fortgeschritten sind, dass der Ansatz, der Mensch solle der „Natur" wieder mehr Raum geben, als Lösung für die Herausforderungen des 21. Jh. völlig unzureichend sein wird.

Der notwendige Wandel zu einem nachhaltigen und intelligenten Wirtschafssystem wird sich nicht erreichen lassen, indem sich der Mensch gegenüber der Natur etwas zurücknimmt, sondern, indem er die nötigen Transformationen durch innovative und nachhaltige Technik aktiv steuert.

Wie auch Clive Hamilton zum Ausdruck bringt, besteht das Problem des Anthropozäns nicht darin, dass wir anthropozentrisch sind, sondern dass wir noch nicht anthropozentrisch genug agieren.[20]

Erst wenn der Mensch begreift, dass er sich zum dominanten geologischen Faktor entwickelt hat und nun eine zentrale und entscheidende Rolle für die Zukunft dieser Welt spielt, kann und soll er nach sorgfältiger Abwägung der besten Handlungsoptionen die richtigen Schritte unternehmen.

Als neues Leitbild kann ein „Anthropozentrismus der Verantwortung" für die Zukunft dieser Welt dienen, welcher zum Ausdruck bringt, dass der Mensch als dominanter geologischer Faktor in der Lage und in der Pflicht ist, die Welt mithil-

---

[19] Manemann, Jürgen: Kritik des Anthropozäns. Plädoyer für eine neue Humanökologie, Bielefeld 2014.

[20] Hamilton, Clive: Defiant Earth. The fate of humans in the anthropocene, Cambridge / Malden 2017, 53.

fe seiner Technik so nachhaltig und zukunftsfähig umzugestalten, dass auch für zukünftige Generationen ein gutes Leben möglich sein wird.

4.3 Der Mensch als Mitschöpfer, Weltgärtner und Erdsystemmanager?

Indem der Mensch mit Hilfe seiner Technik die Welt immer stärker aktiv gestaltet und in die Prozesse des Erdsystems eingreift, agiert er dabei nicht nur als Geschöpf, sondern auch in einer aktiven Rolle als „Mitschöpfer", „Weltgärtner" und „Erdsystemmanager". Diese drei Bilder sind nicht als gegensätzlich, sondern als zueinander komplementär aufzufassen und bringen auf unterschiedliche Weise die zentrale Stellung des Menschen im Anthropozän zum Ausdruck.[21] In der öffentlichen Debatte werden sie in Bezug auf Climate-Engineering-Verfahren verwendet.[22] Mithilfe dieser kann der Mensch beispielsweise den „Weltgarten" pflegen und in bestimmte Prozesse des Erdsystems eingreifen, wenn diese aus dem Gleichgewicht geraten. Dadurch partizipiert der Mensch an der Gestaltung und Erhaltung der Schöpfung, auch wenn diese Aufgabe traditionell dem Wirken Gottes zugeordnet ist. Spätestens mit Beginn des Anthropozäns kommt es daher zu einer Akzentverschiebung des Verhältnisses von Gott und Mensch im Hinblick auf deren Beteiligung an der Schöpfung. Eine solche Umbildung und Ethisierung christlicher Lehrgehalte lässt sich vor dem Aufkommen des Anthropozäns ansatzweise bereits in der aus den 1970er Jahren stammenden Programmformel der „Bewahrung der Schöpfung" beobachten, da diese nicht mehr das Handeln Gottes in dogmatischer Perspektive, sondern das Verhalten des Menschen unter dem Topos der Schöpfung akzentuiert.[23]

Der Mensch als „Weltgärtner", „Erdsystemmanager" und „Mitschöpfer" wird in dieser Deutungsperspektive daran beteiligt, die Schöpfung zu gestalten und zu bewahren. Doch tritt er damit in ein Konkurrenzverhältnis zu Gott? Indem die Tradition des *concursus divinus*, des Zusammenwirkens von Gott und Mensch in der Schöpfung, aufgegriffen und aktualisiert wird, lässt sich argumentieren, dass Gott und Mensch in Bezug auf die Schöpfung insofern zusammenwirken, dass der Mensch aktiv und mit einem hohen Maß an Freiheit an der Schöpfung partizipieren kann, dabei aber auf Gottes Mitwirkung und die von ihm gewährte

---

[21]   Für eine ausführliche Beschreibung der drei Bilder vom Menschen im Anthropozän vgl. von Seckendorff, Maximilian: Der Mensch im Anthropozän: „Mitschöpfer" – „Weltgärtner" – „Erdsystemmanager"? Technik als Faktor einer anthropozänen Schöpfungstheologie, in: Gütter, Ruth et al. (Hrsg.): Zukunft angesichts der ökologischen Krise? Theologie neu denken, Leipzig 2022, 220–241.

[22]   Vgl. bspw. Lenzen, Manuela: Die Ära der Weltgärtner, https://www.wissenschaft.de/allgemein/die-aera-der-weltgaertner/ (Zugriff am 11.09.2021).

[23]   Anselm, Reiner: Bewahrung der Schöpfung. Genese, Gehalt und gegenwärtige Bedeutung einer Programmformel in der Perspektive ethischer Theologie, in: Evangelische Theologie 74.3 (2014): 227–236, 228.

Freiheit angewiesen bleibt.[24] Da der Mensch durch die zunehmenden technischen Möglichkeiten eine immer aktivere Rolle einnimmt, findet auch hier eine Akzentverschiebung statt, die dem Menschen im Anthropozän eine aktive Partizipation an Schöpfung durch Technik zuschreibt als in vorindustrieller Zeit.

4.4 Technik als Faktor und Mittel zur Fortgestaltung von Schöpfung

Das schöpferische Wirken des Menschen steht dann nicht in einem Konkurrenzverhältnis zu Gottes Wirken, sondern ergänzt dieses. Da Technik hierbei eine zunehmende Rolle einnimmt, sollte sie auch als ein Faktor von Schöpfung theologisch interpretiert werden. Auf diese Weise kann es der Theologie gelingen, im Anthropozän sprachfähig zu bleiben und die zentrale Bedeutung von Technik für die aktive Gestaltung und Erhaltung der Welt angemessen zu reflektieren.

Einen weiteren Anknüpfungspunkt bietet die Figur der Gottebenbildlichkeit des Menschen. Versteht man diese wie Christian Schwarke als ‚Stellvertreterfunktion‘, so besagt sie eben nicht, dass der Mensch von allen Dingen die Hände lassen müsse, die einem Theologen unheimlich erscheinen, sondern dass der Mensch seine Möglichkeiten im Bewusstsein zu nutzen habe, nicht allein für sich selbst zu handeln, sondern als Stellvertreter für das Ganze. Auf diese Weise könne Technik als Teil von Schöpfung verstanden werden.[25]

Wenn sich der Mensch dabei als Stellvertreter beziehungsweise Ebenbild Gottes begreift, geht damit selbstverständlich eine entsprechend hohe Verantwortung und Verpflichtung einher, die Technik umsichtig und zu der Welt dienlichen Zwecken einzusetzen. Die internationale und intergenerationelle Perspektive, wie sie für eine „Ethik der Ferne" erforderlich ist, sollte der Mensch dabei im Blick behalten.

Für die ethische Diskussion um KI und Climate Engineering besteht in der Deutung von Technik als Teil von Schöpfung das Potenzial, den technologiekritischen Einwänden, der Mensch würde sich mit solchen Technologien gegen Gott oder die „Natur" erheben, theologisch reflektiert entgegnen zu können, dass der Mensch als Ebenbild Gottes diese Welt als Schöpfung Gottes weiterentwickeln und Technik dazu einsetzen kann. Künstliche Intelligenz kann dazu genauso beitragen wie bestimmte Climate Engineering-Verfahren, sofern dies in Verantwortung für gegenwärtige und zukünftige Generationen und im Sinne des Auftrags Gottes an den Menschen, die Erde zu beherrschen, zu bebauen und zu bewahren geschieht.

---

[24] Vgl. von Seckendorff: Der Mensch im Anthropozän, 233f.

[25] Schwarke, Christian: Technik und Christentum. Anmerkungen zu einem verkanteten Verhältnis, in: Acta Historica Leopoldina 7 (2017), 131–142, 140.

5. Zusammenfassung und Ausblick

Insgesamt zeigt diese Analyse auf, dass es zwischen Künstlicher Intelligenz und Climate Engineering zahlreiche gemeinsame ethische und theologische Herausforderungen gibt und, dass die jeweiligen technikethischen und theologischen Diskurse voneinander profitieren können.

Beide Diskurse erfordern, aufgrund ihrer Komplexität, eine sorgfältige Differenzierung unterschiedlicher Verfahren, auch in der öffentlichen Kommunikation.

Künstliche Intelligenz und Climate Engineering werden zukünftig weiter an Bedeutung gewinnen, da sich KI in sehr vielen Anwendungen etablieren wird und manche Climate Engineering-Verfahren wie CCS in großem Stil nötig sein werden, um Klimaziele zu erreichen. Bei manchen, risikobehafteten Verfahren hingegen ist es ratsam, sie für den Notfall vorsorglich zu entwickeln, ohne sie aber anzuwenden. Dies trifft insbesondere auf Solar-Radiation-Management durch Stratospheric-Aerosol-Injection zu, da dies das bisher einzige Verfahren ist, durch welches die globale Temperatur kurzfristig um mehrere Grad gesenkt werden könnte.

Die jeweiligen positiven und negativen Auswirkungen sind bei allen ethischen und politischen Abwägungen sorgfältig zu analysieren, einschließlich möglicher Rebound-Effekte und Dual-Use-Problematiken, für deren Vorbeugung rechtzeitig Strategien, Monitoring-Systeme und Steuerungsmechanismen zu entwickeln sind. Da Climate Engineering ebenso wie KI langfristige globale Veränderungen nach sich zieht, sind hierzu auch auf internationaler Ebene effektive Governance-Strukturen erforderlich, um KI und Climate Engineering so zu regulieren, dass der Mensch die Kontrolle darüber behält. In der Perspektive einer „Ethik der Ferne" sind sie zudem zu steuern, dass sie der Erfüllung der Ziele nachhaltiger Entwicklung dienen und dabei Wohlstand, Freiheit und Gerechtigkeit für gegenwärtige und zukünftige Generationen voranbringen.

Wie die Ausrufung des Anthropozäns zum Ausdruck bringt, hat sich die Menschheit mit Hilfe von Technik zum dominanten geologischen Faktor entwickelt und ist nun mehr denn je für die Zukunft der Welt verantwortlich. An die Stelle eines Anthropozentrismus der Ausbeutung soll als neues Leitbild ein Anthropozentrismus der Verantwortung rücken, der den weltweiten Einsatz von Technik zur Verbesserung der Lebensbedingungen aller Menschen miteinschließt.

Die Rolle des Menschen in der Welt ist unter Berücksichtigung seiner zunehmenden technischen Möglichkeiten theologisch-ethisch neu zu interpretieren. Das Anthropozän sowie die Bilder vom Menschen als Mitschöpfer, Weltgärtner oder Erdsystemmanager können dazu als Ansatzpunkte dienen. Je mehr technische Möglichkeiten zur Weltgestaltung und -erhaltung dem Menschen zur Verfügung stehen, desto stärker kann er aktiv an der Schöpfung partizipieren. Wie das Anthropozän verdeutlicht, ist der Mensch durch den Einsatz von Technik zum dominanten geologischen Faktor geworden und sollte sich der damit einhergehenden Verantwortung bewusstwerden, die Lebensbedingungen auf Erden langfristig sicherzustellen und die Technik entsprechend so einzusetzen, dass sie der nachhaltigen Entwicklung dient und den Fortbestand menschlicher Existenz nicht gefährdet.

Damit die Theologie der Tendenz, dass der Mensch im Anthropozän eine immer aktivere Rolle im Umgang mit der Schöpfung einnimmt, Ausdruck verleihen und in Bezug auf neue, weltverändernde Technologien wie KI und Climate Engineering sprachfähig bleiben kann, sollte Technik als ein Faktor von Schöpfung aufgefasst werden. Der Mensch und die von ihm eingesetzte Technik stehen dabei nicht in einem konkurrierenden, sondern in einem kooperativen Verhältnis zu Gott, solange der Mensch als Ebenbild Gottes die Technik verantwortungsbewusst und im Sinne des Auftrages, die Erde zu beherrschen, zu bebauen und zu bewahren, einsetzt. Anstelle eines Anthropozentrismus der Ausbeutung kann ein Anthropozentrismus der Verantwortung, wie er auch im Anthropozändiskurs gefordert wird, als Leitbild dienen.

Um Technik verantwortungsbewusst, ohne Hybris und Selbstüberschätzung, einzusetzen, ist allerdings auf eine angemessene Balance zwischen einem optimistischen Blick auf die vielfältigen technischen Möglichkeiten einerseits und dem Bewusstsein, um die Begrenztheit und Kontingenz des Menschen andererseits zu achten. Die Rückbindung an Gott im persönlichen Glauben kann sich dabei als äußerst hilfreich erweisen und zu Demut, Gottvertrauen und Hoffnung anregen. Auch wenn sich der Mensch als Ebenbild Gottes, Mitschöpfer, Weltgärtner oder Erdsystemmanager wahrnimmt, bleibt er Geschöpf und wird nicht zum allmächtigen und allwissenden Schöpfer. Gerade im Anthropozän, dem Zeitalter, in dem die Zukunft der Welt in den Händen des Menschen und seiner Technik zu liegen scheint, verweist der Glaube an Gott auf die Kontingenz menschlicher Existenz und ermutigt den Menschen gleichzeitig, als Ebenbild Gottes an der Schöpfung aktiv zu partizipieren und Technologien wie KI und Climate Engineering in Verantwortung für die Welt und in Hoffnung auf eine gute Zukunft einzusetzen.

III. Mensch und Maschine – religiöse Dimensionen

Am Grab meines Roboters. Roboter als moralische und religiöse Objekte[1]

Nicole Kunkel

1. Einleitung

2003 wurde Boomer mit militärischen Ehren beerdigt: Er erhielt ein Verwundetenabzeichen der US-amerikanischen Streitkräfte und Salutschüsse. Das Besondere an dieser Beerdigung allerdings war, dass es sich bei Boomer um eine Maschine handelte, genauer gesagt um einen MARCbot, eingesetzt zur Bombenentschärfung im Irak.[1] Was aber liegt Menschen daran, einen Roboter zu beerdigen? Ist es Ausdruck einer emotionalen Bindung, die ausschließlich in solchen Situationen auftritt, bei denen das Leben von Menschen von dieser Technik abhängig ist, wie bei Robotern zur Bombenentschärfung? Oder kann dieses Phänomen weiter gefasst werden; gibt es letztlich sogar so etwas wie einen „religiösen Kern" im Roboter? Dass uns die Vorstellung einer religiösen Dimension von Robotik keineswegs fremd ist, wurde nicht nur einmal filmisch aufbereitet. In der schwedischen Serie *Echte Menschen* etwa gibt es Roboter, die im Laufe der Serie religiös werden. Sie gehören zu einer besonderen Gruppe von Robotern, die im Gegensatz zu ihren bewusstseinslosen Kameraden „befreit" wurden und dadurch ein Bewusstsein entwickelt haben. Auf ihrer Flucht vor den Menschen, die sie wieder zurückmani-

---

[0] Dieser Beitrag soll nicht final klären, auf welche Art und Weise wir mit Robotern in Zukunft zusammenleben sollen und wollen. Er soll auch nicht aufzeigen, welchen Status artifizielle Entitäten in unserer Gesellschaft einnehmen. Dies gilt umso mehr, als dass an vielen Stellen von einer Art der Simulationsperfektion ausgegangen wird, die Algorithmen und Robotik derzeit nicht zu erreichen im Stande sind. Mein Ziel ist es vielmehr einen Denkversuch zu unternehmen, bei denen die derzeitigen vorwiegend angelsächsischen technikphilosophischen Überlegungen ernst genommen werden und zu fragen, ob es Anknüpfungspunkte von Seiten der Theologie gibt. Dabei handelt es sich um einen tentativen Versuch, der eher die Form eines Gedankenexperiments hat. Vielen Dank an dieser Stelle an Torsten Meireis und Kathrin Burghart für ihre die gründliche Lektüre und kritische Rückmeldungen. Alle eventuellen Inkonsistenzen und Fehler gehen aber auf die Autorin zurück.
[1] Vgl.: https://www.theatlantic.com/technology/archive/2013/09/funerals-for-fallen-robots/2798 61/ (Zugriff am 15.03.2022).

pulieren wollen, kommen sie zu einer Kirche, wo einige der Gruppe regelmäßig an den Gottesdiensten teilnehmen und in Auseinandersetzung mit Ava, der Pfarrerin vor Ort, und den liturgischen Vollzügen religiöse Gefühle entwickeln.[2]

Zugegebenermaßen agieren beide Beispiele auf unterschiedlichen Ebenen, handelt es sich doch bei dem einen um ein erlebtes, bei dem anderen um ein erdachtes Szenarium. Dennoch lässt sich daran die Frage nach der religiösen Dimension von Robotik stellen – und zwar in einem objekthaften Sinne: Sind also Roboter religiöse Objekte und somit Adressaten von Religion? Und ist es entsprechend legitim (oder sogar geboten) Roboter zu beerdigen, zu taufen?

Ich möchte diesem Thema auf den folgenden Seiten nachgehen. Meine Argumentation steht dabei in enger Beziehung zur gegenwärtigen angelsächsischen philosophischen und ethischen Debatte, die in erster Linie nach der Moralfähigkeit von Maschinen fragt. Zunächst möchte ich zeigen, dass die Frage, ob Roboter wirklich Bewusstsein haben oder dieses nur simulieren letztlich weder eindeutig zu beantworten noch entscheidend sein könnte. In einem nächsten Schritt werde ich mit der philosophischen Debatte danach fragen, ob und inwiefern Roboter als Adressaten ethischer Handlungen in Frage kommen und entsprechend einen eigenen moralischen Status genießen könnten. Zuletzt werde ich fragen, inwiefern ein Roboter analog zur ethischen Debatte als religiöses Objekt aufgefasst werden und somit Empfänger religiöser Vollzüge sein kann. Um die Antwort vorwegzunehmen: Während mir eine ethische Qualifizierung von Robotern als Objekte moralischer Berücksichtigung auch aus theologischer Sicht durchaus möglich erscheint, schätze ich die Situation in Bezug auf religiöse Ansprache eher skeptisch ein.

2. Erscheinungen von Moral

Moral und Ethik werden als Themen der Robotik zunehmend wichtiger, da auch Roboter und artifizielle Entitäten im Allgemeinen, seien sie verkörpert (Roboter) oder nicht (Algorithmen), mehr und mehr Teil unseres moralischen Universums werden, weil sie in ethischen Zusammenhängen – von der Pflege bis ins Militär – auftauchen. Klar sein dürfte dabei, dass Roboter nicht in der gleichen Weise innere – und moralische – Zustände haben können, wie Menschen, einen Umstand, auf den ich mit dem m.E. besser passenden Begriff der Autoregulation in Abgrenzung von maschineller Autonomie hingewiesen habe.[3] Unklar scheint jedoch, in welcher Art und Weise diese künstlichen Wesen dann als moralische Entitäten in-

---

[2]   Ich beziehe mich hier auf die sechste Folge aus der ersten Staffel der Serie *Real Humans – Echte Menschen*.

[3]   Vgl.: Kunkel, Nicole: Autoregulative Waffensysteme. Automatisierung als friedensethische Herausforderung – ein Werkstattbericht, in: Ethik und Gesellschaft 2 (2021).

nerhalb der menschlichen Lebenswelt auftauchen. Welcher Status kann Robotern aus philosophischer, juristischer und theologischer Sicht zugewiesen werden?

Mir scheint dafür zunächst eine Unterscheidung zentral, auf die Marc Coeckelbergh bereits 2010 hingewiesen hat, nämlich den Unterschied zwischen Bewusstsein *haben* und Bewusstsein *simulieren*. Während wir davon ausgehen können, dass Menschen Bewusstseinszustände *haben*,[4] können Roboter diese – sicherlich in unterschiedlichen Graden – lediglich *simulieren*. Dabei müsste es nicht einmal entscheidend sein, ob eine Maschine den Turing-Test besteht, also einen Menschen erfolgreich davon überzeugen kann, dass es sich bei dem Gegenüber um einen anderen Menschen handelt – die reine Behauptung der künstlichen Entität, ein Bewusstsein zu haben, reicht hier im Wesentlichen aus.[5] Ist diese Simulation nämlich erfolgreich, gibt es keine Möglichkeit mehr, von außen einzusehen, ob das Programm innere Zustände tatsächlich hat oder nur vorgibt, diese zu haben.[6] Das ist auch deswegen so, weil wir ebenso bei anderen Menschen nie sicher wissen können, ob und inwiefern diese tatsächlich innere Zustände und Gefühle haben – auch hier arbeiten wir mit Unterstellungen von Bewusstsein und Moral im Anderen. Auf dieses Problem weist bereits Thomas Nagel in seinem vielzitierten Artikel *What it is like to be a bat?* hin: Ich kann immer nur von meinen subjektiven Annahmen und Empfindungen wissen. Erst indem ich diese verobjektiviere und auf andere übertrage, kann ich auf die inneren Zustände und das Bewusstsein dieser anderen schließen.[7] Coeckelbergh knüpft daran an, wenn er schreibt:

---

[4] Die Frage nach dem Bewusstsein des Menschen selbst ist keineswegs eindeutig und unumstritten, ebenso wie die Frage, ob und wenn ja auf welche nicht-menschlichen Entitäten Bewusstsein sich erstreckt. Dennoch dürfte wenig Zweifel daran bestehen, dass der Mensch sich als bewusste Entität wahrnimmt – und die Anwendung dieser Kategorie auf Maschinen zunächst wenig Sinn ergibt. Für mehr Details zur Debatte um das Bewusstsein, vgl.: Van Gulick, Robert: Art. Consciousness, in: The Stanford Encyclopedia of Philosophy, 2021. Online unter: https://plato.stanford.edu/archives/win2021/entries/consciousness/ (Zugriff am 08.04.2021).

[5] Vgl.: Coeckelbergh, Marc: Moral appearances. Emotions, robots, and human morality, in: Ethics and Information Technology 12 (2010), 235–241: 237.

[6] In diesem Bereich gibt es eine umfängliche Forschungsdebatte, inwiefern moralisches Verhalten in verschiedenen Abstufungen auf artifizielle Systeme übertragen werden kann. Zentral sind die Unterscheidungen Moors, der vier Abstufungen von Moral festhält; von Systemen, die moralische Eigenschaften lediglich *en passant* zeitigen ohne im Wesentlichen intendiert zu sein (*ethical impact agents*) über solche, die moralische Eigenschaften implizieren (*ethical implicit agents*) und solche, die explizit moralische Vorstellungen enthalten (*explicit moral agents*) bis hin zu solchen, die im vollen Wortsinn moralisch agieren und dann auch über Bewusstsein und Autonomie verfügen (*full ethical agents*). Die letzte Stufe sieht Moor bisher nur in Menschen verwirklicht, ohne dass damit die Möglichkeit artifizieller Moral ausgeschlossen wäre. Vgl.: Moor, James H.: The Nature, Importance, and Difficulty of Machine Ethics, in: EEE Intelligent Systems 21,4 (2006), 18–21.

[7] Vgl.: Nagel, Thomas: What it is like to be a bat? In: Philosophical Review 83,4 (1974), 435–450.

> „If intelligent autonomous robots were able to produce the appearance of being moral – including the appearance of emotions – and behave in ways that contribute to the moral life, we would have a good reason to be more optimistic about living with them (or at least to be as optimistic as we are about living with other humans). Thus, it would be unfair or at least inconsistent to require that robots must have real mental states, real consciousness, or real emotions in order to be moral."[8]

Nun ist die beschriebene Art der Simulationsperfektion keineswegs trivial. Zugleich ist Anthropomorphisierung von Maschinen aber ein weitreichendes Phänomen – nicht nur im Bereich der Bombenentschärfung,[9] sodass der Unterschied zwischen einer Maschine, die mir moralisch erscheint, weil ich ihr Moral, Bewusstsein und Gefühle unterstellen kann und einem Menschen, bei dem ich im Grunde genommen ebenso verfahre, wenigstens verwischt wird. Nun soll dies nicht über die kategoriale Lücke zwischen Menschen und Maschinen hinwegtäuschen: Menschen haben eben Bewusstsein und innere Zustände, bei Maschinen sehen wir das nicht in derselben Weise verwirklicht, sodass wir über künstlichen Entitäten moralisch nicht in derselben Weise reden können, wie wir dies beim Menschen tun. In der Praxis aber mag dieser Unterschied nicht immer so eindeutig festzustellen sein, wie er sich auf dem Papier konstatieren lässt. Darauf weisen auch die Untersuchungen von Julie Carpenter hin. Sie hat in einer Studie das Mensch-Roboter-Verhältnis in militärischer Umgebung untersucht und kommt dabei zu dem Schluss, dass der Umgang von Menschen mit Maschinen weniger statisch, sondern eher dynamisch von Person zu Person, Situation zu Situation und vor allem vom kulturellen Kontext abhängig ist. Im Kontext der Studie von Carpenter betrifft dies vor allem ferngesteuerte Robotik. Sie stellt dabei fest, dass ein und dieselbe Person einen Roboter in dem einen Moment als Werkzeug begreifen kann, das ihr nur hilft, ihre Aufgaben anderswo auszuführen, während sich dies im nächsten Moment bereits ändert: Dieselbe Person fühlt sich dann mit hineingenommen in die Situation und der Roboter wird als Erweiterung des eigenen Ichs wahrgenommen, also als ein Teil von ihr. Wie ein Mensch mit einem Roboter zusammenarbeitet, hängt dabei nicht zuletzt von Aussehen und Reaktionen des Roboters ab. Carpenter schreibt:

> „For instance, customizing a teleoperated robot to appear especially fearsome in a war situation may bolster the operator's assertiveness, which could lead to either helpful or overconfident or risky behaviors."[10]

---

[8]   Coeckelbergh, Marc: Moral appearances. Emotions, robots and human morality, in: Ethics and Information Technology 12 (2010), 235–241: 241.

[9]   Vgl.: Epley, Nicholas / Waytz, Adam / Cacioppo, John T.: On seeing human: a three-factor theory of anthropomorphism, in: Psychol Rev. 4/14 (2007), 864–886.

[10]   Carpenter, Julie: Culture and Human-Robot Interaction in Militarized Spaces. A war story, Dorchester 2016: 129.

Wie eine Maschine aussieht, wie ein Mensch sie wahrnimmt, hat also direkte Auswirkungen auf seinen Umgang mit ihr: Vor allem in Situationen, in denen das Leben von Menschen an der Technik hängt, wie in Kriegssituationen oder in Rettungsmissionen, ist es aber entscheidend ob der:die Operateur:in besonders risikofreudig oder bedacht agiert – und ob er:sie die Fähigkeiten der Maschine realistisch einzuschätzen vermag. Hier zeigt sich, dass die philosophischen Diskussionen um unterstellte Bewusstseinszustände nicht bloße Gedankenspielerei sind: Das Verhalten der Menschen, die mit Maschinen zusammenarbeiten, kann im Zweifelsfall Leben kosten.

Bleiben wir aber noch einen Moment bei den Untersuchungen von Carpenter, weil die Bindungen von Menschen zu ihren Robotern besonders in Kontexten deutlich werden, in denen Menschen ihr Leben der Technik anvertrauen. Aufschlussreich ist hier die Einschätzung von Ben, Mitglied eines Bombenentschärfungskommandos, der den Roboter als fast vollwertiges Teammitglied wahrnimmt – entsprechend liegt die offenbar gängige Praxis, den Robotern Namen zu geben, nahe. Auf die Frage nach einem Beispiel beschreibt er, dass es zwar einen Unterschied macht, ob der Roboter bei seinem Einsatz kaputt geht, oder ob ein Mensch verwundet wird. „But there was still a certain loss, a sense of loss from something happening to one of our robots […].“[11] Ähnlich beschreibt Brady eine solche Situation: „I don't think that I'd really get sad in the respect that I'd miss a specific robot, because we had extra robots. But, the thing about each robot was that each robot is not the same. It has its quirks, you know, […].“[12] Und Jed kommentiert im Interview den Verlust des Roboters mit den Worten: „Poor little fella.“[13] Besonders eindrücklich ist ein letztes Beispiel, bei dem Bombenentschärfungstechniker Hay seine Gefühle beim Verlust eines Roboter beschreibt:

> „[…] during a mission in Iraq 2006, I lost a robot that I had named „Stacy 4“ (after my wife who is an EOD [explosive ordnance disposal, N.K.] tech as well). She was an excellent robot that never gave me any issues, always performing flawlessly. Stacy 4 was completely destroyed, and I was only able to recover very small pieces of the chassis. Immediately following the blast that destroyed Stacy 4, I can still remember the feeling of anger, and lots of it. ‚My beautiful robot was killed….‘ was actually the statement I made to my team leader. After the mission was complete and I had recovered as much of the robot as I could, I cried at the loss of her. I felt as if I had lost a family member. I called my wife that night and told her about it too. I know it sound dumb, but I still hate thinking about it. I know that the robots we use are just machines and I would make the decisions again, even knowing the outcome. I value

---

[11] A. a. O.: 103.
[12] A. a. O.: 105.
[13] A. a. O.: 106.

human life. I value the relationships I have with real people, but I can tell you that I sure do miss Stacy 4, she was a good robot.“[14]

Diese Zitate zeigen, dass die interviewten Personen zwar durchaus einen Unterschied zwischen Mensch und Maschine machen – es scheint außer Frage zu stehen, dass die Maschine geopfert werden sollte, wenn dies das Leben eines Menschen schützen kann. Dennoch zeigen sie zugleich, dass Menschen, die eng mit Maschinen zusammenarbeiten, diese Maschinen aus sich selbst heraus schätzen, und zwar jede für sich, denn jede wird als einzigartig wahrgenommen. Und das hängt nicht nur davon ab, ob die Roboter Namen haben.[15] Das aber heißt, dass die philosophischen und technischen Hinweise darauf, dass ein Roboter anders funktioniert als ein Mensch, dass er weder „autonom“ im philosophischen Sinn,[16] noch „intelligent“ im herkömmlicher Weise[17] und schon gar nicht „lernend“ im entwicklungspsychologischen Sinne ist,[18] vielleicht gar nicht ausreichend sind, um die Beziehung zwischen Mensch und Maschine adäquat zu fassen. In den Beispielen scheint sich zu zeigen, worauf auch Coeckelbergh hinweist: Dass es womöglich nicht entscheidend ist, ob eine Entität tatsächlich innere Zustände hat, solange der menschliche Counterpart diese unterstellen kann. Dass dies möglich ist, basiert auf der Fähigkeit des Menschen andere Entitäten zu anthropomorphisieren und wie stark dieses Phänomen ausgeprägt ist, steht in Verbindung dazu, ob die jeweilige Entität anthropomorph gestaltet ist – deswegen spielt die Betrachtung von Androiden eine besondere Rolle. Grundsätzlich aber gilt für Tier, Technik und Pflanzenwelt: Menschen neigen dazu die sie umgebenden Dinge zu anthropomorphisieren – und diese Fähigkeit spielt auch im Umgang mit hochentwickelter Technik eine nicht zu unterschätzende Rolle.[19] Was aber heißt es, wenn die menschliche Eigenschaft zu anthropomorphisieren mit dem Gedanken verbunden wird, dass wir auch von anderen Menschen nicht mit absoluter Sicherheit sagen können, ob sie wirklich über Bewusstseinszustände verfügen? Liegt dann nicht die Idee, dass Roboter eigene Entitäten, ja Personen sein können, zum Greifen nahe?

---

[14] A. a. O.: 117.

[15] A. a. O.: 118.

[16] Vgl.: Kunkel, Nicole: Autoregulative Waffensysteme. Automatisierung als friedensethische Herausforderung – ein Werkstattbericht, in: Ethik und Gesellschaft 2 (2021).

[17] Vgl.: AlgorithmWatch (Hg.): Automating Society. Taking Stock of Automated Decision Making in the EU, Berlin 2019.

[18] Vgl.: Steil, Jochen: Roboterlernen ohne Grenzen? Lernende Roboter und ethische Fragen, in: Woopen, Christiane / Jannes, Marc (Hrsg.): Roboter in der Gesellschaft. Technische Möglichkeiten und menschliche Verantwortung, Berlin/Heidelberg 2019, 15–33.

[19] Vgl.: Epley, Nicholas / Waytz, Adam / Cacioppo, John T.: On seeing human: a three-factor theory of anthropomorphism, in: Psychol. Rev. 4/14 (2007), 864–886.

3. Rechte für Roboter? Philosophische Debatten um den moralischen Status von Robotern

Innerhalb der Technikethik werden solche Ansätze vor allem unter dem Stichwort „Roboterrechte" diskutiert. Worum es den Forschenden hier geht, ist, von der Betrachtung von Robotern als moralische Akteure *(moral agents)*[20], umzustellen auf die Frage danach, inwiefern Roboter auch als Adressaten moralischer Handlungen, also *moral patients*, gelten können und sollten.[21] Janina Loh führt dafür im Deutschen die Begriffe der moralischen Subjekte einerseits und der moralischen Objekte andererseits ein.[22] Dieser Frage widmet sich auch der Philosoph Sven Nyholm. Er schließt seine Überlegungen eng an Kants Formulierungen zum Kategorischen Imperativ an und verbindet diese mit den voranstehenden Überlegungen Coeckelberghs zu folgender These:

> „Always treat the humanity in each person as an end in itself, and never as a means only – and out of respect for the humanity in each person, also treat the apparent humanity in any person (or robot!), never merely as a means, but also as an end in itself."[23]

Um den Gedankengang nachzuvollziehen, lohnt sich zunächst ein Blick in die Ausführungen Kants in der Grundlegung zur Metaphysik der Sitten, wo er im zweiten Abschnitt diese Form des Kategorischen Imperativs entwickelt. Die hier zugrunde gelegte Selbstzweckformel lautet bei Kant im Wortlaut: *„Handle so, daß du die Menschheit, sowohl in deiner Person, als in der Person eines jeden andern, jederzeit zugleich als Zweck, niemals bloß als Mittel brauchest."*[24] Der Mensch wird dadurch bestimmt ein Zweck-an-sich zu sein. Ein Zweck ist für Kant dabei dasjenige, *„um deswillen* etwas geschieht." Für einen Zweck-an-sich braucht es also keine weitere Letztbegründung: er gilt objektiv – und ist unlösbar verbunden

---

[20] Dabei ist die Rede von Akteur:innenschaft in Bezug auf artifizielle Entitäten natürlich selbst schon problematisch, da Akteur:innenschaft in aller Regel nur Menschen zugerechnet wird. Hier scheint die Unterscheidung von Bruno Latour in menschliche Akteur:innen und nicht-menschliche Akteur:innen zweckdienlicher. Innerhalb des hier skizzierten philosophischen Diskurses wird diese terminologische Unterscheidung jedoch nicht getroffen. Vgl.: Latour, Bruno: Pandora's Hope. Essays on the Reality of Science Studies, Cambridge 1999, 178–180.

[21] Vgl.: Gunkel, David: Robot Rights, Cambridge 2018: 3.

[22] Vgl.: Loh, Janina: Roboterethik, Berlin 2019: 35f. Allerdings ist der Begriff des moralischen Subjekts in diesem Zusammenhang, ähnlich dem des:der moralischen Akteur:in, keineswegs voraussetzungslos und unumstritten. Vgl.: FN 21.

[23] Nyholm, Sven: Humans and Robots. Ethics, Agency, and Anthropomorphism, London / New York 2020: 187.

[24] Kant, Immanuel: Werke in zwölf Bänden, Band 7, Frankfurt am Main 1977: 11. Hervorhebung im Original.

mit dem Begriff der Würde.[25] Die Grundlage dafür sieht Kant in der Eigenschaft des Menschen autonomes Vernunftwesen zu sein: „Da diese Autonomie in der Freiheit wurzelt, ist es letztlich die Freiheit, die macht, daß ein Vernunftwesen Zweck an sich selbst ist."[26] Von Kant her gesehen, müsste deswegen zunächst geklärt werden, ob und inwiefern nicht-menschliche (und menschliche!) Entitäten tatsächlich als frei, als autonom gelten können. Dass es sich bei dieser Rekonstruktion von Maschinen um einen terminologischen Trugschluss handelt, wurde oft genug kritisiert, denn Maschinen sind weder autonom im philosophischen Sinne, noch intelligent im psychologischen: Sie rechnen und erkennen Muster.[27] Gerade das ist aber nicht das Argument von Nyholm: Es geht ihm nicht darum, ob der Roboter diese Form von Freiheit wirklich *hat*, es reicht, wenn er uns so *erscheint*. Einer Entität, die uns nicht moralisch erscheint, weil sie Werkzeugcharakter hat, schuldet kein Mensch eine moralische Behandlung. Anders jedoch ist es da, wo diese Grenze sich nicht mehr eindeutig ziehen lässt. In dem Moment nämlich, in dem uns der Roboter als moralisches Objekt *(moral patient)* erscheint, müsste er auch mit einem gewissen Respekt behandelt werden. Veranschaulichen lässt sich dieser abstrakte Gedanke anhand der Frage, ob es grausam ist, einen Roboterhund zu treten: Werden hier essentialistische Kategorien angelegt, wird also die Frage gestellt, ob dem Roboterhund aus sich selbst heraus, aus seinem Status als Maschine, moralische Anerkennung zukommt, ist diese Frage rundweg verneinen: Roboter haben keine Gefühle, sie besitzen keine Autonomie und auch keine Kognition im umfassenden Sinne; es gibt keinen Grund sie zu schonen. Eben deswegen werden Roboter zur Bombenentschärfung eingesetzt: Weil sie nichts weiter sind als Maschinen und nicht *leben* im eigentlichen Sinne. Wird aber an dieser Stelle die zutiefst menschliche Eigenschaft zur Anthropomorphisierung veranschlagt, sowie der Gedanke, dass sich von einem außen nicht unbesehen auf ein Inneres schließen lässt, dann scheint das Argument durchaus valide, denn dann geht es nicht um die inneren Zustände des Adressaten, sondern um die des menschlichen Subjekts. Und sollte dieses Subjekt im Gegenüber einen Zweck-an-sich erkennen, dann würde eine Missbilligung dieser Entität der Anerkennung der

---

[25] Vgl.: Schönecker, Dieter / Wood, Allen W.: Immanuel Kant „Grundlegung zur Metaphysik der Sitten". Ein einführender Kommentar, Paderborn/München 2011: 143f.

[26] A. a. O.: 147.

[27] Vgl. etwa: Smith, Brian Cantwell: The Promise of Artificial Intelligence. Reckoning and Judgement, Cambridge/London 2019. Aus theologischer Perspektive: Charbonnier, Ralph: Wahrnehmen, entscheiden, handeln – werden digitale Maschinen menschlich? In: Görder, Björn / Zeyher-Quattlender, Julian (Hg.): Daten als Rohstoff. Die Nutzung von Daten in Wirtschaft, Diakonie und Kirche aus ethischer Sicht, Münster 2019: 61–82. Oder aus psychologischer Perspektive: Fuchs, Thomas: Menschliche und Künstliche Intelligenz. Eine Klarstellung, in: ders., Verteidigung des Menschen. Grundfragen einer verkörperten Anthropologie, Berlin 2020: 21–70.

Menschheit, die das Gegenüber verkörpert, zuwiderlaufen und letztlich auf das Subjekt selbst zurückfallen. Am Beispiel eines Androiden: Einen menschenähnlichen Roboter zu treten, verletzt zwar nicht die Würde des Roboters – das wäre Nonsens. Sie verletzt aber die Menschenwürde, die mir in der anthropomorphen Form entgegenkommt und deswegen ist solches Verhalten ethisch zumindest bedenklich. Entsprechend kommt Nyholm zu dem Schluss, dass Entitäten, die als moralisches Objekt *(moral patient)* auftreten, auch moralisch behandelt werden sollten.[28] Das zumindest ist die eine Möglichkeit, die Nyholm sieht.[29] Eine andere wäre, den Menschen mit dem nötigen Wissen und Fähigkeiten auszustatten zwischen autonomen/menschlichen und autoregulativen/artifiziellen Entitäten so zu unterscheiden, dass es gar nicht erst zu einer Zuschreibung von Moral kommt.[30] Da die Tendenz zur Anthropomorphisierung dem Menschen aber zutiefst innewohnt,[31] scheint der erste Weg gerade in Bezug auf anthropo- und zoomorphe Roboter durchaus einleuchtend.

Nyholm ist keineswegs der Einzige, der zu diesem Diskurs beiträgt. David Gunkel zeigt in seiner Analyse zu Roboterrechten, dass der Gedanke, Robotern Rechte zukommen zu lassen, nicht von vornherein ausgeschlossen werden sollte. Er greift dafür auf die Philosophie Levinas' zurück und schlägt einen Ansatz vor, den er „*thinking otherwise*"[32] nennt und der im Wesentlichen darin besteht, Ethik der Ontologie voranzustellen. Es geht Gunkel weniger darum, festzustellen, welcher ontologische Status einer Maschine zukommt, um davon einen sachgemäßen Umgang mit ihr abzuleiten:

> „Instead, it involves making a decision concerning whether or not a robot – or any other entity of matter – ought to have standing or moral/social status, which in an ethical question and one that is decided not on the basis of what things are but of how we relate and respond to them in actual social situations and circumstances."[33]

Worum es hier letztlich geht, ist die Umstellung von einer Perspektive, die sich ausschließlich auf die *relata* einer Beziehung beruft, hin zu einer Fokussierung auf die *Relation* selbst. Wird diese Relation in den Blick genommen, ist nicht so

---

[28] Die genauen definitorischen Grenzen, ab wann eine künstliche Entität als moralisches Objekt in Erscheinung tritt, möchte ich an dieser Stelle nicht ziehen – das ist sicher eine Frage der Aushandlung. Einstweilen aber halte ich zumindest anthropomorphe und zoomorphe Robotik für bedenkenswert in dieser Hinsicht. In abgeschwächter Form ist das aber sicherlich auch für Chatbots zu erwägen, die im Gespräch eine Person simulieren.

[29] Vgl.: Nyholm, Sven: Humans and Robots. Ethics, Agency, and Anthropomorphism, London / New York 2020, 181–206.

[30] Vgl.: A. a. O.: 16.

[31] Vgl.: Epley, Nicholas / Waytz, Adam / Cacioppo, John T.: On seeing human: a three-factor theory of anthropomorphism, in: Psychol Rev. 4/14 (2007), 864–886.

[32] Gunkel, David: Robot Rights, Cambridge 2018: 159.

[33] A. a. O.: 170.

sehr entscheidend, welchen Status eine bestimmte Entität hat, sondern in erster
Linie, wie jemand sich darauf beziehen kann – im Falle von Robotern beispielsweise durch Ver- oder Misstrauen oder Verlustgefühle. Genau das erfahren auch
die Bombenentschärfungstechniker:innen, wenn sie mit ihren Robotern interagieren – und die dann im Einsatz zu Schaden kommen. Und genau dieses Phänomen
kann erst durch einen relationalen Ansatz überhaupt erfasst und ernst genommen
werden. In der Argumentation Gunkels heißt dies, dass der Roboter dann als Entität in den Blick kommt, die uns zu einem Umdenken herausfordert – und die
letztlich eine Perspektive jenseits des Anthropozentrismus aufzuzeigen vermag.[34]

Ähnlich argumentiert auch Kate Darling, wenn sie die Beziehung zu Tieren
mit der zu Robotik parallelisiert. Besonders deutlich wird dies an PARO, einem
Roboter, der dem Aussehen einer weißen Sattelrobbe nachempfunden ist und der
zu therapeutischen Zwecken vor allem bei Patient:innen mit Demenz eingesetzt
wird. Ein solcher Roboter hat Vorteile, weil er weniger Pflege benötigt, aber ähnliche Reaktionen auslöst, wie ein echtes Tier.[35] Dabei betont Darling, dass es sich
bei solcher Technik weniger um eine Ersetzung, als mehr um eine Ergänzung handelt:

> „[…W]e need to move beyond the idea that robots are here to replace humans and
> understand that our past, current, and future relationships are more complex than
> that. […T]he most likely and ideal case, just like we've seen with our pets, is that
> robots will become a new type of relationship altogether."[36]

Das heißt auch, dass es bei der moralischen Berücksichtigung von Robotik nicht
darum geht, existierende Moralvorstellungen wie wir sie von Menschen oder Tieren kennen, auf Robotik anzuwenden. Darling betont an dieser Stelle die neue
Dimension, die sich durch fortgeschrittene Robotik eröffnet und zieht in Analogie
zum Mensch-Tier-Verhältnis die Parallele zu Methoden der Bodenbearbeitung,
bei denen aus der Mensch-Tier-Interaktion Neues entstehen konnte.[37]

---

[34] Vgl.: A. a. O.: 171. Auf den Seiten 177ff. diskutiert Gunkel das Problem, dass mit Levinas'
Konzept allein eine nicht-anthropozentrische Sicht nicht ohne Weiteres zu gewinnen ist.

[35] Vgl.: Darling, Kate: The New Breed. What our history with animals reveals about our future
with robots, New York 2021: 138.

[36] A. a. O.: 141.

[37] Dass die Parallele zum Mensch-Tier-Verhältnis hier sehr einleuchtend ist, wird auch in den Ausführungen von Frank Flemisch deutlich, der mit Blick auf assistiertes Fahren und selbstfahrende
Autos die Analogie zum Reiten zieht: Wie auch die Reiterin dem Pferd entweder lange Zügel
geben kann und damit dem Pferd mehr Spielraum einräumt selbst zu entschieden, wo es hinge-
hen möchte, oder durch kurze Zügel die Bewegungen des Tieres stärker steuert, so kann auch
einem technischen Gerät entweder mehr oder weniger Spielraum für automatisierte Entschei-
dungsprozesse gegeben werden. Es geht hier weniger um ein Entweder-Oder als mehr um ein
gemeinsames Verhältnis, das sich situativ unterschiedlich gestaltet.

„The true potential of robotics isn't to re-create what we already have. It's to build a partner in what we're trying to achieve. Like the farmer oxen team that left ancient plowing methods in the dust and catapulted farming forward towards modernization, we can create technology that extends our abilities, that lets us sense and discover and maneuver and build things we've never been able to."[38]

Wie jedoch kann eine theologische Perspektive auf diese Debatte aussehen, wenn solche Annahmen nicht von vornherein in Bausch und Bogen verworfen werden?

4. Theologische Anknüpfungspunkte

Theologisch stellt sich zunächst die Frage, wie und ob es überhaupt möglich ist, an diese Debatten anzuknüpfen. Joshua K. Smith gehört zu den Theologen, die sich diesem Thema widmen. In seiner *Robot Theology* verfolgt er den Ansatz Roboter als künstliche Personen ernst zu nehmen, die auch eine religiöse Dimension gewinnen können. Er argumentiert, dass aus theologischer Perspektive die moralische (und juridische!) Anerkennung von Robotern nicht nur möglich, sondern sogar wünschenswert wäre. Um seine These auszuarbeiten, wendet er sich zunächst gegen essentialistische Vorstellungen, denn: „Whenever we try to essentialize and atomize something, we are in danger of prejudice and potentially occlude precious life from protection."[39] Entsprechend entdeckt er in der Bibel weniger essentialistische Beschreibungen; entscheidend ist vielmehr die Positionierung einer Entität in der Narration des Evangeliums, egal ob es sich dabei um Tiere, Geister oder Menschen handelt.[40] Smith sieht drei zentrale Argumente für die Anerkennung von Robotern aus theologischer Sicht: Erstens wirft uns diese zurück auf uns selbst und nötigt uns, die Konzepte für Personalität und unsere anthropologischen Grundannahmen neu zu überdenken. Zweitens trägt die Art und Weise, wie wir mit artifiziellen Entitäten umgehen, zur Aus- (oder Rück-)Bildung von Tugenden bei. Auch hierfür ist es zunächst nicht wichtig zu bestimmen, welchen ontologischen Status die Entität genießt, denn der Umgang mit einer Entität hat Auswirkungen auf den Umgang mit anderen: Wenn ich etwa einen Roboter wie einen Sklaven behandle, dann stellt sich eine gewisse Gewohnheit ein, die der Ausbildung von Tugenden nicht gerade zweckdienlich sein dürfte. Schließlich argumentiert Smith ähnlich wie Sven Nyholm: Wenn ich einen Roboter trete, dann tut das zwar dem Roboter nichts, außer dass es sich um Sachbeschädigung handelt, aber es verletzt das Konzept von Humanität, das ich in dem Roboter spiegel-

---

38 Darling, Kate: The New Breed. What our history with animals reveals about our future with robots, New York 2021, 227.
39 Smith, Joshua: Robot Theology. Old Questions through New Media, Benton 2022: 65.
40 Vgl.: A. a. O.: 68.

bildlich erkenne und spielt deswegen durchaus eine Rolle im ethischen Diskurs. In den Worten Smiths:

> „Granting moral patiency to qualified robots is more about protecting the morality of the human and the development of virtue in the realms of three major areas of funding: work, war, and sex/companionship. The risks of devaluing and dehumanizing humans through human-robot interaction are high."[41]

Es geht Smith hier also gerade nicht um Anerkennung für jedweden Roboter, sondern um bestimmte, qualifizierte Roboter, die er vor allem in den Bereichen Krieg, Arbeit und Sexualität bzw. Gemeinschaftlichkeit verortet. Was er damit meint, wird deutlicher an zwei Beispielen. Zunächst stellt er dar, dass ein Roboter, der für Paketauslieferungen zuständig ist, gewisse Rechte braucht, um überhaupt funktionieren zu können, nämlich zumindest Fußgängerrechte, um den Gehsteig zu benutzen. Dass es dabei auch zu Unfällen mit menschlichen Passant:innen kommen kann, dürfte außer Frage stehen.[42] Noch einmal anders stellt sich die Lage jedoch dar, wenn humanoide Robotik im Spiel ist: Die Frage, ob ein Roboter in Form eines anthropomorphen Kindes getreten werden darf, dürfte bei den meisten Menschen ein gewisses Unbehagen auslösen: Vor allem an diesem zweiten Beispiel macht Smith deutlich, dass es nicht zwangsweise um empfindsame Wesen gehen muss, die hier moralische Berücksichtigung finden. Die Situation des misshandelten Roboterkindes zeigt vielmehr, dass es letztlich um das menschliche Subjekt geht.[43] Auf ähnliche Weise argumentiert Smith in Bezug auf Freundschaften mit Robotern: Er hält es grundsätzlich für möglich, freundschaftliche Beziehungen zu Robotern aufzubauen, warnt aber zugleich vor einem Missbrauch der emotionalen Beziehung durch das vermarktende Unternehmen. Dieses hat nämlich seine eigenen Interessen, denen es im jeweiligen Rahmen auch nachgehen wird – genau deswegen braucht es hier eine rechtliche Regulierung.[44]

Innerhalb seiner Argumentation fügt sich Smith zwar in den gegenwärtigen philosophischen Diskurs rund um Roboterrechte ein. Theologisch spannend ist aber vor allem, wie er diese Herangehensweise anhand von Bibelstellen untermauert und dabei etwa den Kreis der Personen (person) recht weit fasst. In seinen Augen ist Personalität (personhood) an die Rolle der Person im Narrativ Gottes gebunden – und damit nicht auf den Menschen verengt. Die Beziehung der Person zu Gottes Geschichte spielt hier die entscheidende Rolle – und diese Beziehung macht vor Robotern nicht zwangsweise halt. Genauso lese ich auch den

---

[41] A. a. O.: 76.
[42] Vgl.: A. a. O.: 99. Allerdings ist hier fraglich, wer genau Träger dieser juridischen Rechte wäre: Der Roboter selbst oder die Firma die den Roboter einsetzt?
[43] Vgl.: A. a. O.: 100.
[44] Vgl.: A. a. O.: 119.

Vorschlag von Christian Schwarke, Technik dogmatisch am Ort der *concursus*-Lehre zu verorten, die dann wiederum pneumatologisch gedeutet wird:[45] Indem Gott gleichsam unsichtbar durch sein Mit-Sein die Welt erhält, gestaltet und einem Ziel entgegenführt, muss keineswegs von vornherein ausgemacht sein, dass in diesem göttlichen Narrativ nur Menschen als handelnde Personen ins Spiel kommen. Auch nicht-menschliche Personen, seien es Tiere, Engel – oder eben Roboter – könnten hier wirksam werden.

Theologisch lässt sich dies erhärten mit einem Verweis auf Theologien, bei denen Relationalität im Zentrum steht. Dies soll hier beispielhaft an der Theologie Karl Barths veranschaulicht werden, ließe sich aber auch an den Ideen von Emil Brunner, Karl Rahner oder Thomas Pröpper nachweisen, wie Caroline Helmus zeigt.[46] Barth hält in seiner Kirchlichen Dogmatik hierzu folgende Worte fest:

> „Ich ereignet sich in der Inanspruchnahme durch das des Anderen, in der Beschäftigung mit ihm. Es steckt dem meinigen seine Grenze. […] Auch er ist von mir, von meinem Sein und Setzen her in Anspruch genommen und beschäftigt; auch er steht unter den Bedingungen, die nun eben ich für ihn schaffe. Ich bin seine Begegnung, wie er die meinige ist. Ich kann mich also, indem ich selbst bin, auch dessen nicht entschlagen, was ich für ihn bin. […] «Ich bin» – das wirkliche, das gefüllte «Ich bin» – ist also zu umschreiben: Ich bin in der Begegnung."[47]

Das Zitat weist die grundlegende Beziehungsfähigkeit des Menschen aus, sei es in seiner Beziehung zu Gott oder einem anderen Menschen. Grundlage hierfür ist für Barth der Beziehungswille Gottes, der zunächst ohne den Menschen auskommt: Bereits in sich selbst, in seiner trinitarischen Gestalt, ist Gott wesentlich Beziehungswesen. „Deshalb benötigt er [Gott, N.K.] den Menschen nicht, um in Gemeinschaft existieren zu können."[48] Weil Gott aber die Beziehung zum Menschen will, wird auch aus diesem ein Beziehungswesen – der Mensch ist also immer schon unter dieser Perspektive Mensch.[49] Nun muss an dieser Stelle eingewendet werden, dass Barth durchaus essentialistische Vorannahmen zum Menschen trifft und dass die vornehmlich duale Beziehungsfähigkeit des Menschen, vor allem in seiner Bezogenheit von Frau und Mann aufeinander, sicherlich kritisch zu re-

---

45 Vgl.: Schwarke, Christian: Technik und Theologie. Was ist der Gegenstand einer theologischen Technikethik? In: ZEE 49 (2005), 88–104.

46 Vgl.: Helmus, Caroline: Transhumanismus – der neue (Unter-)Gang des Menschen? Das Menschenbild des Transhumanismus und seine Herausforderung für die Theologische Anthropologie, Regensburg 2020, 269–279.

47 A. a. O.: 296f.

48 Tietz, Christiane: Karl Barth. Ein Leben im Widerspruch, München ²2019: 377.

49 Vgl.: A. a. O.: 377.383.

flektieren ist.[50] Die Grundfigur jedoch, also die Annahme radikaler Relationalität des Menschen, kann für eine technisch informierte Ethik durchaus gewinnbringend sein. Wenn nämlich nicht von vornherein feststeht, was den Menschen zur Person macht, außer seiner Fähigkeit, Beziehungen zu anderen Personen in weiterem Sinne zu führen, dann könnten hier durchaus auch Beziehungen zu nicht-menschlichen Personen konstituierend wirken. Oder in den Worten von Caroline Helmus ausgedrückt: „Das Wissen um mich, als Subjektwissen meiner Selbst, beginnt mit einer Fremdheitserfahrung, nicht der Andere zu sein."[51] Eine solche Fremdheitserfahrung muss sich jedoch nicht notwendig auf Menschen beziehen, sondern könnte sich auch an nicht-menschlichen Entitäten vollziehen, auch wenn dies sicher über den ursprünglichen Gedanken Barths weit hinausgeht. Das würde heißen, dass sich der Mensch in Identifikation und Abgrenzung zu einem anderen konstituiert und sich so selbst verstehen lernt. Anthropomorphisierung wäre an dieser Stelle ein Prozess der Identifikation. Wird Anthropomorphisierung nun nicht als ein „Fehler im System" gesehen, sondern als eine menschliche Grundeigenschaft der Identifikation mit nicht-menschliche Anderen, so wird deutlich, dass bei der Rede von Robotern als moralischen Objekten *(moral patients)* vornehmlich eine anthropologische Dimension berührt ist. Durch die Ansprache von Technik als Träger moralischer Normen wird diese anthropologische Dimension berücksichtigt. Wohlgemerkt: Das ist und bleibt ein innersubjektiver Prozess, denn der Andere ist in diesem Fall letztlich nur eine Simulation und das heißt auch, dass die Beziehung zum menschlichen Anderen eine andere Qualität hat, als die Beziehung zum nicht-menschlichen Anderen.[52] Eben deswegen kann es auch nicht darum gehen, Robotern Menschenrechte zuzusprechen, sondern Roboter in gewissen Abstufungen vor allem moralisch zu berücksichtigen – und zwar vor allem wegen der menschlichen Eigenschaft, Beziehungen zu unterschiedlichsten Entitäten auszubilden.

Ethisch führt das zu der Forderung zunächst da, wo es möglich ist, Unterscheidungen zwischen Mensch und Maschine zu treffen, sei es sprachlich oder

---

[50] Vgl.: Helmus, Caroline: Transhumanismus – der neue (Unter-)Gang des Menschen? Das Menschenbild des Transhumanismus und seine Herausforderung für die Theologische Anthropologie, Regenburg 2020, 272.

[51] Helmus, Caroline: Transhumanismus – der neue (Unter-)Gang des Menschen? Das Menschenbild des Transhumanismus und seine Herausforderung für die Theologische Anthropologie, Regenburg 2020, 273.

[52] Ähnlich argumentiert auch Kathrin Burghardt, wenn sie zwischen der partikularen Wertschätzung von artifiziellen Entitäten durch einige Menschen und der juridischen, universellen Anerkennung in Form von positivem Recht unterscheidet. Vgl.: Burghardt, Kathrin: Wenn Maschinen als Menschen zu begegnen scheinen. Anerkennung unter der Herausforderung transhumanistischer Visionen, in: Gerber, Uwe / Ohly, Lukas (Hrsg.): Anerkennung. Personal – sozial – transsozial, Leipzig 2021, 79–94: 91f.

aber materialiter, etwa in dem Roboter stets als artifizielle Entität gekennzeichnet werden, wie Smith vorschlägt.[53] Zugleich liegt der Gedanke nahe, dass das gegenwärtige Denksystem, das vorwiegend von autonomen und freien Individuen ausgeht, Robotern, die uns als moralische Entitäten erscheinen, nicht ausreichend Rechnung tragen kann. Hier könnte sich ein Denksystem anbieten, das stärker zwischen den unterschiedlichen Entitäten differenziert und dabei zugleich die Beziehung unter ihnen in den Fokus rückt[54] – ein Gedanke, der übringens auch mit gegenwärtigen feministischen Theorien durchaus vereinbar zu sein scheint.[55]

Deutlich geworden sein dürfte auf jeden Fall, dass Roboter – auch aus theologischen Gründen – durchaus als Adressaten moralischer Handlungen in Frage kommen können, wenn auch zunächst in abgeleiteter Form und aufgrund der Beziehungsfähigkeit des Menschen. Und auch aus theologischer Sicht scheint die Möglichkeit, an diese Denkbewegung anzuknüpfen, nicht unmöglich.

5. Roboter als religiöse Objekte

Die Frage, ob und inwiefern ein Roboter aber Adressat religiöser Handlungen sein kann, trägt noch einmal eine andere Perspektive ein: Während nämlich moralisch aufgrund der Beziehungsfähigkeit des Menschen die Beerdigung eines Roboters zumindest ernsthaft erwogen werden könnte, stellt sich unter religiösem Vorzeichen die Frage noch einmal anders. Hier dürfte entscheidender sein, ob bei einer künstlichen Entität ein eigener Religionsvollzug überhaupt im Bereich des Möglichen liegt. Es geht mir hier weniger um Roboter, die als Teil von liturgischen Vollzügen handelnd auftauchen, wie dies etwa beim Segensroboter Bless-U2 der Fall ist oder wenn in Japan der humanoide Roboter Pepper als Priester fungiert.[56] In diesen Fällen tritt der Roboter als religiöses Medium auf. Ich möchte mich aber hier – in Analogie zur moralischer Objekthaftigkeit *(moral patiency)* eines Roboters – der Frage widmen, ob Robotern ein eigener religiöser Vollzug möglich sein sollte: Sollten Roboter beispielsweise Sakramente empfangen dürfen, wie Taufe oder Abendmahl? Sollten sie religiös beerdigt werden können? Dies halte ich aus zwei Gründen für möglich. Zunächst, wenn eine Maschine ein eigenes Verhältnis zu Gott haben könnte – dann dürfte ihr der Vollzug dieses religiösen Verhältnisses natürlich nicht verwehrt werden. Oder aber in Anlehnung an, die oben skizzierte

---

[53] Vgl.: Smith, Joshua: Robot Theology. Old Questions through New Media, Benton 2022, 127.

[54] Vgl.: Nyholm, Sven: The Ethics of Human–Robot Interaction and Traditional Moral Theories, in: Véliz, Carissa: The Oxford Handbook of Digital Ethics 2021.

[55] Vgl.: Butler, Judith: The force of non-violence. An Ethico-Political Bind, London / New York 2020.

[56] Vgl. Hierzu etwa: Kutz, Martin: Mit Robotern beten? (Zukunfts-)Fragen zum Verhältnis von Mensch und Künstlicher Intelligenz, in diesem Band.

Argumentation, wenn dies dem Religionsvollzug des Menschen dient: Wie auch ein anthropomorpher Roboter nicht getreten werden sollte, um der Würde des Menschen willen, die ihm hier entgegentritt, wäre analog die Taufe eines Roboters dann zu erwägen, wenn dies dem Religionsvollzug des Menschen zuträglich wäre.

5.1 Religiöse Roboter um ihrer selbst willen

Søren Kierkegaard entwirft in der *Krankheit zum Tode* eine existentielle Religionspsychologie der Sünde. Nun ist von vornherein klar, dass die Anwendung einer Kategorie wie „Sünde" oder „Verzweiflung" auf einen Roboter wenig Sinn ergibt und dass es sich bei einer solchen Übertragung um einen Trugschluss handelt – einen Vorgang, den Frederike van Oorschot als imitative Imagination ausweist.[57] Der Einwand ist berechtigt. Dennoch verfolgen die anschließenden Ausführungen das Ziel, zu zeigen, warum – selbst, wenn diese Vorannahmen für einen Augenblick außer Acht gelassen würden – Technik derzeit aus sich heraus keinen eigenen Religionsvollzug haben kann. Ich möchte also zeigen, warum es einerseits möglich ist zu sagen, dass Roboter durchaus moralische Objekte *(moral patients)* sein können, ohne dass diese Form der Objekthaftigkeit in derselben Art und Weise für religiöse Vollzüge gelten kann.

Am Anfang der *Krankheit zum Tode* bestimmt Kierkegaard den Menschen als Selbstverhältnis und zwar in folgenden Worten:

> „Der Mensch ist Geist. Was aber ist Geist? Geist ist das Selbst. Was aber ist das Selbst? Das Selbst ist ein Verhältnis, das sich zu sich selbst verhält, oder ist das an dem Verhältnisse, daß das Verhältnis sich zu sich selbst verhält; […] Verhält dagegen das Verhältnis sich zu sich selbst, so ist dieses Verhältnis das positive Dritte, und dies ist das Selbst."[58]

Für den dänischen Religionsphilosophen steht also fest: Nur wenn der Mensch ein Verhältnis zu sich selbst aufbaut, dann wird er auch zu einem Selbst im eigentlichen Sinne. Wie und ob dieses Selbstverhältnis gelingen kann, ist dann der Inhalt dieser Schrift, die mit einer Wendung endet, die das gelungene Selbstverhältnis einfängt, nämlich:

> „[I]ndem es sich zu sich selbst verhält, und indem es es selbst sein will, gründet sich das Selbst durchsichtig in der Macht, welche es gesetzt hat. Eine Formel, die wiederum, woran des öfteren erinnert worden, die Definition ist für Glaube."[59]

---

57   Vgl.: van Oorschot, Frederike: Alles Technik oder was? Ethische Perspektiven auf das Verhältnis von Mensch und Maschine im Kontext einer imaginationssensiblen Technikethik, in diesem Band.

58   Kierkegaard, Søren: Die Krankheit zum Tode, Düsseldorf 1954, 18.

59   A. a. O.: 134.

Zwei Relationsbeschreibungen sind für Kierkegaard in seinen Ausführungen zentral: Mit dem Begriff der *Verzweiflung* wird die Relation des Menschen zu sich selbst beschrieben, während der Begriff der *Sünde* die Relation zu Gott auszudrücken vermag.[60] Unter beiden Gesichtspunkten, Verzweiflung und Sünde, kann das Selbst- und Gottesverhältnis des Menschen nicht glücken, nur der Glaube führt den Menschen auch zu einem nicht-verzweifelten Selbstverhältnis, also dem Zustand, indem der Mensch „durchsichtig in in der Macht, welche es setzte [gründet]."[61] Ist dem so, heißt dies zugleich, dass das gelingende Selbstverhältnis des Menschen immer schon theonom vorgezeichnet ist und jeder Nicht-Eintritt in dieses vorgezeichnete Selbstverhältnis ein Scheitern des Selbst ist – und damit zur Verzweiflung führt.[62] Kierkegaard stellt verschiedene Formen der Verzweiflung unter unterschiedlichen Gesichtspunkten dar: So kann Verzweiflung etwa bewusst oder unbewusst sein. Im letzteren Fall ist dem Selbst seine eigene Verzweiflung verborgen, es wirkt auf sich selbst nicht verzweifelt. Die Intensität der Verzweiflung nimmt jedoch mit dem Grad der Bewusstheit zu: „je mehr Bewußtsein, um so intensivere Verzweiflung."[63] Ein Selbst, dass bewusst verzweifelt ist, weiß dann nicht nur um sein eigenes Selbst, sondern sucht auch Wege danach, dieses Selbst zu einer gelingen Selbstsetzung zu führen[64] – jedoch stets fernab vom Glauben.[65] In ähnlicher Weise dürfte sich die Sache allerdings auch bei Karl Barth darstellen, der ja davon spricht, dass der Mensch zum Leben mit Gott bestimmt ist.[66]

Die skizzenhaften Ausführungen bis hierher sollen genügen, um die Frage zu stellen, ob und inwiefern eine artifizielle Entität ein Selbst in dieser religionspsychologischen Perspektive haben kann, und die Antwort liegt auf der Hand: Ohne die Möglichkeit ein reflexives Verhältnis zu sich selbst einzunehmen, dem eine theonome Setzung vorangeht, wird eine solche Entität nicht einmal unbewusst verzweifelt sein können. Ein eigener Religionsvollzug ist aus dieser Perspektive also zunächst ausgeschlossen.

---

[60] Vgl.: Boomgaarden, Jürgen: Das verlorene Selbst. Eine Interpretation Søren Kierkegaards Schrift „Krankheit zum Tode", Göttingen 2016, 371.

[61] Kierkegaard, Søren: Die Krankheit zum Tode, Düsseldorf 1954, 134.

[62] Vgl.: Deuser, Hermann: Relationalität des Selbst: Rosenzweig und Kierkegaard, in: Gödicke, Patrick / Hammen, Horst / Schur, Wolfgang / Walker, Wolf-Dietrich: Festschrift für Jan Schapp, Tübingen 2010, 93–112: 109.

[63] Kierkegaard, Søren: Die Krankheit zum Tode, Düsseldorf 1954, 39.

[64] Vgl.: Boomgaarden, Jürgen: Das verlorene Selbst. Eine Interpretation Søren Kierkegaards Schrift „Krankheit zum Tode", Göttingen 2016, 168f.

[65] Die hier holzschnittartig angerissenen Verzweiflungsformen sind weder die einzigen, die Kierkegaard beschreibt, noch sind sie in ihrer Komplexität ausreichend analysiert. Eine weitergehende Analyse würde aber dem Rahmen des Artikels sprengen und wäre dem hier gesetzten Ziel auch nicht dienlich.

[66] Vgl.: Barth, Karl: Die kirchliche Dogmatik III/2. Die Lehre von der Schöpfung, Zürich 1980, 244.

5.2 Religiöse Roboter um des Menschen willen

Mit diesem negativen Befund ist nun die zweite Frage zu stellen, also inwiefern der Religionsvollzug des Menschen durch den der künstlichen Entität geschützt wird, vorausgesetzt natürlich, dass Beziehungen von menschlichen mit nicht-menschlichen Personen möglich sind.

Anders als im ethischen Verständnis, das von vornherein viel stärker auf die Beziehung zum anderen ausgerichtet ist, ist die religiöse Dimension auf den Gottesbezug ausgerichtet. Dem augenscheinlichen Fehlen dieser religiösen Dimension, ist also Rechnung zu tragen. Das heißt etwa, dass für einen Roboter die Kategorie der Erlösung keinen Sinn ergibt – und entsprechend ebenso wenig die der Sünde, weil er eben zu eigenen religiösen Vollzügen nicht in der Lage ist. Wenn nun aber ein Roboter, der nicht erlösungsbedürftig ist, Empfänger religiöser Handlungen wird, die auf eben diese Erlösung abzielen, verschwimmt die religiöse Dimension dieser Handlungen. Anders ausgedrückt: Die religiöse Konstitution des Menschen findet *coram deo* statt. Wenn es diese Dimension aber nicht gibt, ergibt die Handlung nicht nur keinen Sinn, sondern entleert auch die religiöse Bedeutung für die erlösungsbedürftigen Adressaten, also die Menschen. Im Beispiel gesprochen: wenn ein Roboter getauft wird, ist dieser religiöse Vollzug sinnlos für den Roboter. Für die anwesenden Menschen verliert aber die Taufe an Bedeutung, weil sie sinnlos vollzogen wird – die Frage, welche Bedeutung ihre eigene Taufe dann hat, drängt sich unweigerlich auf. Deswegen halte ich eine Betrachtung von künstlichen Entitäten als religiöse Objekte (*patients*) derzeit für problematisch, ohne dass dies zugleich für moralische Objekthaftigkeit (*moral patiency*) gilt oder aber den Einsatz von Technik in religiösen Vollzügen ausschließen würde. Letztere Frage müsste anhand von mediensensiblen theologischen Entwürfen geklärt werden.[67]

6. Fazit

Ich plädiere hier für eine differenzierte Betrachtung von Technik, die Fragen ethischer und moralischer Kategorisierung von artifiziellen Entitäten anders diskutiert als religiöse. In beiden Fällen ist zudem zu unterscheiden zwischen einer aktiven, vermittelnden Rolle, etwa als moralisches Subjekt (*moral agency*), bzw. religiöser Vermittlungstätigkeit, und moralischer Objekthaftigkeit (*moral patiency*),

---

[67] Einen Ansatz dafür bietet etwa Martin Kutz: Mit Robotern beten? (Zukunfts-)Fragen zum Verhältnis von Mensch und Künstlicher Intelligenz, in diesem Band. Besonders die vorwiegend praktisch-theologischen Studien zum Segensroboter Bless U-2 sind an dieser Stelle interessant. Vgl.: Löffler, Diana / Hurtienne, Jörn / Nord, Ilona: Blessing Robot BlessU2. A Discursive Design Study to Understand the Implications of Social Robots in Religious Contexts, in: Int J of Soc Robotics 13 (2021), 569–586.

bzw. religiöser Empfängerschaft. Mein Fokus hier lag auf letzterem Aspekt: Insofern künstliche Entitäten einen Teil unserer Lebenswelt bilden, sollten sie auch moralische Berücksichtigung finden, nicht zuletzt, weil der Mensch sich in ihnen selbst zu erkennen vermag und indem er an ihnen handelt, zugleich sich selbst als einem moralischen Wesen entgegentritt – dies gilt umso mehr für anthropomophe Robotik. Hier lohnt sich noch einmal ein Blick zurück auf Kierkegaard, dessen ethische Ausführungen nicht in der gleichen Weise beim Selbst bleiben wie seine religionspsychologischen Entwürfe. Auch bei Kierkegaard kommt in der Ethik der Andere, der Nächste konstitutiv in den Blick. So schreibt der Philosoph in *Der Liebe Tun,* einem Werk, dass er selbst als ethisch markiert:

> „Der Begriff ‚Nächster‘ ist eigentlich die Verdopplung deines eigenen Selbst; ‚der Nächste‘ ist das, was die Denker das Andere nennen würden, das worin das Selbstische in der Selbstliebe geprüft werden soll. Insofern ist es, um des Gedankens willen, nicht einmal nötig, dass der Nächste zugegen ist."[68]

Wenn der Nächste – oder die Person – nicht zwangsläufig ein anderer Mensch sein muss, dann wäre auch hier ein starkes Argument für die moralische Aufwertung von artifiziellen Entitäten gegeben; dann kann auch der Roboter zu einem Gegenüber werden. Wie gesagt, nicht, weil der artifizielle Andere ein anderes Selbst ist – sondern, weil ich in der Lage bin, darin eines anzuerkennen.

Religiöse Vollzüge zielen aber nicht auf ein Verhältnis der Menschen untereinander ab, sondern auf Gott – oder in Bezug auf Kierkegaards Religionspsychologie auf Selbstwerdung. Da artifiziellen Entitäten eine solche Dimension jedoch bisher fehlt und es vollkommen unklar ist, ob es zu einem solchen kategorialen Sprung überhaupt kommen kann, ergibt ein eigener Religionsvollzug hier keinen Sinn, sondern stellt vielmehr den Religionsvollzug derer in Frage, die ihn bedürfen. Die Roboter im eingangs zitieren Filmbeispiel aus *Echte Menschen* haben diesen kategorialen Sprung vollzogen, entsprechend liegt hier die Diskussion auf einer anderen Ebene und gehört in den Bereich der Spekulation. Und Boomer, der Bombenentschärfungsroboter, braucht vielleicht keine religiöse Beerdigung – aber ein Abschiedsritual ist durchaus denkbar, zumal Menschen diesem Gerät ihr Leben verdanken.

In jedem Fall zeigt sich an der Debatte, wie auch immer die Frage nach der moralischen Berücksichtigung von Technik im Einzelfall beantwortet wird, dass anthropologische Themen unter der Perspektive von sich entwickelnder Technik neu gestellt und verhandelt werden – und dass auch die Theologie herausgefordert ist, sich an diesen Diskursen zu beteiligen.

---

[68] Kierkegaard, Søren: Der Liebe Tun. Ethische Erwägungen in Form von Reden, Düsseldorf, Köln 1966, 25.

Mit Robotern beten? – (Zukunfts-)Fragen zum Verhältnis von Mensch und Künstlicher Intelligenz[69]

Martin Kutz

Einleitung

„Blessings of the State. Blessings of the masses." – Mit diesem Segen und den folgenden Worten wird THX 1138 aus der telefonzellengroßen Kabine von einer freundlichen, beruhigenden, verständnisvoll klingenden Stimme entlassen: „Work hard, increase production, prevent accidents and be happy." THX 1138 wird der Protagonist des gleichnamigen Films[1] von George Lucas genannt, dem ersten Werk in Spielfilmlänge des Regisseurs. Der Film erschien 1971, also sechs Jahre vor „Krieg der Sterne", dem Beginn seiner weltberühmten Star-Wars-Saga.

Es ist das Bild einer dystopischen Zukunft, das hier gezeichnet wird. Die Menschen leben in einer technokratischen Gesellschaft unter der Erdoberfläche, werden als uniforme Arbeiter*innen kontinuierlich überwacht und unter dem Einsatz von Medikamenten und dem Ausschluss jeglicher Individualität zu höchster Effizienz getrieben. Nun geschieht es, dass sich THX 1138 (gespielt von Robert Duvall) nach einem Arbeitstag, an dem es in einem benachbarten Labor zu einer tödlichen Explosion kam, unwohl fühlt und besagte Kabine betritt, um von der Gottheit OMM 0000 Beistand zu erhalten. Er schließt die gläserne Tür, die Hintergrundbeleuchtung eines Bildschirms flackert auf. Darauf zu erkennen ist der Ausschnitt eines Christusbildes des Renaissancemalers Hans Memling[2]. Die Szene hat also einen religiös aufgeladenen Bezug und erinnert an ein Beichtgespräch. THX 1138 murmelt eine Formel und berichtet anschließend von einem unbeabsichtigten „Ausrutscher" im Arbeitsprozess des Tages, von seiner Unkonzentriertheit und von der Sorge, dass seine Medikamente nicht wie gewohnt wirken.

---

[0] Der Artikel beruht auf einem Vortrag, den der Autor am 15. November 2021 im Haus der Kathedrale, Bistum Dresden-Meißen, im Rahmen der Veranstaltungsreihe des Kathedralforums gehalten hat.

[1] THX 1138, Regie: Lucas, George, USA 1971.

[2] Segnender Christus, Öl auf Holz, 1478.

Allerdings bekennt hier THX 1138 nicht einem menschlichen Priester sein Fehl-
verhalten, sondern – wie durch die Einblendung von Tonbändern und elektrischen
Verbindungen verdeutlicht wird – einer Maschine. So besänftigend die Bandan-
sagen auch ertönen („My time is yours.") und so sehr die Stimme Verständnis
suggeriert und zur Aussprache ermuntert („Very good. Proceed."), verlässt THX
1138 jedoch mit einem unzufriedenen Seufzen die Kabine, noch während das System die das Beichtgespräch abschließenden Sätze abspult.

Diese skurrile Szene soll verdeutlichen, dass die Kontrolle und Macht des
herrschenden Systems tief in die Privatsphäre der Menschen eindringt, bis auf die
Ebene des Gewissens. Zudem wird, durch das verwendete Christusbild, der Technik selbst eine göttliche Repräsentanz zugeschrieben. Die Anbetung der Technik
ist dann nicht fern.

Dennoch bietet die Szene einen Anlass, um zu fragen, ob Roboter als Akteure in religiösen Kontexten einsetzbar wären: Kann man gemeinsam mit Robotern
beten? Wenn Menschen Maschinen segnen können, können sie sich auch von ihnen segnen *lassen*? Könnten Roboter die Beichte hören, d. h. das Sakrament der
Buße und der Versöhnung feiern? Welche Voraussetzungen müssten dafür erfüllt
sein? Welche Ansprüche werden damit an die Technik gestellt? Was wird dagegen vom Menschen erwartet, der vor einer Maschine Herz und Gewissen öffnen
möchte? Es läuft letztlich auf die Verhältnisbestimmung von Mensch und Roboter oder – wenn die äußere Erscheinungsform außer Acht gelassen wird – Mensch
und Künstlicher Intelligenz (KI) hinaus. Wie wollen wir mit Robotern und KI in
Zukunft leben? Werden wir Maschinen als Diener, Herrscher oder gleichberech-
tigtes Gegenüber anerkennen?

Bevor diese (Zukunfts-)Fragen zum Verhältnis von Mensch und Künstlicher
Intelligenz im letzten Abschnitt wieder aufgegriffen werden, sollten die Begriffe,
die im Titel dieses Beitrags bereits aufgetaucht sind, näher erörtert werden.

Es soll daher zunächst anhand der Entwicklungsgeschichte vorgestellt werden, was Roboter sind und wie sie definiert werden. Anhand einiger ausgewählter
Objekte wird beispielhaft erläutert, wie nahe uns soziale Roboter kommen und unter welchen Bedingungen ihre Nähe als unheimlich empfunden wird. Zudem wird
zu erörtern sein, was unter Künstlicher Intelligenz verstanden wird. Es folgen anschließend Beispiele, um (religions)phänomenologisch zu zeigen, dass bereits mit
Robotern gebetet wurde und gebetet wird und dass Maschinen seit kurzem sogar
selbstständig beten.

Kreaturen, Automaten, Roboter: Ein historischer Überblick

Der Wunsch des Menschen, Wesen nach seinem Abbild zu schaffen ist sehr alt und spiegelt sich schon in der antiken griechischen Mythologie: Prometheus, der aus Ton Menschen formte, denen er später das Feuer brachte und damit den Zorn des Zeus auf sich lenkte, oder Dädalus, der Statuen von Göttern anfertigte, die der Sage zufolge laufen konnten.[3]

Der griechische Mathematiker und Mechaniker Heron von Alexandria (ca. 10–70) beschreibt in seinem Buch *Automata* mit Gewichten angetriebene Puppen und Spielwerke. Automaten sind nach antikem Verständnis Apparate, die selbsttätig wie ein lebender Organismus Leistungen vollbringen können.[4] Berichte über Automaten, die mechanisch oder hydraulisch angetrieben werden, existieren in vielen alten Kulturen. Hier ist z. B. der mit einem Wasserrad angetriebene Uhrenautomat des Universalgelehrten Su Song aus dem elften Jahrhundert zu nennen. Menschen nachgebildete Automaten führten dabei in der christlichen Welt zur Debatte, ob sie ebenfalls wie Menschen beseelt seien. Eine Legende erzählt davon, dass Thomas von Aquin eine „sprechende Bildsäule" seines Lehrmeisters Albertus Magnus zerstört habe, da die Fähigkeit der Selbstbewegung eine Seele voraussetze, die aber nur Gott einhauchen könne, das Werk also auf schwarze Magie zurückgehen müsse.[5]

In eine mystische Richtung geht die mittelalterliche Geschichte des Golems. Aus Lehm geformt von einem gelehrten Rabbiner, sollte er die jüdische Gemeinde schützen und konnte dazu mit einem Zettel, den man ihm in den Mund legte, auf wundersame Weise zum Leben erweckt werden. Als der Rabbiner allerdings vergaß, den Zettel nachts wieder herauszunehmen, richtete der Golem großen Schaden an.

Die Aufklärung bereitete der Mystik scheinbar ein Ende. Die Erfindung des Uhrwerks und dessen technische Weiterentwicklung verlief im 18. Jahrhundert parallel zu einer aufkommenden mechanistischen Vorstellung des Menschen. Der französische Arzt und Philosoph Julien Offray de La Mettrie (1709–1751) veröffentlichte die Kampfschrift *L'homme machine* (1748) und betrachtete den Men-

---

[3] Vgl. allgemein für einen ausführlichen historischen Überblick mit Literaturverweisen auch im Folgenden: Mainzer, Klaus: Anfänge der Künstlichen Intelligenz in Technik- und Philosophiegeschichte, in: Mainzer, Klaus (Hrsg.): Philosophisches Handbuch Künstliche Intelligenz, Wiesbaden 2020, 1–20; Grimm, Gunter E.: Von menschlichen Maschinen. Androiden in Geschichte und Literatur (2002); Bruderer, Herbert: Analog- und Digitalrechner, Automaten und Roboter, wissenschaftliche Instrumente, Schritt-für-Schritt-Anleitungen, Berlin/Boston [3]2020 (= Meilensteine der Rechentechnik 1): 587–722; Maier, Helmut: Grundlagen der Robotik, Berlin/Offenbach [2]2019: 18–25.

[4] Vgl. Mainzer: Anfänge der Künstlichen Intelligenz in Technik- und Philosophiegeschichte, 2.

[5] Vgl. Mainzer: Anfänge der Künstlichen Intelligenz in Technik- und Philosophiegeschichte, 3.

schen lediglich als eine sich selbst steuernde „lebende Maschine". Im selben Jahrhundert konstruierten Uhrmacher der Familie Jaquet-Droz meisterhafte Spielfi-
guren (1770er), die mittels ausgeklügelter Technik sogar in der Lage waren, zu
zeichnen und zu schreiben. Jaques de Vaucanson (1709–1782) entwickelte zur
Veranschaulichung ihrer Anatomie eine mechanische Ente (1738), in die er einen
künstlichen Verdauungsapparat einbaute.

Ebenfalls von Vaucanson stammt der erste vollautomatische Webstuhl (1745).
Die Nockenwalze, die die Information „speichert", wann der Faden gehoben und
gesenkt werden muss, wurde 1805 von Joseph-Marie Jacquard (1752–1834) durch
ein Band von Lochkarten ersetzt. Mit dieser ersten programmierbaren Maschine
konnten Textilien mit komplexen, endlosen Mustern hergestellt werden. Die fran-
zösischen Ingenieure leiteten damit „die erste Phase der Industrialisierung ein, die
mit Blick auf die Industrialisierungsphase der Künstlicher [sic] Intelligenz (Industrie 4.0) heute Industrie 1.0 genannt wird."[6] Sie trugen allerdings auch dazu bei,
dass sich die sozialen Missstände für die Weber im 19. Jahrhundert weiter ver-
schlechterten und in Aufständen und Maschinenstürmen mündeten.

Die Übertragung der Idee der Lochkarte zur Programmsteuerung von Rechen-
maschinen war dann kein allzu großer Schritt. Die *analytical engine* des englischen Mathematikers Charles Babbage (1792–1871) stellt einen ersten Entwurf
dar. Die Maschine wurde allerdings nicht mehr von ihm realisiert. Zu hoch wäre
der Aufwand für den Bau aus feinmechanischen Komponenten gewesen.

Erst mit der Entdeckung der Elektrizität und den Erkenntnissen aus der Elek-
trodynamik wurde es möglich, mechanische Schaltungen durch schnellere und
kleinere elektromechanische Elemente zu ersetzen. Konrad Zuse gelang dies 1941
mit dem ersten programmkontrollierten Computer Z3 mit Relais. Es folgte der
erste vollelektronische Rechner ENIAC 1946 mit mehreren tausend Röhren und
raumgreifenden Ausmaßen. 25 Jahre später hatte die Erfindung des Transistors
und die Integration von Schaltkreisen auf Halbleitermaterial es möglich gemacht,
eine Zahl von mehreren tausend Schaltelementen auf einem fingernagelgroßen
Chip zu implementieren (so z. B. beim ersten in Serie produzierten Mikroprozes-
sor 4004 von Intel). Diese äußerst hohe Verdichtung der Schaltungen für kleine
leistungsstarke Rechner einerseits und die Entwicklung kompakter Elektromoto-
ren andererseits ebneten den Weg für die Anwendung in mobilen Geräten. Das
Zeitalter der Robotik begann. Anstrengungen im Bereich der Automatisierung im
Militärwesen zu Beginn des 20. Jahrhunderts erreichten bald auch die Industrie,
insbesondere die Automobilfertigung. Der *Unimate* kann als erster Industrieroboter bezeichnet werden. Ab 1961 übernahm er Schweißarbeiten in der amerikani-
schen Kfz-Produktion. Vor allem Japan nahm in der Robotik eine federführende

---

6   Mainzer: Anfänge der Künstlichen Intelligenz in Technik- und Philosophiegeschichte, 10.

Rolle ein und stellte ab den 1970er Jahren nicht nur Roboter für die produzierende Industrie her (z. B. den hocheffizienten, im Aufbau einem menschlichen Arm vergleichbaren *SCARA*-Roboter), sondern auch Roboter für den Dienstleistungssektor (z. B. den anthropomorphen Roboter *Wabot*, der ab der zweiten Generation Partituren lesen und Keyboard spielen konnte).

Zum Begriff *Roboter*

Wirft man einen Blick auf das Wort Roboter und seine Herkunft, dann darf ein Name nicht ungenannt bleiben: Karel Čapek. Der tschechische Schriftsteller veröffentlichte 1920 ein Drama mit dem Titel „Rossum's Universal Robots"[7]. Darin erschafft der Erfinder Rossum menschenähnliche Maschinen, die er als Sklaven in seiner Fabrik arbeiten lässt. Exportiert in die ganze Welt, revoltieren sie jedoch und vernichten die gesamte Menschheit. Danach kehren sie zu ihrer Arbeit zurück, für die sie schließlich programmiert wurden. Mit diesem Bühnenstück verbreitete sich das tschechische Wort für (Fron-)Arbeit „robota" in der ganzen Welt und zählt heute zum Bestand der Alltagssprache.

Menschenähnliche Roboter aus Literatur und Film, wie Adam aus Ian McEwans „Machines like me"[8] oder Commander Data aus dem Star Trek-Universum kreieren dabei jedoch Vorstellungen, die von einer Umsetzbarkeit weit entfernt sind.

Eine nüchterne technische Definition bietet der Verband Deutscher Ingenieure in der Richtlinie 2860 von 1990 (zunächst nur für Industrieroboter):

> „Industrieroboter sind universell einsetzbare Bewegungsautomaten mit mehreren Achsen, deren Bewegungen hinsichtlich Bewegungsfolge und Wegen bzw. Winkeln frei (d. h. ohne mechanischen Eingriff) programmierbar und gegebenenfalls sensorgeführt sind. Sie sind mit Greifern, Werkzeugen oder anderen Fertigungsmitteln ausrüstbar und können Handhabungs- und/oder Fertigungsaufgaben ausführen."[9]

Ein Roboter ist also zunächst eine Art Universalwerkzeug. Die Internationale Organisation für Normung (ISO) berücksichtigt in ihrer Definition in der ISO-Norm 8373 seit 2012 noch einen Grad an Autonomie: Ein Roboter ist ein „programmed actuated mechanism with a degree of autonomy to perform locomotion, manipu-

---

[7]   Čapek, Karel: R.U.R. – Rossum Universal Robots. Ins Deutsche übersetzt und aktualisiert von Yehuda Shenef, Norderstedt 2016.

[8]   McEwan, Ian: Machines like me. And people like you, New York 2019.

[9]   VDI 2860:1990–05, Montage- und Handhabungstechnik; Handhabungsfunktionen, Handhabungseinrichtungen; Begriffe, Definitionen, Symbole.

lation or positioning"[10]. Autonomie bedeutet in diesem Zusammenhang, dass Aufgaben auf Grundlage des aktuellen Systemzustands und der Informationen durch die Sensorik ohne menschliches Eingreifen bearbeitet werden können. Ob der Begriff der Autonomie, der im philosophisch-theologischen Kontext eine Form der menschlichen Selbstbestimmung bezeichnet, die eine sittliche Bindung in Erkenntnis des Guten in freier Annahme voraussetzt, geeignet ist, ihn auf Roboter zu übertragen oder ob man vielleicht eher von Autoregulation[11] sprechen sollte, scheint jedoch fraglich und müsste an anderer Stelle geklärt werden.

Die ISO-Norm unterscheidet im Folgenden noch hinsichtlich einer industriellen und einer medizinischen Anwendung und einer Anwendung im Servicebereich, wobei wiederum zwischen Servicerobotern für den persönlichen und den professionellen Gebrauch differenziert werden kann. Serviceroboter erfüllen der ISO-Norm zufolge Aufgaben, die dem Menschen nutzen. Soziale Roboter werden dort allerdings noch nicht explizit aufgeführt. Definiert wird jedoch bereits der humanoide Roboter, als „robot [...] with body, head and limbs, looking and moving like a human"[12].

Soziale Roboter

In Abgrenzung zu industriellen Robotern und Robotern des Servicebereichs definiert der Wirtschaftsinformatiker Bendel sogenannte soziale Roboter „als sensomotorische Maschinen, die für den Umgang mit Menschen oder Tieren geschaffen wurden"[13]. Andere Definitionsversuche gehen hier viel weiter und schreiben sozialen Robotern menschenähnliche Verhaltensmuster zu, die für ein Interagieren mit anderen Individuen in einer Gesellschaft nötig sind:

> „Social robots are embodied agents that are part of a heterogeneous group: a society of robots or humans. They are able to recognize each other and engage in social interactions, they possess histories (perceive and interpret the world in terms of their own experience), and they explicitly communicate with and learn from each other."[14]

---

[10] ISO 8373:2021(en), Robotics – Vocabulary, https://www.iso.org/obp/ui/#iso:std:iso:8373 (Zugriff am: 12.11.2021): 3.1.

[11] Vgl. Kunkel, Nicole: Autoregulative Waffensysteme. Automatisierung als friedensethische Herausforderung – ein Werkstattbericht, in: Ethik und Gesellschaft 14/2 (2021).

[12] ISO 8373:2021(en), Robotics – Vocabulary, 4.15.5.

[13] Bendel, Oliver (Hg.): Soziale Roboter. Technikwissenschaftliche, wirtschaftswissenschaftliche, philosophische, psychologische und soziologische Grundlagen, Wiesbaden 2021, 4.

[14] Zitiert nach Fong, Terrence / Nourbakhsh, Illah / Dautenhahn, Kerstin: A Survey of Socially Interactive Robots: Concepts, Design and Applications, Technical Report CMU-RI-TR-02-29, Pittsburgh 2002, 2f. (Die Quelle, auf die verwiesen wird, scheint nicht korrekt angegeben zu sein, wurde aber ebenfalls von Dautenhahn verfasst.)

Relativiert man das sensomotorische Merkmal in der Definition von Bendel, die den dienenden Charakter des Roboters betont, dann kann man zu sozialen Robotern im weiten Sinne neben Hardwarerobotern auch Softwareroboter zählen, also Chatbots oder Voicebots. Fraglich ist, ob ebenfalls Kampfroboter den sozialen Robotern zugerechnet werden könnten.[15]

Für Bendel spielt im Umgang mit sozialen Robotern Verlässlichkeit eine übergeordnete Rolle.[16] Sie muss in allen fünf Dimensionen oder Merkmalen, die er als charakteristisch für soziale Roboter ausgemacht hat, realisiert werden. Die zentrale Dimension ist dabei verständlicherweise der Nutzen des Roboters. Verlässlichkeit und Vertrauen werden hergestellt, wenn der Roboter erfüllt, was der Hersteller verspricht oder darüber hinaus noch einen Mehrwert einbringt, bspw. indem er unbeabsichtigt für Unterhaltung sorgt und Bestandteil des sozialen Gefüges wird. Eine zweite Dimension ist die der Interaktion. Die Mensch-Maschine-Interaktion umfasst bei sozialen Robotern auch Kooperationen und Kollaborationen, um Schritt für Schritt ein gemeinsames Ziel zu erreichen bzw. Hand in Hand eine gemeinsame Aufgabe zu erledigen. Um Verlässlichkeit herzustellen, muss darauf geachtet werden, dass Roboter angemessen handeln und Menschen keinen Schaden zufügen, also bspw. rechtzeitig ausweichen. Ein verlässlicher Kommunikationsstil (dritte Dimension) muss geprägt sein durch überzeugendes Sprechen, vorzugsweise mittels natürlichsprachiger Fähigkeiten oder aber mit dem eindeutigen Hinweis auf Beschränkungen z. B. durch eine gewollt robotisch klingende Stimme oder der Darstellung von Kommunikation auf einem Display. Emotionen können durch Mimik, Gestik oder Geräusche gezeigt werden. Vierte Dimension: Soziale Roboter bilden in der Regel Lebewesen ab. Bei diesem Merkmal ist es wichtig, dass keine zu hohen Erwartungen geweckt werden, die dann enttäuscht werden könnten, wenn bspw. die Maschinen besonders menschlich, intelligent, bewusst oder emotional wirken, da Roboter weder Bewusstsein noch Gefühlszustände haben. Des Weiteren kann als fünfte Dimension das Merkmal der Nähe beschrieben werden. Verlässlichkeit bedeutet diesbezüglich, dass soziale Roboter, die in ihrer physischen Präsenz im Raum spürbar wahrgenommen werden und auch in die Intim- und Privatsphäre eindringen können, kontrollierbar bleiben müssen, zum einen was ihre Funktion betrifft (z. B. Deaktivierbarkeit durch einen Notfallknopf), zum anderen was die Daten betrifft, die sie durch kontinuierliche Überwachung ihrer Umgebung aufnehmen.

---

[15]   Vgl. Bendel, Oliver: Sind soziale Roboter verlässliche Partner? Fünf Dimensionen des Gelingens und Scheiterns, in: Olaf Geramanis et al. (Hrsg.): Kooperation in der digitalen Arbeitswelt. Verlässliche Führung in Zeiten virtueller Kommunikation, Wiesbaden 2021, 3–18: 5.

[16]   Vgl. im Folgenden dazu Bendel: Sind soziale Roboter verlässliche Partner? Fünf Dimensionen des Gelingens und Scheiterns.

Ein paar ausgewählte Beispiele sozialer Roboter, die als Produkte Marktreife erlangt haben und in den Bereichen Unterhaltung, Pflege und Sexualität besonders tief in die Privatsphäre von Menschen eindringen, seien hier genannt:

Der Spielzeugroboter **Cozmo** (Anki)[17] wurde 2016 auf den Markt gebracht. Mittlerweile wird eine zweite Version von Digital Dream Labs produziert.[18] Das mit Kameras und Sensoren ausgestattete, faustgroße Raupenfahrzeug ist so desigt, dass man ihn als niedlich und putzig beschreiben möchte, zumal er neugierig, ausgelassen fröhlich oder trotzig auf die User reagiert. Groß aufgerissene Augen auf dem Frontdisplay und eine piepsige Stimme wecken wie beim Kindchenschema einen Beschützerinstinkt. Als Spielzeug dient er der Unterhaltung. Man kann jedoch auch ein Verständnis für das Programmieren erlernen.

Im Bereich der Pflege wird seit schon mehr als 15 Jahren der Roboter **Paro** eingesetzt.[19] Es handelt sich dabei um einen zoomorphen Roboter, der einer Babysattelrobbe nachempfunden ist. Er wurde am japanischen National Institute of Advanced Industrial Science and Technology (AIST) bereits in den 1990er Jahren entwickelt. Er ist mit einem flauschigen, weißen Fell bekleidet, unter dem taktile Sensoren angebracht sind, die Streichelbewegungen registrieren. Die Robbe antwortet auf Berührung mit Bewegungen von Kopf, Augen und Flosse. Als Ergänzung oder Ersetzung von Tiertherapie wird Paro bei Dementen eingesetzt und kann bei älteren Menschen Stress abbauen, das Gefühl von Geborgenheit auslösen und den Bedarf an Medikamenten senken.[20] Der Umgang mit der Robbe vermag bei den Dementen Schlüsselreize auszulösen. So können sie sich besser konzentrieren und finden leichter Worte.[21]

Harmony[X22] ist eine technisch erweiterte Sexpuppe aus der RealDoll-Serie, einem Konzept, zu dem ursprünglich hyperrealistische Schaufensterpuppen zählten. Der auf die Puppen aufsetzbare Kopf ist mit robotischen Funktionen ausgestattet. Der Basispreis steigt entsprechend der Wahl an Zusatzoptionen (u. a. Farbe der Augen, Make-Up, Brustgröße, berührungssensitiver Bluetooth-Einsatz für die Vagina). Sehr befremdlich ist, dass es mit der Petite-Reihe Modelle gibt, die in ihrer Größe etwa derjenigen eines zehn- bis elfjährigen Kindes entsprechen. Mit dem Kopfmodul von Harmony[X] werden über eine Vielzahl von Aktuatoren Funk-

---

[17]   Anki Cozmo Robot, https://ankicozmorobot.com (Zugriff am: 10.11.2021).
[18]   Digital Dream Labs, https://www.digitaldreamlabs.com/products/cozmo-robot (Zugriff am: 20.03.2022).
[19]   PARO Therapeutic Robot, http://www.parorobots.com/ (Zugriff am: 10.11.2021).
[20]   Vgl. Calo, Christopher James u. a.: Ethical implications of using the paro robot with a focus on dementia patient care, in: Human-Robot Interaction in Elder Care: Papers from the 2011 AAAI Workshop, 20–24.
[21]   Vgl. Bendel: Sind soziale Roboter verlässliche Partner? Fünf Dimensionen des Gelingens und Scheiterns.
[22]   RealDoll Harmony[x], https://www.realdoll.com/product/harmony-x (Zugriff am: 10.11.2021).

tionen realisiert, die das Gesicht menschlich wirken lassen. So sollen Mimik – häufiges Lächeln, laszive Blicke – möglichst synchron mit Sprachäußerungen zusammenfallen. Die eingesetzte KI benötigt dafür eine stabile Internetverbindung. Damit ist die Puppe auch als virtuelle Freundin ohne Hardware mit der zusätzlichen App nutzbar. Um eine einzigartige Persönlichkeit zu kreieren, können nach dem Kauf 18 Persönlichkeitsmerkmale kombiniert und gewichtet werden. Falls einem der Charakter zeitweise nicht gefällt, besteht darüber hinaus die Möglichkeit, weitere virtuelle Freundinnen zu erschaffen.[23]

Die **Geminoid**-Androiden des japanischen Forschers Hiroshi Ishiguro sind unverkäufliche Einzelanfertigungen. Androide Roboter sind humanoide Roboter, die nicht nur der menschlichen Gestalt nachempfunden sind, sondern täuschend echt wie ein Mensch aussehen (und sich bestenfalls auch so verhalten). Mit dem Exemplar HI-1 fertigte Ishiguro 2006 sozusagen einen Doppelgänger (*geminus*, Zwilling) von sich selbst an.[24] Geminoid HI ist allerdings kein autonom oder autoregulativ handelnder Roboter, sondern ein teleoperierender Android. Er repräsentiert seinen Schöpfer an einem entfernten Ort, in dem er über das Internet ferngesteuert wird und beispielsweise für Interviews bereitsteht. Dabei werden Mimik, Gestik und Stimme übertragen. Hintergrund von Ishiguros Experiment ist die Frage, wie sich Aussehen und Verhalten auf die Personen auswirken, die dem Roboter begegnen, letztlich auch die Frage nach dem, was das typisch Menschliche ausmacht. Ishiguro möchte zudem der Frage nachgehen, wie er seine eigene Existenz wahrnimmt und wie sich diese Selbstwahrnehmung von der Fremdwahrnehmung durch andere Personen unterscheidet. Im Japanischen steht „Sonzai-kan" für die subjektive Wahrnehmung der physischen Präsenz eines Menschen im Raum.[25] Daher entwickelt er zu Studienzwecken kognitive und psychologische Experimente mit seinem Doppelgänger.

Geminoid, Harmony[X] und andere lebensecht wirkende Androide mögen vielen Menschen auf eine bewusste oder unbewusste Art unheimlich erscheinen. Dieser Effekt wurde von Mori beobachtet und als *Uncanny Valley*[26] bezeichnet. Mori stellte die These auf, dass die Affinität zu Robotern in Abhängigkeit von der äu-

---

[23]   Vgl. zu Harmony[X] Kubes, Tanja: Queere Sexroboter, in: Oliver Bendel (Hrsg.): Maschinenliebe. Liebespuppen und Sexroboter aus technischer, psychologischer und philosophischer Perspektive, Wiesbaden 2020, 163–183.

[24]   Nishio, Shuichi / Ishiguro, Hiroshi / Hagita, Norihiro: Geminoid. Teleoperated Android of an Existing Person, in: Armando Carlos de Pina Filho (Hrsg.): Humanoid Robots, New Developments, Wien 2007, 343–352.

[25]   Vgl. Nishio/Ishiguro/Hagita: Geminoid, 350.

[26]   Vgl. Mori, Masahiro: The Uncanny Valley (ins Englische übersetzt von Karl F. MacDorman und Norri Kageki), in: IEEE Robot. Automat. Mag. 19/2 (2012), 98–100; MacDorman, Karl F.: Masahiro Mori und das unheimliche Tal: Eine Retrospektive, in: Konstantin Daniel Haensch et al. (Hrsg.): Uncanny Interfaces, Hamburg 2019, 220–234.

ßeren Ähnlichkeit zum Menschen keine durchgängig monoton steigende Funktion darstellt. In einem gewissen Punkt kippt die Funktion und fällt. Die Affinität nimmt schließlich sogar negative Werte an, schlägt also in Abneigung um. Dies ist für Mori das unheimliche Tal. Zur Anschaulichkeit nennt er funktional gestaltete Industrieroboter, zu denen kaum Affinität aufgebaut wird, Spielzeugroboter, die in ihrer figürlichen Erscheinung von Kindern geliebt werden und die prothetische Hand, die zwar naturgetreu wirkt, jedoch als kalt und abschreckend wahrgenommen wird. *Shinwakan* – wie Mori die Affinität im japanischen Artikel ursprünglich bezeichnet – beschreibt eigentlich „die beruhigende Seite der sozialen Nähe, Präsenz und Bindung. Die entgegengesetzte Polarität ist die ominöse Seite, die Unheimlichkeit des seelenlosen Menschen oder der seelenvollen Maschine."[27]

Künstliche Intelligenz

Um beurteilen zu können, wie ähnlich Roboter, insbesondere soziale Roboter hinsichtlich ihrer kognitiven Fähigkeiten Menschen sind oder womöglich werden, ist es sinnvoll, sich mit dem Begriff der Künstlichen Intelligenz auseinanderzusetzen. Geprägt wurde der Begriff in den 1950er Jahren als Informatiker menschliche Neuronen als logische Schwellwertschalter nachbildeten.[28] Für maschinelles Lernen wird eine Vielzahl von Schichten künstlicher Neuronen verschaltet und gewichtet. Bei dieser Art der KI ist Wissen nicht explizit vorhanden und eine Reaktion auf Eingangsinformationen muss zunächst trainiert werden. Inwiefern solche Systeme als „intelligent" bezeichnet werden können, ist auch in der Informatik strittig. Eine einheitliche Definition gibt es nicht.[29] Poole et al. bevorzugen den Begriff der Computerintelligenz:

> „Computational intelligence is the study of the design of intelligent agents. An agent is something that acts in an environment—it does something. Agents include worms, dogs, thermostats, airplanes, humans, organizations, and society. An intelligent agent is a system that acts intelligently: What it does is appropriate for its circumstances and its goal, it is flexible to changing environments and changing goals, it learns from

---

[27] MacDorman: Masahiro Mori und das unheimliche Tal: Eine Retrospektive, 226.

[28] Vgl. Teich, Irene: Meilensteine der Entwicklung Künstlicher Intelligenz, in: Informatik Spektrum 43/4 (2020) 276–284; zu KI im Allgemeinen auch Lämmel, Uwe / Cleve, Jürgen: Künstliche Intelligenz. Wissensverarbeitung – neuronale Netze, München [5]2020; Russell, Stuart J. / Norvig, Peter: Artificial intelligence. A modern approach, Harlow [4]2021.

[29] Zu KI werden auch Systeme gezählt, die rein logische Konzepte ohne künstliche Neuronen nutzen, um explizit darstellbares Wissen in Form von Symbolen zu verarbeiten – die sogenannte symbolischen KI. Ein typisches Beispiel ist ein Expertensystem, das basierend auf festgelegten Regeln Entscheidungen trifft.

experience, and it makes appropriate choices given perceptual limitations and finite computation."[30]

Ein intelligenter Akteur („intelligent agent") ist somit ein System, das angepasst an seine Umwelt zielgeleitet handeln und reagieren kann. Diese Definition träfe dann sowohl auf Systeme zu, die wie ein Schleimpilz lernfähig in ihrer Umwelt agieren können, als auch auf hochkomplexe technische Systeme, denen man womöglich eine Art Bewusstsein zuschreiben möchte. Ob es jemals eine solche starke KI geben wird, ist allerdings zweifelhaft. Eine Künstliche Intelligenz, die in weiten Bereichen eine menschliche Performance erreicht, halten KI-Expert*innen jedenfalls frühestens im Jahr 2099 für möglich – wenn überhaupt.[31]

Mit Technik beten

Die technische Entwicklung schreitet voran, die digitale Transformation durchdringt alle Lebensbereiche. Stalder etwa spricht bereits von einer Kultur der Digitalität.[32] Und so ist auch das Beten mit Technik, das Beten unter Zuhilfenahme von Technik durchaus akzeptiert. Hierzu drei Beispiele, in denen simple bis komplexe Technik im religiösen Bereich eingesetzt wird:
– Die *Stundenbuch-App*[33] bietet schlicht eine digitale Version des katholischen Breviers für mobile Geräte, zusätzlich ausgestattet mit einer Weckfunktion, die an die Gebetszeiten erinnert.
– Den Rosenkranz gibt es seit 2019 als smartes Gadget. Mittels eingebauter Sensorik kann der *eRosary*[34] durch Kreuzzeichenbewegung aktiviert werden. Die dazugehörige App registriert den Fortschritt beim Beten der Gesätze und speichert die Zahl der gesprochenen Gebete im persönlichen Profil. Zusätzlich bietet sie Impulse für das individuelle Gebet.
– Und auch in der Klausur hinter dicken Klostermauern wird Technik verwendet, die die traditionelle Gebetspraxis unterstützt und erweitert. Der *Prayer Companion*[35] wurde dankbar von den Schwestern eines kleinen englischen Klaris-

---

[30] Poole, David L. / Mackworth, Alan K. / Goebel, Randy: Computational intelligence. A logical approach, New York 1998: 1.
[31] Vgl. Russell / Norvig: Artificial intelligence, 46.
[32] Stalder, Felix: Kultur der Digitalität, Berlin 2016.
[33] Das digitale Stundenbuch, https://www.stundengebet.de (Zugriff am: 10.11.2021).
[34] „Click to Pray eRosary" – wearable smart device to pray the rosary for peace, https://www.vaticannews.va/en/vatican-city/news/2019--10/click-pray-rosary-smart-digital-device-world-peace.html (Zugriff am: 10.11.2021).
[35] Vgl. Gaver, William u. a.: The prayer companion. Openness and Specificity, Materiality and Spirituality, in: Proceedings of the 28th international conference on Human factors in computing systems – CHI (2010), 2055–2064.

senklosters aufgenommen. Das T-förmige, 35 cm hohe Tischgerät informiert sehr dezent mit einer Laufbandanzeige über aktuelle Ereignisse lokal und weltweit, die per RSS-Feed empfangen werden. Der *Prayer Companion* stellt auf diese Weise Anregungen für das persönliche und gemeinschaftliche Fürbittgebet bereit.

Sobald Technik allerdings als Automat oder Roboter, speziell als humanoider Roboter im religiösen Kontext dem Menschen gegenübertritt, überwiegt zumindest im Christentum die Skepsis, wie im Folgenden zu sehen sein wird.

Mit Robotern beten?!

Der **mechanische Mönch** ist eines der eindrücklichsten Beispiele für die Kunstfertigkeiten der Feinmechanik an der Schwelle zur Neuzeit und ein frühes Beispiel dafür, wie ein anthropomorpher Automat im kirchlichen Raum zugleich Bewunderung und Unbehagen hervorrufen kann.

Der mechanische Mönch wird oft im Zusammenhang mit Robotern im religiösen Kontext genannt.[36] Hier sollte man jedoch von einem Automaten sprechen, denn die Figur kann lediglich das ausführen kann, was ihre innere Mechanik ihr vorgibt.

Geschaffen wurde die Figur um 1560 von Juanelo Turriano im Auftrag des Königs Philipp II. von Spanien.[37] Die Legende berichtet, dass Philipps Sohn Don Carlos sich von einer Verletzung am Kopf auf wunderbare Weise erholte, nachdem man ihm die Reliquien des franziskanischen Mönchs Didacus von Alcalá ans Krankenbett gebracht hatte. Dieser war hundert Jahre zuvor als Missionar auf den Kanaren tätig gewesen und hatte sich um die Pestkranken in Rom gekümmert. Aus Dankbarkeit Gott gegenüber ließ König Philipp eine mechanische Replik des Mönchs von dem seinerzeit berühmten Uhrmacher Turriano konstruieren. Die kleinteilige und komplizierte Mechanik verbirgt sich unter dem Habit. Wird die Spannfeder aufgezogen, dann beginnt sich ein gezacktes Rad im Innern zu drehen, dass die 40 cm große Figur über den Boden fahren lässt. Da sich zugleich die Füße bewegen, hat es den Anschein, als würde der Mönch knapp über dem Boden schweben. In der linken Hand hält er ein Kreuz und einen Rosen-

---

[36]   Gabriele Trovato spricht vom „primitiven Roboter": Trovato, Gabriele u. a.: Communicating with SanTO – the first Catholic robot, in: 28th IEEE International Conference on Robot and Human Interactive Communication (RO-MAN) 2019, 1–6.

[37]   Vgl. im Folgenden: Riskin, Jessica: Machines in the Garden, in: Republics of Letters: A Journal for the Study of Knowledge, Politics, and the Arts 1/2 (2010), online: https://arcade.stanfor d.edu/rofl/machines-garden (Zugriff am 24.08.2021); King, Elizabeth: Clockwork Prayer: A Sixteenth-Century Mechanical Monk, Blackbird, online, https://blackbird.vcu.edu/v1n1/nonfic tion/king_e/prayer_toc.htm (Zugriff am: 03.11.2021).

kranz, die er beide immer wieder demonstrativ nach oben führt, das Kreuz sogar durch einen Kuss verehrt, während er sich mit der Rechten reumütig gegen die Brust schlägt. Unterdessen wendet er langsam Kopf und Augen, so dass es den Eindruck erweckt, als würde er die Zuschauer direkt anblicken. Der mechanische Mönch muss einen Eindruck hinterlassen haben, der zwischen Faszination und Erschrecken zu verorten ist. Sein Zweck war nicht, das Gebet der Gläubigen stellvertretend zu übernehmen (solange die angezogene Feder ihn antreibt), sondern dazu anzuregen, sich ebenfalls ins Gebet zu vertiefen oder sich mit der vorbildhaften Vita des Mönchs zu beschäftigen. Man kann den mechanischen Mönch also als eine Art Fortentwicklung einer Devotionalie ansehen, als plastisches, sich bewegendes Heiligenbild. Die Ambiguität aber, das Faszinierende und zugleich Erschreckende, dass nämlich das Objekt weder als lebendig noch als nicht-lebendig beschrieben werden konnte – als Ding in einem Moment, als Wesen im anderen – führte dazu, dass der Schöpfer Turriano von der Kirche der schwarzen Magie verdächtigt wurde.

Während der mechanische Mönch Glauben und Frömmigkeit repräsentierte und bestenfalls zur Intensivierung der eigenen Spiritualität und religiösen Praxis animierte, so ermöglichte er als Automat doch keine explizite Interaktion mit seinen „Usern". Anders sieht es mit dem **Segensroboter BlessU-2**[38] aus. Es handelt sich bei dem 1,80 Meter großen humanoiden Roboter um einen umgebauten Geldautomaten, der von der Evangelischen Kirche in Hessen und Nassau als Kommunikationsexperiment unter dem Motto „Segen erleben – Moments of Blessing" auf der Weltausstellung zum Reformationsjubiläum 2017 in Wittenberg vorgestellt wurde.[39] Über einen Touchscreen kann zunächst die Sprache und die Stimme des Roboters gewählt werden. Dann fragt BlessU2 nach der Art des Segens. Zur Auswahl stehen: Ermutigung, Begleitung, Erneuerung und Traditionell. Nun hebt der Roboter mit einem surrenden Geräusch seine Arme und wendet die Handflächen dem Segensempfangenden zu. In ihnen strahlen Leuchtdioden ein grelles weißes Licht aus. Während der Roboter den Segen spricht, wird in seinem Gesicht menschliche Mimik rudimentär nachgebildet: Lippenbewegungen über ein Feld mit roten LEDs, Augen- und Brauenbewegung durch mechanische Elemente. Anschließend kann man sich den Segen ausdrucken lassen. Der Segensroboter hat überwiegend positive Kommentare von den Besucher*innen der Weltausstellung erhalten, er hat aber auch einige Fragestellungen für die praktische Theo-

---

38 Andere Schreibweise: BlessU2.
39 Rahn, Volker: Ein interaktives Experiment: „BlessU-2" / Der „Segensroboter", Evangelische Kirche in Hessen und Nassau, https://www.ekhn.de/aktuell/detailmagazin/news/ein-interaktives-experiment-blessu-2-der-segensroboter.html (Zugriff am: 22.03.2022).

logie aufgeworfen, die interdisziplinär u. a. von Nord et al. untersucht werden.[40]
Die Fragen wurden in fünf Kategorien zusammengefasst: religiöse Identität (z. B.
„Welche existenziellen Bedürfnisse verbinden Menschen mit Segen?"), religiöse
Autorität (z. B. „Wer ist berechtigt, Segen zu spenden?"), religiöse Wahrheit (z.
B. „Kann Gott durch Technologien wie Roboter und Künstliche Intelligenz segnen?"), religiöse Authentizität (z. B. „Wie muss Technologie gestaltet sein, damit
einem Roboter spirituelle Kompetenz zugesprochen wird?") und religiöse Praxis
in gesellschaftlichen Öffentlichkeiten (z. B. „Bietet Technologie missionarische
oder gemeindebildende Chancen?").[41]

Eine Art katholisches Pendant zum Segensroboter ist **SanTO**[42] des italienisch-
stämmigen, an der japanischen Waseda Universität lehrenden Gabriele Trovato. Er
führte eine völlig neue Kategorie sozialer Roboter ein: Neben zoomorphen Robotern (z. B. der Robbe Paro) und anthropomorphen Robotern (z. B. Geminoid)
sollte es nach Trovato auch theomorphe Roboter geben. Theomorphe Roboter repräsentieren etwas Übernatürliches oder sind einer Gottheit nachempfunden. Als
ein erstes Beispiel entwickelte Trovato einen interaktionsfähigen, kugelförmigen
sozialen Roboter, der von einer traditionellen japanischen Daruma-Figur inspiriert
ist.[43] 2019 stellte er SanTO vor, abgekürzt für Sanctified Theomorphic Operator.
Die 23cm kleine Figur, die wie die typische Statue eines katholischen Heiligen
aussieht, ist dergestalt in eine kleine Konche eingepasst, dass die Proportionen
dem Goldenen Schnitt entsprechen. Sie kann ihren Kopf neigen und den Rumpf
drehen. In ihren Händen sind berührungssensitive Sensoren eingearbeitet. Im Bogen der Konche befinden sich eine Kamera und ein Mikrofon. Aktiviert wird San-
TO mit dem Einsetzen einer LED-Kerze und dem Berühren der Hände. Das System interagiert dann mit dem User mittels Gesichts-, Berührungs, und Spracher-
kennung. Werden im Wartezustand bestimmte Schlüsselworte erkannt, kann die
Statue über das Leben eines Heiligen berichten, eine Predigt des Papstes wiedergeben, aus der Bibel vorlesen oder ein Gebet vorschlagen. Dabei dreht die Figur
ihren Kopf stets in Richtung des Gegenübers. Erkennt die Figur kein Stichwort,
wechselt sie zunächst in den Wartezustand und verabschiedet sich schließlich mit
dem Gruß „Go in peace". Damit soziale Roboter akzeptiert werden, müssen kul-

---

[40] Vgl. Löffler, Diana / Hurtienne, Jörn / Nord, Ilona: Blessing Robot BlessU2. A Discursive De-
      sign Study to Understand the Implications of Social Robots in Religious Contexts, in: Int J
      of Soc Robotics 13/4 (2021), 569–586; Luthe, Swantje u. a.: Segensroboter „BlessU-2". For-
      schungsimpulse für die Praktische Theologie angesichts der Entwicklung sozialer Roboter, in:
      Pastoraltheologie 108/3 (2019), 107–123.

[41] Vgl. Luthe u. a.: Segensroboter „BlessU-2", 11f.

[42] Vgl. Trovato u. a.: Communicating with SanTO – the first Catholic robot.

[43] Trovato, Gabriele u. a.: The creation of DarumaTO: a social companion robot for Bud-
      dhist/Shinto elderlies, in: IEEE Press (Hrsg.): IEEE/ASME International Conference on Ad-
      vanced Intelligent Mechatronics (AIM) 2019, 606–611.

turelle und auch religiöse Hintergründe der Menschen mitberücksichtigt werden. Trovato glaubt daher, dass theomorphe Roboter insbesondere von älteren Menschen besser akzeptiert werden, die Robotern gegenüber sonst eher eine distanzierte Haltung einnehmen. Da sich das Ausüben religiöser Rituale positiv auf die psychische Gesundheit auswirken kann, könnten theomorphe Roboter hier gut unterstützen und auch gegen Einsamkeit eingesetzt werden, so Trovato.

Die vorangegangenen Beispiele mögen im christlich geprägten Denkhorizont vermehrt negative Reaktionen ausgelöst haben. Im japanischen Kulturkreis ist der Einsatz von Robotern in religiösen Zeremonien dagegen eher akzeptiert, wie an diesem und am nächsten Beispiel zu sehen ist.

Zur Akzeptanz von Robotik in Japan gibt es mehrere Thesen.[44] Eine davon berücksichtigt die traditionellen Religionen des Buddhismus und Shintoismus. *Shinto* – übersetzt: „Weg der Götter" – ist die ältere, einheimische Religion Japans, die mit dem aus China eingeführten Buddhismus im achten bis zwölften Jahrhundert verschmolz. Für den Shintoismus charakteristisch sind animistische Vorstellungen. Demnach „ist alles in der Natur mit Leben und Absicht erfüllt"[45]: also Menschen und Tiere, genauso wie Sonne, Mond, Flüsse und Bäume, aber auch vom Menschen hergestellte und gebrauchte Geräte. Als *kami* – Götter, Gottheiten oder Geister – kann alles bezeichnet werden, was durch seine Erscheinung Menschen in Staunen versetzt und das Gefühl von Ehrfurcht hervorruft.[46] Dieser Animismus, der sich durch die Verbindung mit dem Shintoismus auch auf Vorstellungen des Buddhismus auswirkt, kann zumindest teilweise erklären, weshalb in Japan tendenziell eine höhere Affinität zu Robotern besteht als in anderen Kulturkreisen. Buddhistische Beerdigungsriten sind in Japan eine teure Angelegenheit. Der Einsatz eines Roboters bietet hier eine günstige Alternative. Zudem gibt es gerade im ländlichen Raum immer weniger buddhistische Mönche, die die aufwendigen Rituale vollziehen können. Daher wurde für die Life Ending Expo 2017 der vielseitig einsetzbare Roboter **Pepper** von SoftBank Robotics in traditionelle buddhistische Mönchsgewänder gekleidet und dahingehend programmiert, dass er

---

[44] Siehe dazu (insbesondere auch zur kritischen Einschätzung der Bedeutung japanischer Religionen für die gesellschaftliche Akzeptanz von Robotern) Wagner, Cosima: Robotopia Nipponica. Recherchen zur Akzeptanz von Robotern in Japan, Marburg 2013: 331–370.

[45] Dähler, Richard: Shintō – Weg der Götter, http://www.eu-ro-ni.ch/publications/Shinto.pdf (01.10.2018, Zugriff am: 06.11.2021).

[46] Vgl. Scheid, Bernhard: Shintō: Versuch einer Begriffsbestimmung, in: Religion-in-Japan: Ein digitales Handbuch, https://www.univie.ac.at/rel_jap/an/Grundbegriffe/Shinto (02.11.2021, Zugriff am: 22.03.2022).

die rituelle Rezitation der Sutren vornehmen kann, für die sonst ein buddhistischer Mönch bestellt werden müsste.[47]

Ein weiteres Beispiel eines Roboters im buddhistischen Kontext ist **Mindar**.[48] Der Roboter wurde 2019 in der über 400 Jahre alten Kodaiji-Tempelanlage in Kyoto vorgestellt. Er stammt wie Geminoid ebenfalls aus der Hand des Roboterschöpfers Hiroshi Ishiguro. Anders als bei Geminoid sind hier die mechanischen und elektronischen Bestandteile jedoch sichtbar, so dass Mindar als Maschinenwesen erkennbar bleibt. Nur Gesicht und Hände wurden mit Silikon menschenähnlich gestaltet. Die Augen sind beweglich; die Besucher*innen können also direkt per Blickkontakt angesprochen werden. Insbesondere junge Japaner*innen sollen durch den Einsatz der Technik für den Buddhismus begeistert werden, den sie sonst nur von Begräbnisfeiern und Hochzeiten kennen. Die knapp zwei Meter große Figur heißt die Besucher*innen zu Beginn jeder Zeremonie mit offenen Armen willkommen, beginnt mit einer Predigt, in der sie buddhistische Lehren in einfacher Weise dem Publikum nahebringt und endet mit der Rezitation des Herz-Sutras[49], einem der bekanntesten buddhistischen Lehr- und Gebetstexte. Mindar wurde designt, um den Bodhisattva Kannon zu repräsentieren. Unter den Bodhisattvas, die als Mittlergestalten den Menschen den Weg zur Erleuchtung weisen wollen, ist Kannon die bekannteste Figur. Kannon wird als Gott des Mitleids bezeichnet, der auf den Ruf und die Bitten der Welt reagiert.[50] Der Bodhisattva Kannon kann in vielen verschiedenen Gestalten erscheinen, nicht nur in Menschen. So auch hier: Mindar wird daher als eine Emanation des Kannon angesehen. Er ist also mehr als eine Repräsentation, er ist eine von vielen möglichen Erscheinungsformen des Kannon. Er *ist* Kannon, ein Bodhisattva. Mindar ist damit ontologisch anders als ein lediglich Riten vollziehender Roboter wie Pepper im vorangegangenen Beispiel. Zwar ist er nicht zu Empfindungen fähig, aber im Sinne der Selbstvergessenheit, Selbstlosigkeit und inneren Leere ist er dem Ziel des Buddha buchstäblich näher als ein Mensch. Tensho Goto, der Mindar in Auftrag gab, kann sich daher vorstellen, dass Roboter eines Tages buddhistische Priester

---

47 Vgl. Martin, Alex K.T.: Pepper the robot to don Buddhist robe for its new funeral services role, in: The Japan Times (24.08.2017) online: https://www.japantimes.co.jp/news/2017/08/16/business/pepper-the-robot-to-don-buddhist-robe-for-its-new-funeral-services-role/ (Zugriff am 07.07.2021).

48 Vgl. hierzu Baffelli, Erica: The Android and the Fax: Robots, AI and Buddhism in Japan, in: Giovanni Bulian et al. (Hrsg.): Ca' Foscari Japanese Studies. Itineraries of an anthropologist, Studies in honour of Massimo Raveri, Venice 2021 (= Religion and thought 4), 249–263.

49 Vgl. Scheid, Bernhard: Das Herz Sutra (Hannya shingyō), in: Religion-in-Japan: Ein digitales Handbuch, https://www.univie.ac.at/rel_jap/an/Denken/Sutra/Hannya_shingyo (Zugriff am: 22.03.2022).

50 Vgl. Scheid, Bernhard: Kannon Bosatsu: Der Bodhisattva des Mitgefühls, in: Religion-in-Japan: Ein digitales Handbuch, https://www.univie.ac.at/rel_jap/an/Ikonographie/Kannon (Zugriff am: 22.03.2022).

ersetzen. Als weitere Entwicklungsstufe sei für den bislang nur nach Programm laufenden Mindar die Implementierung Künstlicher Intelligenz geplant.

Diesen Schritt hat die aus Deutschland stammende US-amerikanische Künstlerin Diemut Strebe bereits vollzogen. Mit ihrer Installation **The Prayer**[51], die im Frühjahr 2020 im Centre Pompidou ausgestellt war, fragt sie, ob Künstliche Intelligenz selbst religiöse Erfahrungen machen kann. Sie geht dabei von den Erkenntnissen des Religionsphilosophen Rudolph Otto aus, der den Begriff des Numinosen einführte.[52] Das Numinose beschreibt das Göttliche schlechthin, dass sich jeder rationalen Verfügbarkeit entzieht und sich in allen Religionen nur als etwas Übernatürliches erfahren lässt. Es offenbart sich im *mysterium tremendum et fascinans* – als faszinierendes, anziehendes, staunenswertes und zugleich erschreckendes, (Ehr-)Furcht erregendes Geheimnis. Für Diemut Strebe ist in KI-Systemen das Verhältnis von berechnender Logik einerseits und unerklärbarer Entscheidungsfindung andererseits besonders spannungsreich, denn Deep-Learning-Strategien verwenden hochkomplexe künstliche neuronale Netze, die sich im Trainingsmodus sozusagen selbst programmieren. Durch die große Anzahl verdeckter neuronaler Schichten wirken solche KI-Systeme wie eine undurchsichtige Blackbox. Für Diemut Strebe ist daher besonders interessant, wie die Entwicklung voranschreitet und ob KI auch ein Bewusstsein für religiöse Erfahrung entwickeln kann. Ihr Experiment besteht aus einem aus Silikon nachgebildeten, mit Motoren steuerbaren Mund mit Vokaltrakt, in den ein Lautsprecher integriert ist. Die Maschine kann nicht nur bekannte Gebete wiedergeben, sondern auch eigene entwickeln und sprechend oder singend vortragen. Dazu wurde der Textgenerator *GPT-2*[53] mit einer Datenbank der bedeutendsten religiösen Schriften trainiert: Bibel, Koran, Talmud, dem sogenannten edlen achtfachen Weg der buddhistischen Lehre, Büchern des Hinduismus u. a. Die Text-in-Sprache-Konvertierung erfolgt mit dem Modul *Amazon Polly*[54], das natürlich klingende Sprache erzeugt. Damit ist die Maschine so ausgestattet, dass sie – eine unterbrechungsfreie Stromversorgung vorausgesetzt – länger beten kann als jeder Mensch.

---

[51] Strebe, Diemut: The Prayer, https://theprayer.diemutstrebe.com/ (21.06.2021, Zugriff am: 11.09.2021).

[52] Otto, Rudolf: Das Heilige: über das Irrationale in der Idee des Göttlichen und sein Verhältnis zum Rationalen, Neuausgabe des Textes von 1936, München 2014.

[53] Generative Pretrained Transformer, https://openai.com/api (Zugriff am: 12.11.2021).

[54] Amazon Polly, https://aws.amazon.com/de/polly (Zugriff am: 12.11.2021).

(Zukunfts-)Fragen zum Verhältnis von Mensch und Künstlicher Intelligenz

Die Kunstinstallation von Diemut Strebe veranschaulicht: Roboter (die in ähnlicher Weise technisch ausgestattet sind) scheinen beten zu können. Präziser und sachlicher müsste man zunächst festhalten, dass Maschinen in der Lage sind, tradierte Gebetsformeln nicht nur zu artikulieren, sondern Gebete auch zu formulieren und in einer Weise vorzutragen, wie es nur Kantor*innen mit langjähriger Ausbildung vermögen. Aber handelt es sich hierbei tatsächlich um Beten im Sinne eines performativen Aktes? Wird Gott gepriesen, wenn aus dem Lautsprecher im Silikonvokaltrakt das Halleluja erklingt? Sollte vielmehr von der Simulation eines Gebets gesprochen werden? Die Frage, welche Eigenschaften einen Roboter auszeichnen müssen, um beten zu können weist letztlich auf die Reflexivität der Problemstellung hin, denn es muss gleichzeitig beantwortet werden, was den Menschen auszeichnet, dass er als Ebenbild Gottes mit seinem Schöpfer betend in Beziehung treten kann. Worin besteht konkret die Gottebenbildlichkeit des Menschen und worin grenzt sich der Roboter davon ab?

Ob Roboter beten oder es jemals können werden (im Sinne eines bewussten dialogischen Geschehens gegenüber einer transzendenten Entität), ist Thema für den philosophisch-theologischen Diskurs. Ob Menschen *mit* Robotern beten können, indem sie Roboter als dienliche Werkzeuge verwenden, um das eigene Beten zu begleiten, zu stützen und zu intensivieren, ist eine Frage, die an die praktische Theologie, insbesondere an die Religionspädagogik und zugleich an die Ingenieurwissenschaften gerichtet ist. Sie verlangt bei der Beantwortung eine Verhältnisbestimmung von Mensch und Künstlicher Intelligenz, die im Roboter eine menschlich zugängliche Form findet.

Aus der historischen Rückschau lässt sich jedenfalls interpolieren, wie die technische Entwicklung voranschreiten wird, wie Roboter aus den Industriehallen hinaus tiefer in sensible private Bereiche vordringen und wie sie zunehmend im Alltag als sozial interagierende Partner in Erscheinung treten werden. Die gemeinsame interdisziplinäre Forschung beider Wissenschaftsbereiche, wie sie beispielsweise am KI-Kompetenzzentrum ScaDS.AI (Dresden, Leipzig) betrieben wird, kommt daher eine besondere Rolle zu. In zunehmendem Maße werden ethnische, kulturelle und religiöse Charakteristika in der Entwicklung berücksichtigt werden müssen, um eine KI zu entwickeln, die in den Zielgruppen Akzeptanz findet.

Die von Bendel vorgestellten fünf Dimensionen zur Klassifikation von sozialen Robotern mögen dabei ein geeignetes Kategoriemodell darstellen, um Verlässlichkeit seitens der Robotik für ein vertrauensbasiertes Verhältnis zwischen Mensch und Maschine qualitativ und quantitativ zu beschreiben. Die beispielhaft genannten Roboter zeigen, dass für eine dauerhaft gelingende User Experience nicht nur Wert auf Nutzen, Interaktion und Kommunikation gelegt werden kann, sondern auch die Dimension der Abbildung (d. h. die äußere Beschaffenheit) für die Vertrauensbildung von großer Bedeutung ist. Eine allzu menschenähnliche Erscheinung, die das wahre, technische Konstrukt leugnen und verschleiern möchte, wird, wie es der Effekt des *Uncanny Valley* beschreibt, letztlich auf Ablehnung stoßen.

Dabei scheint es nicht von allzu großer Bedeutung zu sein, wie intelligent Künstliche Intelligenz tatsächlich ist, wie sehr sie der menschlichen nahekommt. Als Interaktionspartner erfüllt auch die Robbe Paro ihren Zweck, um Nähe aufzubauen. Auch das von Weizenbaum bereits 1966 vorgestellte Computerprogramm ELIZA reagierte lediglich auf die Eingabe von Schlüsselworten, wurde von einigen Probanden jedoch wie eine menschliche, psychotherapeutische Hilfe angenommen.[55]

Wie intim das Verhältnis mit einem Roboter werden kann, verdeutlicht Harmony[X]. In diesem Zusammenhang ist nach der Beziehungsfähigkeit in der Mensch-Maschine-Interaktion zu fragen. Können sich Mensch und Roboter gegenseitig lieben? Nyholm geht diesem Aspekt nach, indem er die Liebe des Briten „Davecat" zu seiner RealDoll-Puppe, die er selbst als seine Ehefrau bezeichnet, zum Anlass für eine weitergehende Untersuchung nimmt.[56]

Was sagt es nun über das Verhältnis von Mensch und KI aus, dass – wie im vorangegangenen Kapitel anhand mehrerer Roboter aus unterschiedlichen Zeiten und Religionen gezeigt – Menschen Robotern im religiösen Kontext begegnen und ihrem Gebrauch ablehnend gegenüberstehen oder sich im Gegenteil auf sie einlassen und mit ihnen beten? Bei weniger komplexen technischen Systemen steht vor allem die Dimension des Nutzens im Vordergrund. Das Verhältnis zu Geräten, wie dem Prayer Companion, die das Beten durch Informationen oder Impulse stützen, ist rein funktional. An komplexe Systeme, die sich wie Menschen verhalten (BlessU-2), werden jedoch sehr hohe Ansprüche gestellt, damit sie akzeptiert werden. Diesen Ansprüchen könnte man mit weiteren Dimensionen zur Kategorisierung begegnen und Begriffe wie Authentizität, (religiöse und spirituelle) Kompetenz, Reflexionsfähigkeit, Aufgeschlossenheit, Empathie etc. verwenden.

Gleichzeitig wird der Umgang mit Robotern und KI vice versa Ansprüche an den Menschen stellen. Wie will und wird er sich zur KI verhalten? Hier weist Platow darauf hin, dass menschliche Selbstbilder in Bezug auf KI häufig defizitorien-

---

[55] Vgl. Weizenbaum, Joseph: ELIZA—a computer program for the study of natural language communication between man and machine, in: Commun. ACM 9/1 (1966) 36–45.

[56] Vgl. Nyholm, Sven / Frank, Lily Eva: From Sex Robots to Love Robots: Is Mutual Love with a Robot Possible?, in: Danaher, John et al. (Hrsg.): Robot Sex. Social and Ethical Implications, Cambridge 2017, 219–243.

tiert sind.[57] Aus der normativen Kraft des Faktischen können sich solche Selbstbilder gesellschaftlich verfestigen. Platow plädiert daher aus religionspädagogischer Perspektive für eine Stärkung des Menschen im Angesicht einer scheinbar übermächtigen KI durch Selbstbildung. Hierzu schlägt sie vor, das Konzept von Heiner Keupp aufzugreifen, der Identitätsbildung als lebenslangen Passungsprozess beschreibt.

Aber auch ein genau gegenteilig gewichtetes Verhältnis kann sich einstellen, insbesondere wenn das Verhalten von Robotern und KI vorhersehbar, manipulierbar und fehleranfällig ist: das Gefühl menschlicher Überlegenheit, bei der Technik lediglich als Dienerin menschlicher Bedürfnisse fungiert. Hier wird im Umgang mit sozialen Robotern, insbesondere mit Androiden, die Frage zu klären sein, wie man mit Missbrauch umgeht: Muss man Roboter moralisch gut behandeln? Als Ansätze werden z. B. die Übertragung der Kantischen Tierethik auf eine Roboterethik oder die Implementierung einer Ethik des bedingungslosen Mitgefühls diskutiert.[58] Eine schöpfungstheologische Einordnung von Robotern wäre hier dringend geboten.

In THX 1138 bricht der Protagonist am Ende aus dem unterdrückenden System aus und triumphiert über die vermeintlich intelligente Technik. Ein versöhnliches Happy End zwischen Mensch und Technik sähe anders aus. Dazu muss sich aber auch der Mensch seiner Würde gegenüber einer ihm in vielen Bereichen völlig überlegenen Technik bewusst sein. Die Worte des Psalmisten mögen dabei Selbstvertrauen zusprechen: „Was ist der Mensch, [HERR,] dass du seiner gedenkst, des Menschen Kind, dass du dich seiner annimmst? Du hast ihn nur wenig geringer gemacht als Gott, du hast ihn gekrönt mit Pracht und Herrlichkeit." (Ps 8,5f.).

Förderhinweis

Die Arbeit von Martin Kutz in diesem Beitrag wurde ermöglicht durch das Bundesministerium für Bildung und Forschung (BMBF, 01IS18026A-D) im Rahmen der Finanzierung des Kompetenzzentrums ScaDS.AI Dresden/Leipzig.

---

[57] Vgl. Platow, Birte: Selbstwahrnehmung und Ich-Konstruktion im Angesicht von Künstlicher Intelligenz, in: Ulshöfer, Gotlind et al. (Hrsg.): Digitalisierung aus theologischer und ethischer Perspektive. Konzeptionen – Anfragen – Impulse, Baden-Baden / Zürich 2021 (= Religion – Wirtschaft – Politik 22), 105–124.

[58] Hagendorff, Thilo: Tierrechte und Roboterethik, in: Navigationen – Zeitschrift für Medien- und Kulturwissenschaften 21/1 (2021) 181–195.

Verzeichnis der Herausgeber*innen und Autor*innen

Herausgeber*innen

Dr. Hermann Diebel-Fischer ist Postdoktorand bei ScaDS.AI Dresden/Leipzig an der TU Dresden und arbeitet nebenher an seinem Habilitationsprojekt zum Verhältnis von Anthropologie und technischem Fortschritt.

Nicole Kunkel ist Diplom-Theologin und nimmt im Zuge ihrer Promotion an der Humboldt-Universität zu Berlin eine ethische Beurteilung autoregulativer Waffensysteme vor.

Dr. Julian Zeyher-Quattlender ist Habilitand am Institut für Hermeneutik und Religionsphilosophie der Theologischen Fakultät der Universität Zürich und arbeitet als Repetent am Evangelischen Stift in Tübingen.

Autor*innen

Kathrin Burghardt promoviert zu ethischen Statusfragen des Menschen und der Maschine und philosophischen Implikationen in der Herausforderung künstlich-intelligenter Systeme am Fachbereich Evangelische Theologie in dem Fach Religionsphilosophie an der Goethe-Universität Frankfurt am Main.

Martin Kutz forscht als wissenschaftlicher Mitarbeiter am Lehrstuhl für Religionspädagogik (evangelisch) und am KI-Kompetenzzentrum ScaDS.AI an der TU Dresden zur gesellschaftlichen Relevanz von KI.

Dr. Manuela Lenzen hat im Fach Philosophie promoviert und schreibt als freie Wissenschaftsjournalistin vor allem über Kognitionsforschung und Künstliche Intelligenz.

PD Dr. Frederike van Oorschot ist Leiterin des Arbeitsbereichs „Religion, Recht und Kultur" an der Forschungsstätte der Evangelischen Studiengemeinschaft Heidelberg (FEST) und Privatdozent für Systematische Theologie an der Universität Heidelberg. Ihre Forschungsschwerpunkte liegen in digitaler Theologie, theologischer Ethik und Hermeneutik.

Dr. Anna Puzio, Mag. Theol., M. A., hat Theologie, Philosophie und Germanistik in Münster und München studiert. An der Hochschule für Philosophie in München hat sie im interdisziplinären Promotionskolleg „Ethik, Kultur und Bildung für das 21. Jahrhundert" mit einem Stipendium der Hanns-Seidel-Stiftung zur Anthropologie des Transhumanismus promoviert. Nach Stationen in Münster, München, Frankfurt am Main und Wien arbeitet sie nun an der Universität Twente (NL) im niederlandeweiten ESDiT Research Programme (Ethics of Socially Disruptive Technologies). Ihre Forschungsgebiete sind unter anderem die Anthropologie, Technikanthropologie, Technikethik und Umweltethik. Nach Stationen in Münster, München, Frankfurt am Main und Wien arbeitet sie nun an der Universität Twente (NL) im niederlandeweiten ESDiT Research Programme (Ethics of Socially Disruptive Technologies). Ihre Forschungsgebiete sind unter anderem die Anthropologie, Technikanthropologie, Technikethik und Umweltethik.

Maximilian Frhr. v. Seckendorff hat evangelische Theologie (Pfarramt) und Physik (M. Sc.) in München und Hongkong studiert und promoviert am Lehrstuhl für Systematische Theologie und Ethik der Ludwig-Maximilians-Universität München bei Prof. Reiner Anselm zum Anthropozän als Herausforderung für die Theologie.

LLG – Leiten. Lenken. Gestalten
Theologie und Ökonomie
hrsg. von Prof. Dr. Johannes Degen, Dr. h.c. Jürgen Gohde, Prof. Dr. Hendrik Höver,
Prof. Dr. Udo Krolzik, Prof. Dr. Dierk Starnitzke

Frank Fechner
Diaconic Entrepreneurship
Lebensdienliches, werteorientiertes und innovatives unternehmerisches Handeln
in der Diakonie. Grundlagen und Herausforderungen
Bd. 44, 2021, 208 S., 34,90 €, br., ISBN 978-3-643-14853-7

Alexander Dietz; Stefan Jung; Daniel Wegner (Hrsg.)
Zwischen Mitleidsökonomie und Professionalisierung – Tafeln in wirtschaft-sethtischer Perspektive
ATWT-Jahrestagung 2020
Bd. 43, 2021, 224 S., 24,90 €, br., ISBN 978-3-643-14693-9

Jens Schild
Wichern als Innovator – Diakonie als Gabenökonomie
Entrepreneurship in der Gründung und dem Aufbau des Rauhen Hauses
Bd. 42, 2021, 358 S., 39,90 €, br., ISBN 978-3-643-14554-3

Alexander Dietz; Hendrik Höver (Hrsg.)
Gemeinwesendiakonie und Unternehmensdiakonie
Bd. 41, 2019, 154 S., 24,90 €, br., ISBN 978-3-643-14201-6

Björn Görder; Julian Zeyher-Quattlender (Hrsg.)
Daten als Rohstoff?
Die Nutzung von Daten in Wirtschaft und Kirche aus ethischer Perspektive
Bd. 40, 2019, 272 S., 29,90 €, br., ISBN 978-3-643-14093-7

Eugen Hertel
Konzeption eines Gemeindemanagement-Modells zur Bewältigung von Komplexität
Ein systematischer Impuls aus freikirchlicher Perspektive
Bd. 39, 2016, 334 S., 29,90 €, br., ISBN 978-3-643-13527-8

Miroslav Danys
Diakonie im Herzen Europas
Ursprünge, Entwicklungen und aktuelle Herausforderungen in West & Ost, neu
betrachtet aus Anlass des Reformationsjubiläums
Bd. 38, 2017, 148 S., 34,90 €, br., ISBN 978-3-643-13408-0

Wolfgang Helbig
Transformation
Vom Diakonissenmutterhaus zum diakonischen Unternehmen
Bd. 37, 2016, 614 S., 39,90 €, br., ISBN 978-3-643-13196-6

Hendrik Höver
Entscheidungsfähigkeit in diakonischen Unternehmen
Eine St. Galler Management-Studie
Bd. 36, 2015, 336 S., 29,90 €, br., ISBN 978-3-643-13022-8

LIT Verlag Berlin – Münster – Wien – Zürich – London
Auslieferung Deutschland / Österreich / Schweiz: siehe Impressumsseite

Steffen Schramm
Kirche als Organisation gestalten
Kybernetische Analysen und Konzepte zu Struktur und Leitung evangelischer Landeskirchen
Bd. 35, 2015, 958 S., 69,90 €, br., ISBN 978-3-643-12965-9

Alexander Dietz; Veronika Drews-Galle; Hendrik Höver;
Dietmar Kauderer (Hrsg.)
Corporate Governance in der Diakonie
Beiträge zur diakonischen Aufsichtsratspraxis und Kultur
Bd. 34, 2015, 192 S., 24,90 €, br., ISBN 978-3-643-13002-0

Arne Manzeschke (Hrsg.)
Evangelische Wirtschaftsethik – wohin?
Bd. 33, 2018, 338 S., 39,90 €, br., ISBN 978-3-643-12935-2

Johannes Degen
Diakonie, Religion und Soziales
Ansichten der kirchennahen Sozialwirtschaft
Bd. 32, 2014, 248 S., 34,90 €, br., ISBN 978-3-643-12670-2

Rebekka A. Klein; Björn Görder (Hrsg.)
Werte und Normen im beruflichen Alltag
Bedingungen für ihre Entstehung und Durchsetzung
Bd. 31, 2011, 264 S., 24,90 €, br., ISBN 978-3-643-10926-2

Arne Manzeschke(Hrsg.) unter Mitarbeit von Veronika Drews-Galle
Sei ökonomisch!
Prägende Menschenbilder zwischen Modellbildung und Wirkmächtigkeit
Bd. 30, 2010, 184 S., 19,90 €, br., ISBN 978-3-643-10320-8

Hans Schmid
Angebot der Volkskirchen und Nachfrage des Kirchenvolks
Bd. 29, 2009, 248 S., 25,90 , br., ISBN-DE 978-3-8258-1944-6,
ISBN-CH 978-3-03735-275-5

Harald Becker
Lebensdienliche Technik
Ethik des Ingenieurberufs in theologischer Perspektive
Bd. 28, 2008, 528 S., 49,90 €, br., ISBN 978-3-8258-1672-8

Michael Fischer
Das konfessionelle Krankenhaus
Begründung und Gestaltung aus theologischer und unternehmerischer Perspektive
Bd. 27, 4. Aufl. 2019, 512 S., 49,90 €, br., ISBN 978-3-643-14427-0

Burkhard Budde
Christliches Management profilieren
Führungsstrukturen und Rahmenbedingungen Konfessioneller Krankenhäuser in Deutschland
Bd. 26, 2009, 312 S., 39,90 €, br., ISBN 978-3-8258-0830-3

LIT Verlag Berlin – Münster – Wien – Zürich – London
Auslieferung Deutschland / Österreich / Schweiz: siehe Impressumsseite

Schriften zum Informations-, Telekommunikations- und Medienrecht
hrsg. von Thomas Hoeren und Bernd Holznagel (Universität Münster)

David Emmeridh
Die Auswirkungen künstlicher Intellligenz auf die erfinderische Tätigkeit und das Erfinderprinzip
Der Einsatz künstlicher Intelligenz in der Forschung und Entwicklung hat weitreichende Folgen für die Art und Weise des Erfindens und stellt damit zwei zentrale Bereiche des Patentrechts vor neue Herausforderungen: Die Patentierungsvoraussetzung der erfinderischen Tätigkeit und das Erfinderprinzip. Diese Arbeit geht aus rechtlicher und ökonomischer Perspektive der Frage nach, unter welchen Voraussetzungen eine Erfindung, die unter Einsatz künstlicher Intelligenz zustande gekommen ist, einem Patentschutz zugänglich sein sollte und wer als (Mit-)Erfinder solcher Erfindungen in Betracht kommt.
Bd. 52, 2021, 202 S., 39,90 €, br., ISBN 978-3-643-14931-2

LIT Verlag Berlin – Münster – Wien – Zürich – London
Auslieferung Deutschland / Österreich / Schweiz: siehe Impressumsseite

LLG – Leiten. Lenken. Gestalten
Theologie und Ökonomie
hrsg. von Prof. Dr. Johannes Degen, Dr. h.c. Jürgen Gohde, Prof. Dr. Hendrik Höver,
Prof. Dr. Udo Krolzik, Prof. Dr. Dierk Starnitzke

Alfred Jäger
Lebenstheologie in Aktion
Werkstatt-Texte
Die Sammlung von Vorträgen und Aufsätzen aus den Jahren 1988 bis zur Eme-
ritierung 2007 zeigt die innere Linie, welche die vielseitige Tätigkeit des Ver-
treters für Systematische Theologie an der Kirchlichen Hochschule Bethel als
Management-Berater für Diakonie und Kirche leitete: Werkstatt-Texte – mit
Kurzkommentaren zur Verortung.
Die innere Achse bildet seine „theozentrische Lebenstheologie", die in Folgebän-
den im LIT-Verlag erscheinen wird: Lebenstheologie – vorab in Aktion.
Das Engagement für eine „neue Wirtschaftsethik" in theologischer Perspektive
an der Universität St. Gallen (1975 – 81) wird als „Lebensethik" bis in Details
diakonischer und kirchlicher Unternehmenskonzepte umgesetzt.
Bd. 25, 2016, 440 S., 39,90 €, gb., ISBN 978-3-643-80194-4

LIT Verlag Berlin – Münster – Wien – Zürich – London
Auslieferung Deutschland / Österreich / Schweiz: siehe Impressumsseite